本书献给飞云崖民族节日博物馆成立三十周年

飞云崖
民族节日博物馆
三十年

黄平县文体广电局　编著

杨　德　巴　娄　主编

文物出版社

封面设计：周小玮
责任印制：张道奇
责任编辑：张晓曦

图书在版编目（CIP）数据

飞云崖民族节日博物馆三十年／黄平县文体广电局编著；杨德，
巴娄主编．—北京：文物出版社，2014.4
ISBN 978 - 7 - 5010 - 3983 - 8

Ⅰ．①飞…　Ⅱ．①黄…　②杨…　③巴…　Ⅲ．①民族节日 - 博物馆 -
工作 - 成就 - 黄平县　Ⅳ．①G269.277.34

中国版本图书馆 CIP 数据核字（2014）第 049469 号

飞云崖民族节日博物馆三十年

黄平县文体广电局　编著

杨 德　巴 娄　主编

＊

文 物 出 版 社 出 版 发 行
（北京东直门内北小街2号楼）
http：//www.wenwu.com
E-mail：web@ wenwu.com
北京京都六环印刷厂印刷
新 华 书 店 经 销
787×1092　1/16　印张：19
2014 年 4 月第 1 版　2014 年 4 月第 1 次印刷
ISBN 978 - 7 - 5010 - 3983 - 8　定价：80.00 元

代　序[*]

陈永龄

贵州的奇山、奇水、奇洞、奇景以及人杰地灵，久负盛名。若非身临其境，很难体会到这种奇美的真实性。如何将自然造化的壮伟奇观同民族的优秀文化传统，生动活泼地结合起来，充分显示出天人谐和的奇趣，确是一种创新之举。贵州文管会的同志们正在积极筹办"贵州民族节日文化博物馆"。从民族学的角度来看，这是"发掘贵州，了解贵州，学习贵州，宣传贵州"的一种富有开拓性的绝妙方式，也是贵州民族文化工作更加深入的客观表现，是值得我欢迎和学习的。

我个人是学习民族学的。对民族节日文化研究这一新兴事物，极有兴趣。现在不揣浅陋，仅就个人一些不成熟的认识和建议，就教于诸同行，并供博物馆同志们参考。

（一）研究民族节日文化的重要意义

如果从历史上来追溯，节日或节庆早在人类远古时期就已出现。根据考古学和原始社会史的研究，节日很早就同跳舞相结合，有节就有舞，有舞就有歌，通常是且歌且舞，所以节日与歌舞是分不开的，这是人类早期的节日文化。跳舞最早见于旧石器时代晚期，约在公元前一万年左右的马格德林文

<small>＊ 本文系中央民族学院教授陈永龄 1987 年 8 月 21 日在贵州省文化厅五楼召开贵州节日文化研讨会上的发言。</small>

化遗存的图画中就有表现。马格德林文化是欧洲旧石器时代晚期的文化，其优秀艺术品达到新高峰，其中最杰出的成就是洞穴雕刻和彩色壁画，有穿着舞衣跳舞的人，巧妙展示出姿势和复杂构图。在旧石器时代末期的艺术中已可看出原始人类已有历法观念和季节性的仪式，亦即节日仪式。近代发现的处于原始社会的塔斯马尼亚人和澳洲土人也是现实的例证。

研究古老的节日，在时间和目的性方面，许多民族都有共同点：节日多在耕作收获季节或狩猎归来，或战争告捷，以及婴儿诞生、结婚，甚至成丁礼。后来更发展为纪念重要历史人物（如屈原）和历史事件（如起义斗争），或传说中的民族大事（如纪念战胜邪恶势力的泼水节、火把节）以及宗教性的节日等等。世界各民族都有自己的节日，各有特点，百花齐放，各有自己的礼文、仪式、音乐、舞蹈，甚至伴有民族戏剧、民间对唱等等。

民族节日是紧张劳动后的松弛、休息、娱乐，也是促进人际关系的团结友好，加强联系谅解，礼仪交往，纪念（祭祀）先人的时机，对分散的家人也是团聚的好机会，如汉人的春节，讲究家人团聚吃团圆饭；穆斯林民族的开斋节，也是亲人友好往来的好日子。西方的圣诞节、北美的感恩节都是至亲友好一年一度重聚的良机，甚至终年不写信，一张圣诞卡片就代表了关心问候的延续。同时，在欧美，圣诞节也是一年高消费的高潮，有人统计一年消费的 1/4 ~ 1/2 都在这个节日期间完成，可谓影响大矣。

有些民族（特别是相邻民族）欢度共同的节日，更说明彼此往来亲密无间，是互相吸收，互相学习的友好见证（贵州各族人民对此一定体会更深）。

（二）从民族学的宏观角度研究民族节日文化——民族传统的综合

民族节日是民族传统的重要组成部分。民族传统是各民族在长期历史发展中沿袭下来的物质文化和精神文化的综合，深入渗透到各民族人民的生活习俗和思想意识中，为各民族人民执著地热爱。不论是好的或不太好的民族传统，都具有几个特性：

1. 稳定性。既成传统就被稳固地保持下来，很难改变，即使受到冲击，也能顽强地保存下来，不是一阵风的政治运动所能解决的问题。

2. 群众性或社会性。为全社会所承认，有广泛群众性参加的基础，并对所有人有广泛或程度不同的约束力，敢于反对传统的终究是极少数，社会的压力是无声而残酷的。

3. 民族性。带有浓厚的民族特点和本民族原有社会经济形态的烙印和与之有千丝万缕的联系。

4. 继承性。代代相传，耳提面命，有继承，也有发展扬弃。对有些因时代变迁，放弃了的民族传统文化，仍然抱有自豪感。如北美印第安人的狩猎文化、马文化和帐篷（Tipi）住居方式等在今日印第安博物馆中仍陈列展览，视为自己民族传统文化。

5. 敏感性。是最值得注意的部分。各民族都认为：凝聚他们成为一个民族的特有标志，就是他们的民族传统。尤其是一些在历史上长期受压迫受歧视的民族，对自己的民族传统特别敏感。为此，他们可以不惜代价，甚至流血牺牲捍卫之。任何人说三道四，触犯它或破坏它，就会遭到激烈的反抗。如过去曾错误地禁止他们过自己的节日，反而得到相反的效果，他们总是千方百计地要过自己的节日。过去曾经发生过的一些不愉快的民族矛盾或民族冲突事件，大都源出于此。在涉及民族传统的问题上，我们应特别慎重，尊重他们的民族感情。

节日文化特别凝聚着多方面的民族传统，许多民族习俗的精华、多彩的文化传统都在民族节日活动中展现出来，特别是缺少文字的民族，更要利用节日活动作为传统文化的学习机会。

所以，从民族学的角度，节日活动实际上也就是民族传统的生动大学校，节日文化发挥着民族传统沿袭教育的重要职能，并起着民族认同感的渗透教育作用。绝不应该把节日单纯看做是庆祝或文娱活动，许多民族的历史、传说、礼仪、经济活动、文化艺术，道德规范以及祈福、禁忌、纪念活动等等，都会在民族节庆活动中得到充分的发展，青少年从中吸收学习到自己民族传统中的养料，逐步成长起来，使他们不断增加自己的民族认同感（即最主要的共同心理素质），代代相传，融会贯通，每一代都会把民族传统推向更高的水平。如加拿大印第安联合学院每逢开学典礼或重要集会，都要坐地围成圆圈，轮流传递吸"甜草"烟，由长者祈祷，尽力保持民族特点，增加民族认同感。北美印第安人的"波沃"（Pow－wow）节日舞，青年人每年都从中学到传统的舞蹈艺术以及与之相联系的一切传统活动，是团结全美印第安人的重要节日，人们以能参加 Pow－wow 集会并能跳 Pow－wow 舞为荣，它增强了民族认同感。

作为民族传统的节日文化是团结广大群众的纽带，应予肯定。但同时也应注意节日活动中的消极因素，一定的疏导防止还是必要的。如在汉族地区春节期间赌博之风盛行，酿酒和浪费现在普遍。节日过多也必然影响工作、学习和休息，而且财力、物力、人力、时间也有所浪费。据贵州方面的材料：每年各族人民约举行 1046 次节日活动，其中万人以上的有 224 次，千人至万人的有 511 次。这一方面固然反映贵州各族群众喜爱传统节日，另一方面也说明各族群众也破费不少（包括时间）。当然，我们并不是要把过节日与消费做必然的联系，更不能说它影响民族经济的发展。但民族地区的财富积累非易，尽可能把有限资金投入"四化"建设，促使民族繁荣早日实现，想必是大家都同意的。

此外，节日本是属于纯粹的世俗性质，是各族人民间人际关系的协调和促进的传统日子，一般说来，是不应与宗教相联系的。但自古以来，宗教就利用一切方法，渗透到这纯属世俗活动的范围中，渗透到大多数的节日仪礼中，尤其在祭神和祖先崇拜方面特别突出。本来，缅怀先人，追念英雄人物，重温历史传统，这是好的一面，但这一切活动往往被赋予神秘或迷信的面纱，则是其消极的一面。这涉及人们的宗教信仰自由方面，必须慎重对待，不能影响人们欢度节日的情绪，还是要从长期的疏导教育入手，绝不能以行政命令的方式加以干预。总之，重要之点在于：节日活动如何发展，如何改革，一定要通过各民族人民自己动手，尊重各族人民自己的意愿，别人不要越俎代庖。

（三）关于筹建节日博物馆的几点建议

很可能是不切实际的设想，仅供参考：

1. 通过筹建节日博物馆，发掘贵州，宣传贵州，特别是对弘扬贵州少数民族的优秀文化传统负有重要责任。博物馆的最终社会效益是促进各民族的自豪感，群众满意，增强各民族彼此了解，加强民族团结。

2. 利用贵州自然景物的优势与民族优秀文化传统密切结合。以民族节日文化为纲，逐步办成综合性的、多层次的民族传统文化展览。也使民俗展览与商品经济相结合，促进民族商品经济的发展。为了使节日文化展览不局限于静态的展览品陈列，还应同时举办一些动态的、生动活泼的辅助展览。例如：

（1）可设有突出代表性的民族服饰、头饰、工艺美术品（蜡染、刺绣、侗锦、花带、银饰制物等），专柜出售，并附有图画文字说明。与此同时，聘请一些各民族的民间能工巧匠当场操作表演蜡染、刺绣、织锦等制作过程，给予观众以深刻的感性认识。

（2）可设各民族节日风味小吃和特产食品专柜，供观众采购品尝，并附有文字图片说明。

（3）可保留几个具有民族特点的村寨，整洁加工，培训一些民族服务员，接待外宾参观，作短期停留，与寨民交谈，互相交朋友。政府在经济上给予一定补助和礼仪上必要的教育。

（4）设小剧场，每天定时表演有代表性的民族歌舞、音乐或戏剧。演员从民间歌手、舞蹈家、演奏家中选拔，以保持原有民族朴素的情调为宜。

（5）设小体育场，定时表演各民族有代表性的体育项目（如武术、马术、摔跤等）。

（6）设书刊专柜，专门出售和介绍各民族历史、社会习俗、文化艺术等书籍、刊物和图片等等。

（7）设电视录像馆，放映系统地介绍各民族节日文化以及各种优秀文化传统的专题系列片。并附设专柜出售复制的各民族优秀文化的录像带和少数民族歌曲录音带，既以现代视听手段扩大了宣传各民族优秀文化的影响，又为国家做出创汇收入的贡献。

（8）设民族文化交流咨询组，专门接待对民族节日文化有兴趣的学者、教师和观众，座谈交流认识，解答疑难问题，探讨学术观点，使展览会与知音者增强学术联系。

以上几点，说明民族节日文化展览的综合性和多样功能，如能做好，不仅会提高政治影响，也会增加经济效益、社会效益和教育效益。同时，对国际友好往来也大有助益，因为它生动地展现了中华民族的优秀文化传统。这种综合性的节日文化博物馆不仅对贵州各族人民，也会对前来参观的全国各族人民和国际友人，起到加深理解的教育作用。同时，它也对提高民族节日活动的质量起巨大的推动作用。这种形象生动、丰富多彩的博物馆远比学术报告、演讲和文章书籍更具有强烈的吸引力和说服力。

当然，这种综合性博物馆需要较多的投资，绝非一蹴而就的事，它还需要多方面协作，细致准备，统一领导，逐步完善。我相信：在客观上，贵州有各族人民的优秀文化传统和天下少有的自然景观；在主观上，有党的坚强领导和重视，以及各族人民迫切要求赶上时代步伐的愿望，这个民族节日博物馆一定会办得成功，我们热切期待着佳音频传。

前　言

　　20 世纪八九十年代，贵州省文化文物部门采取"文物维修与博物馆建设相结合、文博工作与旅游开发相结合、文化工作与经济建设相结合"的办法，利用经过维修的文物建筑和重点保护的民族村寨，在旅游线上建立了民族节日、民族建筑、民族村寨、民族戏剧、民族婚俗、蜡染刺绣、乌江文化、傩文化等一系列小型多样的专题民族民俗博物馆，同时以全国重点文物保护单位杨粲墓、奢香墓为基础，建立了与之相宜的杨粲墓博物馆、奢香墓博物馆，初步形成展示贵州民族文化风采的系列史迹网。1984 年筹建的飞云崖民族节日博物馆，今年"四月八"迎来了三十岁生日。

　　飞云崖，集风景名胜、文物古迹、民族风情于一体，是块不可多得的风水宝地。在素有"黔南第一洞天"美誉的飞云洞，利用全国重点文物保护单位"飞云崖古建筑群"，以"四月八"传统民族节日活动为依托，建立飞云崖民族节日博物馆，把自然遗产、文化遗产、非物质文化遗产结合在一起，加以保护和利用，受到各族人民的欢迎，获得各界专家的肯定。为进一步办好飞云崖民族节日博物馆，使自然遗产、文化遗产、非物质文化遗产永久传承，发扬光大，很有必要对三十年来的历史，进行总结和回顾。编辑出版《飞云崖民族节日博物馆三十年》一书，旨在温故知新，也是对在保护飞云洞自然风光、维修飞云崖古建筑群、传承"四月八"民族风情中做出贡献的各族先民的纪念和有识之士的褒扬。

编　者

2014 年 2 月

目　录

第一章

飞云崖历史沿革[*]

第一节 飞云崖的自然环境

飞云崖位于黄平县城东北 12 公里的东坡，湘黔驿道从大门牌坊前经过，为国家级风景名胜区潕阳河十大经典景区之一，也是贵州民族节日文化博物馆——"飞云崖民族节日博物馆"所在地，省级非物质文化遗产代表作名录"弄嘎讲略"项目地。

飞云崖地处黔中丘原，向黔东低山丘陵过渡地带，背靠原始林，前临"秀水溪"（图一、二），环境潮湿，气候温润，动植物资源丰富。区内属北亚热带季风气候区，气候温和，雨量充沛，季风明显，冬无严寒，夏无酷暑，四季分明，年平均气温 13℃～16℃，年均降雨量 1307.9 毫米。县境大小 100 多条河流形成丰富的水能资源，主要河流有重安江、潕阳河、平溪河。飞云崖的秀水溪，为潕阳河的支流之一。

云贵高原的地质构造形成黄平山川、河流、溶洞、峡谷等地形地貌，为武陵山的余脉。飞云崖所在地处于地质板块断裂地带，是各种矿石富集的地方，已探明汞、铁、煤、石膏、重晶石、磷、石灰石水泥原料矿、铝矾土、硅、铅、锌、锰、镓、锗、镉等 20 多种。

---

* 本章由陈兴夫撰写。

图一　秀水溪

图二　秀水溪畔的水碾

全县森林覆盖率达 45.88%，保护较好的森林植被中藏有药用野生植物 1000 余种，较为珍贵的如天麻、灵芝、杜仲、冬虫夏草、麝香等 200 多种。时常有国家珍稀保护动物娃娃鱼、红腹锦鸡、小灵猫、穿山甲等出没。飞云崖的古树，分外引人瞩目（图三）。

黄平县境内自然风光秀丽迷人，形成奇山、秀水、怪石、溶洞、瀑布等多姿多彩的自然景观。现开发利用的有飞云崖、飞云大峡谷、野洞河、浪洞温泉、瀑阳湖、三朝桥六个景区。正待开发利用的有朱家山原始森林、重安江十里古峡、石笋沟、横坡林场省级森林公园，上瀑阳河（黄平段）等十余个景点。

飞云崖雄踞高山之麓，因其形状酷似浓云腾飞而得名（图四）。典型的喀斯特地貌造就了奇异的地质景观。明清以来文人墨客咏叹飞云崖自然景观文章无数，仅诗文就多达 259 首。"天下之山，萃于云贵，连亘万里，际天无极，行李之往来，日攀援上下于穷岩绝壑之间，虽雅有泉石之癖者，一入云贵之途，莫不困蹭烦厌非复夙好。而惟至于兹岩之下，则又洒然开豁，心洗目醒"。这是明代理学家王阳明在《重修月潭寺建公馆记》中对云贵山川及黄平飞云崖的描述。清乾隆四十五年（1780 年）二月，和珅三十一岁时，与刑部侍郎喀宁阿一起远赴云南，查办大学士、云贵总督李侍尧贪污案，途经飞云崖，感叹于飞云崖奇妙的自然景观，写下了《飞云崖》诗。他在序中提到："乾隆四十五年，岁次庚子二月中浣，奉使过黔，闻飞云崖胜境，纡道登临，嶙峋怪石嵌空，玲珑如云下垂，如蛟起舞又如青芙万朵，缭绕于烟霞紫翠间，疑神工鬼斧亦不能造此瑰异也。爰作七言，转韵四十六句，用志灵迹，俾后之览者，知予垂传皇舆，而即景援奇，兴复不浅耳。"此碑刻现树立于飞云崖下。

飞云崖巅崖檐深覆，宛若雕镂殿堂。崖壁穿顶，石乳凝结，千姿百态，玲珑瑰丽。崖间溶洞献奇，崖前双峰竞秀。银瀑飞泻，清溪旋绕，古树婆娑，幽篁苍翠。白鹭翔鸣于树间，游鱼戏逐于溪涧。风光旖旎，景致绝佳，空气清新，自然生态环境良好。

飞云崖后山森林，自明代建寺以来，就得到了应有的保护，并保留着古老的原始森林风貌，古木参天，绿荫覆盖（图五——一〇）。经林业专家鉴定，森林植被种类有 100 余种，千年古树有 500 余棵。珍稀古树有：青檀、贵州械、湖北栲、黄连木、银杏树、白榉木、香樟树、梓木树等，其中，有一棵

图三　飞云崖古树

图四　天然奇秀飞云崖

图五　郁郁葱葱的飞云崖后山

图六　竹木掩映的飞云崖

图七　奇崖绿树古塔

图八　古树秀水山门

图九　飞云崖一角

图一〇　接引阁前后的古树与悬崖

图一一　鹭鸶的家园

最大的湖北栲，树龄有 900 年以上，经专家考证，为世界之最。

飞云崖鹭鸶，不知从何年代始，便选中了这块宝地，在这里建立家园，生息繁衍（图一一）。自古以来，随季节变化，冬去春来，年复一年，从不间断。飞云崖鹭鸶分为两种：一种为苍鹭，重约 1000 克，筑巢于后山古树上；另一种为白鹭，结队从南方飞到飞云崖，在古树上筑巢繁殖后代，9 月份以后，陆续离开飞云崖。半年时间，来时数千只，去时数万只，给飞云崖景区增添了一道亮丽的景观。

第二节　飞云崖的最早居民

飞云崖地区最早的居民，应是宋、元以前就居住在黄平的苗族，之后是明初随军西来的潘家，以及历代驿役的后裔。

据资料记载，苗族祖先蚩尤，被炎黄部落联合击败后南迁到长江中下游，为后世称的"三苗"。"三苗"又被尧舜禹攻击，迁徙到鄱阳、洞庭一带，称为"南蛮"。春秋战国时，楚国吞并"蛮"、"越"，苗族又进入武陵山区。部分苗族先民，沿潕阳河、清水江进入黄平境内。在苗族古歌《爬山涉水》中唱道："一支住方先（今榕江），一支住方尼（今台江），一支住者雄，一支住希陇（今黄平），一支住春整（今炉山），分开过生活。"最晚在宋、元以前就有苗族在黄平和飞云崖周边居住。《台头潘氏族谱》记载潘氏始祖"潘克铁"到飞云崖"台头"寨定居后，娶当地苗族姑娘。可见苗族是飞云崖最早的居民之一。

其次是明初随军迁来的潘氏兄弟的后裔。据飞云崖附近苗族村寨台头寨村民保存的《台头潘氏族谱》记载，潘姓先祖到台头寨居住已有二十七代。传说明洪武年间潘克铜、潘克铁兄弟俩，跟随明军到贵州"戍边"，不久，朝廷突然传令，要这支队伍立即解散，就地安置，允许将士们择良田沃土，插草为界，安居乐业。潘氏兄弟只好与将士洒泪告别，各奔前程。兄弟俩打算返回千里迢迢的故乡去。当时贵州地方莽林荒野，禽兽出没，本来人烟稀少，加上战乱频繁，几十里无人迹。潘氏兄弟来到黄平境地，被一处山林茂密，水源充足的峡谷地所吸引，产生了留下来开垦这片土地的想法。二人上马，各朝一方，快马加鞭，由马奔跑，直到跑累停下来，才下马插草为标，划地为界。从此，解甲归田，开荒垦地，建立家园（图一二），把居住地取名为"台腊"（苗语意为开垦荒地）。潘氏兄弟，春播秋收，多年经营，家境逐渐殷实，分别娶了苗寨姑娘生儿育女。若干年后，人丁兴旺。当初潘氏兄弟开垦的台腊坡逐渐变成一个具有一定规模的大寨子。随着人口剧增，台腊坡已不能满足潘氏兄弟后人的居住和生活要求。后来，潘克铜一支迁到了施秉金元居住，潘克铁这支，仍留在台腊。再后来，潘克铁部分后人举家搬迁到飞云崖6公里以外的"台头"。最初到台头开荒落户的只有七家，现在已发展到有5个房族、100余户人家。

2010年3月，黄平县第三次全国文物普查工作组在台腊寨东北面后山竹林内小土丘上，发现了石室墓三窟，占地30平方米，走访后得知为台腊

图一二　飞云崖附近的田园风光

坡潘氏先祖墓葬。墓室用青石垒砌，室顶拱券完好，但均曾遭盗掘，左、中二墓，石门残存，有棺椁残留，右墓室空无一物，石门无存，墓碑缺失。墓室宽1.2米，深2.4米，拱券高1.2米，墓室间距0.3米，"一"字排列于土丘上。台腊坡古墓葬制与当地苗族村民挖坑土葬风俗迥异，与明代外来屯兵葬制接近，为"台腊坡潘氏为明代屯军后人"一说提供了物证。由此推断，台腊坡潘氏是飞云崖地区最早的居民之一。

其三是驿役后裔。明代，"顺德夫人"奢香主持开辟以偏桥（今施秉县境）为中心的两条驿道，京城（时为今日南京）到云南的驿道就从飞云崖前经过。为了方便过往官吏、商贾，官方在驿道沿线设置驿站，现存完好的飞云崖"云在堂"其实是明清时期驿道上的重要驿馆。与飞云崖毗邻的东坡村时称"东坡铺"，也是邮传机构及过往人员落脚、补给的地方。随着时间的推移，当时的"东坡铺"现已发展成苗汉杂居的村落。

第三节　飞云崖的历史变迁

飞云崖亦称飞云岩、飞云洞、东坡仙岛。明代以前，飞云崖荆棘丛生，人迹罕至。明洪武二十六年（1393年）设置兴隆卫（今黄平新州），飞云崖地处兴隆、偏桥（施秉）之间，往来官宦、商旅渐增，其间有佛家弟子在飞云崖结庐，称天然崖壁为"普陀崖"。后来，"周斋公"于飞云崖间始建寺庙。正统八年（1443年），游僧德彬在此修建月潭寺，兴隆卫指挥使常智募资助修，雕塑法像。天顺年间，中使太监阮让营造两翼。正德初年，贵州按察副使朱文瑞（朱玑）、指挥狄远、游僧正观，兴建月潭寺公馆。以后，相继扩建增修，遂形成拥有亭台楼阁、殿宇厅堂的古建筑群。之后，累有自然损毁，明万历二十七年（1599年）和清咸丰五年（1855年）两遭兵燹，几经修葺重建。抗日战争时期，国民党军队在此贮存军火，并在距离飞云崖800米的台腊坡脚下开凿了12个存放弹药的洞窟。1963年，黔东南州人民委员会拨款对飞云崖进行过维修。"文革"期间"破四旧"，飞云崖也在浩劫中元气大伤。"造反派"拆除了对飞云崖下3.8米高的清代木质千手观音像；砸碎了"果勇侯"杨芳所书"海上飞来"石碑。清代文华殿大学士和坤的真迹《飞云崖诗碑》被砸断为三段，丢弃在田间，至今仍有一段无法找回。大批碑刻、摩崖、浮雕被铲平。明清以来遗存的古建筑大面积损毁，一些珍贵的文物遭受消失。

"文革"结束后，飞云崖由黄平县文化馆代管。1984年成立黄平县文物管理所，所址设在飞云崖，保护和管理逐渐走上正轨。1983年后，各级政府和主管部门陆续拨款对飞云崖进行维修。1984年，贵州省文化厅依托有数百年历史的飞云崖"四月八"民族

图一三　刚挂牌的飞云崖民族节日博物馆

节日集会活动，在飞云崖筹建民族节日文化博物馆，并着手民俗文物征集和陈列展览设计工作。1987年，飞云崖民族节日博物馆正式挂牌（图一三）。经过三十余年的抢救和修缮，飞云崖由一个残破、凋敝几近荒芜的破庙，变身为国家级风景名胜潕阳河景区的十大景点之一。

在这三十余年中，飞云崖得到了各级政府和上级主管部门的高度重视和大力支持。1981年10月，黄平县人民政府将飞云崖列为县级文物保护单位。4个月后，贵州省人民政府就将飞云崖列为省级文物保护单位。2006年5月25日，飞云崖古建筑群被国务院公布为全国重点文物保护单位。2007年，贵州省文物局将飞云崖列为贵州省首批文物保护利用试点。2009年12月，飞云崖民族节日博物馆被国家财政部、国家文物局列入免费开放博物馆。

第二章

飞云崖古建筑群

第一节　飞云崖的古建筑群[*]

飞云崖古建筑群多为明清时代遗构，其建筑飞檐翘角，古色古香，或兀立峰巅，或构筑于平地，或傍秀水，或嵌崖壁，布局严谨，错落有致，由月潭寺、月潭公馆、养云阁 3 建筑组及 10 余座单体建筑组成。既是庙宇建筑，又具有园林建筑风韵。原建筑总面积约 2000 平方米，今存建筑总面积 1400 余平方米。其平面布局分为东、西两大部分（图一、二）。

东部建筑依山傍水。山门飞云崖牌坊，东临秀水，西接朱墙。入大门迎面为"皇经楼"（又名"藏经楼"），左右两侧有碑墙与山门牌坊相连。出"皇经楼"，豁然开朗，东面沿溪建有长廊与"滴翠亭"。西面有"月潭寺"牌坊，北面为飞云崖，崖前有鱼池一方，围以石栏，中构三孔连拱小桥。池西经 10 余级踏垛，于东上飞云崖之转折处，凿岩为基，建碑亭一幢。穿亭东上，经"接引阁"与小官厅达飞云崖。其间，砌有石级，设有护栏。飞云崖下，砌有青石台阶，并有石栏维护。飞云崖前，两峰仡立，圣果亭、幽云亭，分立于峰顶。

---

* 本节由陈兴夫撰写。

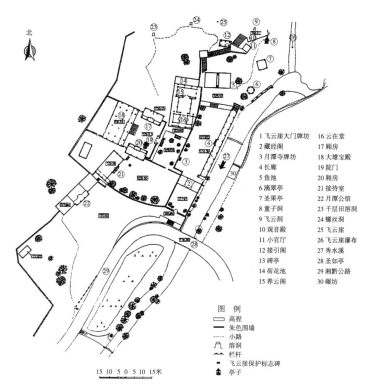

北

1 飞云崖大门牌坊	16 云在堂
2 藏经阁	17 厢房
3 月潭寺牌坊	18 大雄宝殿
4 长廊	19 院门
5 鱼池	20 厢房
6 滴翠亭	21 接待室
7 圣果亭	22 月潭公馆
8 童子洞	23 千层田溶洞
9 飞云洞	24 螺丝洞
10 观音殿	25 飞云崖
11 小官厅	26 飞云崖瀑布
12 接引阁	27 秀水溪
13 碑亭	28 圣如亭
14 荷花池	29 湘黔公路
15 养云阁	30 碾坊

图　例

▭ 高程
━ 朱色围墙
‥‥ 小路
⌂ 溶洞
▨ 栏杆
▪ 飞云崖保护标志碑
♦ 亭子

15 10 5 0 5 10 15米

图一　飞云崖平面图

图二　飞云崖鸟瞰图

东部建筑中,"接引阁"尤具特色。阁顺崖势,巧嵌妙构,斗拱层叠,翼角飞空。阁外,侧壁下方立有清末状元曹鸿勋书"黔南第一洞天"大楷书石碑一方。阁内,原立有接引佛像。阁底层岩壁,有一山洞可通阁楼。楼顶,悬一堵巨石,以石击之,咚咚作响,称"石鼓"。"接引阁"斜对面左上方,建有小官厅,厅内诗联满壁,为民国时期住持道人龚淡泊手书。由此再登石级,即到飞云崖。此间为天然形成的巨大穿窿。顶部石乳垂悬,若虹若霓,若云若霞,若狮若象,若龙若凤,千姿百态,奇绝壮观。穿窿下,筑有青石平台,围有石栏。崖壁正中立有观音大士。崖间碑碣摩崖纵横。崖下有小峰二座,其一之巅有"幽云亭"(又名"童子亭"),原立有面向观音合十的善财童子像,人称"童子拜观音"。"圣果亭",建于另一座小峰之上,原立有王阳明《圣果亭记》碑。

西部建筑布局于"月潭寺"牌坊之内,规制壮丽,自成格局。韦驮楼,紧贴牌坊而建,平面呈梯形。楼后,西为大佛殿;北为"养云阁";南有"翠秀园"。大佛殿由院门、两厢及正殿组成,正殿面阔五间,单檐歇山顶,抬梁穿斗混合式结构。前有轩廊。大殿用材,柱梁硕大,雕饰精美,雄伟壮观。"养云阁"亦称"大官厅",昔为接待游览官员之所。阁前两侧游廊与过厅——"云在堂"相连,阁后建有水井、池塘,是一组古雅富丽的廊院。主阁为单檐歇山式,四周环廊。其屋面一反常规,与檐下卷板均呈拱形,造型奇特,在贵州古建筑中仅见此一处。

飞云崖古建筑群风格多样,融佛道建筑、园林建筑、民族建筑、西方建筑于一身,是文化交融的见证。

飞云崖牌坊(图三)为砖石结构,六柱五间五楼,高11.2米,宽10.46米,厚0.67米,始建于明天顺年间(1457~1464年),毁于清光绪二十一年(1895年),二十三年(1897年)住持道人李志亮募捐重建,三十年(1904年)完工。坊面由十九副青石雕刻的浮雕吉祥图案所构成,极具历史文化底蕴。牌坊上方镶嵌的"飞云崖"竖匾,书者已无从考证,正中"黔南第一洞天"横匾,为清末状元曹鸿勋手书。中二柱、次二柱,分别镌刻黄平知州瞿鸿锡书写的长联。坊面塑有"二龙戏珠"、"双凤朝阳"、"天官赐福"、"八仙庆寿"、"三阳开泰"、"春报平安"、"喜中三元"、"封侯挂印"、"榴开百子"、

"麒麟送子"、"松鹤延年"、"王母庆寿"、"禄位高升"等吉祥图案及"吕布倒戈"、"黄忠请战"、"天门戏犬"、"孙武挂帅"、"醉打金枝"等历史典故。

"皇经楼"又名"藏经楼"（图四），为单檐重楼歇山式木构建筑，面阔三间，前带单步廊。屋面布瓦覆盖，翼角舒展飘逸。楼上檐柱间，置有靠椅横贯明、次三间，楼下两次间则做成坐栏，极具地方特色。上下枋柱之间，饰以镂雕花牙子，窗棂亦嵌有花饰。皇经楼造型优美，装修讲究，施色典雅。从前，楼上供奉道教祖师太上老君牌位，香火不断。楼下明间为通道，两次间为道教用房。

长廊临溪而建（图五），其上作四檩卷棚顶屋面，廊两侧柱间设置靠椅供游人歇息。正中一间内侧留空，便于出入。长廊上端风窗之下，有花牙子装饰，使之平添异彩。东侧岸上，生长着稀有树种"贵州械"等树木，长廊在绿色树叶的衬托下，朱碧交辉，秀丽多彩。漫步其内，俯瞰溪中，清泉涓涓，游鱼沉浮，别具幽趣。

"滴翠亭"（图六）为单檐六角攒尖式，翼角飞展，丰姿飘逸，红亭绿树，相映生辉。亭内置石桌、石凳，桌面刻有棋盘，至此对弈、谈心、休息，幽雅宜人。仰观亭顶，"二龙戏珠"浮雕金碧丽美，更增韵味。亭前一石，上竖石碑一通，阴刻篆书"绉云"二字，意为"飞云崖"如云似霞的奇特景象。

碑亭为重檐四角攒尖顶砖木结构建筑，底层为墙。上层四面均不装壁，是以"冰裂纹"棂条连接圆形空窗代之，以便采光通风。下层南面开辟拱券顶正门，东侧开辟有侧门。北面正壁，镶嵌明嘉靖四十四年（1565年）贵州巡抚吴维岳撰书的《飞云崖记》草书石碑，文笔清丽，书法精妙，是黔东南保存较早的碑碣之一。西壁镶嵌有清光绪二十一年（1895年）重修飞云崖官员捐资的功德碑三通。

"接引阁"（图七）依崖而建，因原阁内供"接引佛"（即阿弥陀佛）而得名。重檐歇山，纯木结构。面阔、进深皆为一间，底层面积31平方米。青瓦覆顶，红石墁地，翼角舒展飘逸。檐下斗拱层叠，窗棂雕饰精美。飞金流碧，玲珑别致。阁设计构思巧妙，以天然石壁为后壁，如镶嵌巨幅浮雕。岩壁有石洞，由此洞曲折盘旋登楼，别具情趣。上层，崖悬一石突入楼中，击之发出"咚咚"之声，悦耳动听，谓之"石鼓"。顶上石云漫涌，阁若蜃楼凌空。

图三　飞云崖牌坊

图四　皇经楼

图五　长廊

图六　滴翠亭

图七 接引阁

　　"小官厅"系旧时接待游客官员眷属之所。砖木结构，单檐硬山，面积16平方米。坐南朝北，深广一间。室内后壁制作扇形漏窗，奇峰丽亭，映入窗中，如悬画幅。东壁中部横书阴文草体"清如"二大字，"清"字书形如瓶子，"如"字写作如意形，取"清平如意"之意。两侧书有对联："借此谈风月，何须论主宾。"西壁中书《飞云岩》诗屏条4幅，两侧对联为："此地有清泉怪石，其人如野鹤闲云。"这些题壁，都是飞云崖道人淡泊子自如氏、寺僧随缘子海澜氏之作。1938年，闻一多先生由湘步行赴滇途中过此，曾绘画有小官厅速写。

　　飞云崖前，有两小峰。一峰之上建有"圣果亭"，亭内树立王阳明《圣果亭记》碑，人称"文思古穆，笔势苍劲"。清代贵州学政吴寿昌吟咏此"圣果亭"诗有句"文成有遗碣，终古镇名山。"石碑亭子不存，砖砌栏杆尚在。登临其上，缅怀先哲，幽思旷邈。

　　月潭寺牌坊（图八），为月潭寺山门，通高10.45米，宽9.47米，厚1.03米，造型别致，多姿多彩。坊为砖构，六柱五间，前有6级石级。坊面黑色衬底，白色套边，其间以彩塑、绘画为装饰。牌坊顶端雕塑蝙蝠。两旁

6根柱头，分别雕塑麒麟、青狮、白象各一对。坊面有浮雕红底黑字"月潭寺"匾额，并有天官、八仙、童子、"琴棋书画"和牛、羊等彩塑，还有"五福捧寿"、百吉、方胜、团寿纹以及龙、凤、双狮图形。匾额处又绘画有水墨山水一幅。中柱有楷书白底黑字对联。次间立柱对联为黑底白字。牌坊两端，连以橄榄景花墙，南端接"皇经楼"西墙，北端延至"养云阁"，并与东侧的长廊围成一空旷场地。

图八　月潭寺牌坊

"云在堂"为单檐硬山顶三开间前后带廊建筑，檐下卷板，柱间置镂雕花牙子。檐柱安装龙头、凤头等花饰木雕栏杆。明间为通道，次间前后壁均安装花窗，中置"琴棋书画"、"渔樵耕读"浮雕。两侧封火山墙墀头，堆塑"平升三级"及"平安如意"图案。"云在堂"后两侧，各为三间游廊，外侧围以芙蓉景花墙，内侧设置木雕栏杆。

"养云阁"又名"大官厅"（图九），系旧时接待游览官员之所。这个四合院坐北向南，由过厅、云在堂、两侧游廊与主阁及阁后水井池塘组成，是一组幽雅静谧的庭院建筑。

大佛殿（图一〇）坐西向东，建于高2米的石砌台基之上，为单檐歇山顶木结构建筑，两侧以砖墙维护。面阔五间，台阶前沿及石级两侧安有浮雕方胜图案石栏。屋面以青筒瓦覆盖，檐下封卷板。檐柱与挑檐枋间，置圆雕雄狮撑拱。额枋分别浮雕"二龙戏珠"、"双凤朝阳"、"麒麟献瑞"图案，枋柱之间，装饰镂雕凤头、卷草花牙子，轩梁、月梁均有雕饰。明间作六合

图九　大官厅

图一〇　大佛殿

图一一　圣果桥

门，涤环板浮雕麟、凤、龟、龙"四灵"。次间、稍间于槛墙之上安装花窗，涤环板浮雕花鸟图案。殿内架梁露明，明间构架为抬梁式，其上梁间驼峰，浮雕花草、净瓶等组成人面、兽面形象，具有古韵。稍间两侧构架为穿斗式，制作亦甚规整。大佛殿用材硕大，装修精致，雕刻优美，金碧绚丽，巍峨壮观。原大殿内供奉释迦牟尼佛塑像，面目慈祥，庄严肃穆。其两侧为坐骑青狮、白象的胁持菩萨文殊、普贤。大殿左右两壁前，原有十八罗汉雕像，各具形态，气韵生动。

　　飞云崖前，两峰峭立。近崖山峰，有二层塔式"幽云亭"，曾被闻一多先生速写过。此亭在清乾隆时为四角攒尖式，亭中置"散财童子"雕像，两手合十向观音作膜拜状，故称此亭为童子亭。今存亭子系光绪年间重建。

　　圣果桥（图一一），原名东陵桥，位于县城东北 12 公里的飞云崖侧。明崇祯年间贵州提督学道龙文光创建，清乾隆六十年（1795 年）圮，嘉庆四年（1799 年）贵阳知府程氏重修，更今名。桥跨秀水溪，单孔石拱桥结构，桥面长 12.2 米，宽 6.4 米，高 8.1 米，两侧砌以浅浮雕花鸟图案石栏。桥西为月潭古寺，东有娟秀石峰，古木森森，波光粼粼，为"飞云崖八景"之一，名"虹桥卧波"。桥为湘黔驿道桥梁。1933 年铺垫为公路桥。

飞云崖芦笙场，位于皇经楼、月潭寺牌坊、长廊、鱼池之间，宽 14.9 米，长 40.15 米。调查得知，历史上芦笙场地面多次维修，地表下 20 厘米厚土层中有不同时期的两层青石地面，现为青砖铺墁。明代以来，每年农历四月初八，黄平各族人民都会聚集在飞云崖芦笙场，举办祭祀仪式，仪式结束后在芦笙场上跳芦笙。

第二节　飞云崖的摩崖石刻[*]

明洪武年间，随着湘黔、滇黔驿道的畅通，往来官宦、游客、商贾渐增，飞云崖从原来"荆棘丛生，藤葛盘绕，虎游蛇匿，人迹罕至"的蛮荒之地逐渐发展成一处集宗教文化、民族文化、园林艺术于一体的综合性游览胜地，过往游客中不乏文人墨客。如明代"前七子"之一的何景明、英武殿大学士夏言、"天末才子"谢三秀、理学宗师王阳明，清代云贵总督鄂尔泰、福康安，民族英雄林则徐、"西南硕儒"郑珍、书法大师何绍基、果勇侯杨芳等都在飞云崖留下墨迹（图一二）。

图一二　飞云崖摩崖

《中国名胜词典》载《飞云崖》词条释文云："在贵州境内，史籍记载最详，文人题咏不绝的名胜，首推此崖。"明、清时期，飞云崖碑碣林立，中有王训《月潭寺记》、王守仁

---

* 本节由陈兴夫撰写。

《重修月潭寺建公馆记》与《圣果亭记》、赵延臣《重修飞云崖观音洞记》、福康安《新葺飞云崖洞殿阁记》等碑刻及鄂尔泰《黔南第一胜景》的题额。今存明嘉靖四十四年（1565年）文学家吴维岳《飞云崖》碑，清乾隆四十五年（1780年）大学士和珅《飞云崖》诗碑、光绪二十五年（1899年）状元曹鸿勋"黔南第一洞天"横向楷书阴刻石碑，及阎兴邦、田雯、洪亮吉、林则徐、何绍基、郑珍等人诗碑16方。飞云崖壁有明、清时代摩崖石刻20余处。现存"飞云崖"、"天下奇"、"云中佛境"、"如登普陀"、"望云"、"归云"、"云停水立"等等。

在飞云崖碑亭内保留至今的明嘉靖四十四年（1565年）贵州巡抚吴维岳撰写的《飞云崖记》碑记，镶嵌于碑亭的后壁，虽少许字迹难于辨识，但仍体会作者流畅的笔墨、遒劲的笔力。郭子章《黔记》、康熙《贵州通志》、嘉庆《黄平州志》等均收录此文。《飞云崖记》正文为草书阴刻，是目前飞云崖保留下来的最古老的碑刻。

飞云崖下的《飞云崖》诗碑，为和珅真迹。乾隆四十五年（1780年）二月，和珅三十一岁时，与刑部侍郎喀宁阿一起远赴云南，查办大学士、云贵总督李侍尧贪污案，途经飞云崖，感叹于飞云崖奇妙的自然景观，写下了《飞云崖》诗。全诗六十四句，碑为青石质，长1.05米，高0.72米，厚0.1米。碑文楷书阴刻，字体工整，雕刻清晰，全文554字（含序），现保存有358字。和珅的这块碑文是飞云崖众多碑刻中唯一没有史书记载的，而且也是和珅在黔中大地上留下的唯一碑刻，具有一定的历史价值。

"接引阁"外石级旁的"黔南第一洞天"碑（图一三），宽2.41米，高0.7米，厚.17米。结构严谨，笔力雄健，为光绪年间状元曹鸿勋题写，滇南王玉麟、李培林监刻，字高0.4米，宽0.3米。光绪三十年（1904年）完工的飞云崖大门牌坊上的"黔南第一洞天"六个大字即该碑刻摹本。

"滴翠亭"外的岩石上方"绉云"篆书大字（图一四），为曾担任按察使衔分巡台湾兵备道的湖南长沙人唐赞衮于光绪二十二年（1896年）游飞云崖诗时手书。字迹工整，篆刻精妙，是飞云崖保存最好的清代碑刻。

飞云崖岩壁间的20余方摩崖石刻，至今仍清晰可辨，多为赞叹飞云崖

图一三　接引阁下的"黔南第一洞天"石刻

图一四　"绉云"石刻

天然奇秀及佛教文化等方面的文字。这些摩崖题刻，部分没有落款。部分落款，因崖壁表面粗糙，无法辨识，其来由已无史可考。在有落款的题刻中，不难发现当时名流。其中"观世音"三字为康熙五十六年（1717年）贵州巡抚黄国材书写。黄国材，清早期监生出身，在京都、湖广、广东、广西、贵州等地任过要职，通书法，善榜书，广西桂林独秀峰"南天一柱"就出自此公之手。乾隆丁酉年（1777年）平越知府张景宗所书"云山胜景"隶书摩崖，左波右磔，蚕头燕尾，曲折方圆，点画分明，提顿结合，粗细兼备，是清代隶书的佳品。民国二十一年（1932年），有儒将之称的荣州（四川荣县）徐思平题刻的"华胄神明同爱护如此江山"楷书笔力雄健，造诣颇深……

飞云崖的摩崖石刻，不只是研究古代书法的实物依据，更是一部部镌刻在石头上的史书，见证了明清以来黄平乃至贵州社会、经济、交通、军事等方面的历史变迁，是不可多得的宝贵遗产。

第三节　飞云崖的匾额对联[*]

飞云崖位于湘黔古驿道侧。不论是达官贵人或是文人墨客，凡从湖南前往云南、贵州的大都要经此而过。当他们进入贵州之后，无不为雄浑奇丽的山川、淳朴特异风俗所感动。于是雅兴频发，浮想联翩。有时题刻于悬崖峭壁之间，有时诗成于旅途驿站之中。王阳明、何景明、夏言、钟惺、鄂尔泰、傅恒、查慎行、邹一桂、洪亮吉、舒位、林则徐、何绍基、闻一多及王训、谢三秀、吴中蕃、周起渭、郑珍、蹇先艾等历代名人曾到此游览并留迹。在贵州的名胜中，飞云崖是文献记述最详细和游人题咏最多的一处，留下了丰富的文学艺术遗产。所以《中国名胜词典》载《飞云崖》词条释文如下："在贵州境内，史籍记载最详，文人题咏不绝的名胜，首推此崖。"明清两代至今的文人墨客还留下了丰富多彩的匾额、对联。

飞云崖的匾额、对联随着历次建筑的损毁和人为破坏多有损毁，今存于建筑上的已经不多，但收录于楹联书籍的仍具有一定数量。仅刘韫良著《伴秋室主联语汇抄》及向义编《贵山联语》所载的就有 20 副之多。

飞云崖山门牌坊、月潭寺牌坊及小官厅仍然保存有六副对联。飞云崖山门牌坊中柱对联为清光绪二十三年（1897 年）黄平知州瞿鸿锡撰书的阴刻楷体 72 字阴刻楷书长联"丹崖皓月护千年，竟幻作莲花世界，听流泉漱石响答鸣琴，苍翠亦留人，知此间固别有天地；南海兹云飞一片，赖重新竺国琳宫，况几杵梵钟撞醒尘梦，光明原觉物，统斯民而再拜神仙。"次柱楹联为光绪三十年（1904 年）李承栋撰联并书丹的阳刻行书"不减壶峰秀，岩间定有羽人居；竟从碧落飞，天际好随神物去。"月潭寺牌坊中柱楹联为民国二十五年（1936 年）黄平人韩鸣皋撰联并书丹的"此地有崇山，左竹右

＊ 本节由杨德撰写。

松饶雅趣；其门通径，清风明月证禅心；"次柱楹联为民国佚名文人撰写"大道东行，突入西天佛地；鸿恩北至，打开南国禅关。"飞云崖小官厅楹联有清末民初飞云崖寺僧海澜的"此地有清泉怪石；其人如野鹤闲云"和民国飞云崖道士龚淡泊的"借此谈风月；何须论主宾"。存于飞云崖接引阁下青石质阴利楷书"黔南第一洞天"匾额，为光绪二年（1876年）状元、光绪二十七（1901年）年贵州巡抚山东潍坊人曹鸿勋撰写。

文献记载题有飞云崖匾额的是清雍正年间保和殿大学士、军机大臣鄂尔泰飞云崖山门牌坊撰写的"黔南第一胜境"6字匾额；清乾隆皇后之弟、保和殿大学士傅恒为养云阁（大官厅）题写"岩壑大观"4字匾额。

对联题写飞云崖的有清道光贵州按察使李沄撰写的"从何处飞来，乃有斯峥嵘头角压倒群峰，试问前身，得无是韩昌黎所说怪物？到此间蟠伏，尽凭尔磊落心胸包余荒徼，不逢青眼，可能如杜工部之拔奇材"。"不证仙源游福地，哪知尘世劳人，梦里荣枯如云之幻；待寻佳处占精庐，又恐山灵恼我，夜来风雨拔宅而飞"。清光绪《伴秋室主联语汇抄》作者刘韫良撰写的"似云毕竟非云，偏是非云云更好；无洞还如有洞，宛然有洞洞方奇"。清文人田联撰写的"绝好洞中云，会际良辰都出岫；当为天下雨，偕来胜地且随车"。清光绪湖南人张世准撰写"洞口飞云泉答响；山坳补堞月添高"。清光绪《清史稿》主编赵尔巽撰写"太古闷林泉，笑仙亦好名，流水忽教迎客至；遐陬望霖雨，问佛能济世，白云肯放出山无？"清光绪云贵总督李经羲撰写"边域晦奇材，云水无私成此石；灵岩挟飞势，风雷在抱蔚为霖"。清佚名文人撰写"飞高飞下凭谁定；云来云去任自由"。清乾隆进士龚学海撰写"洞辟几时，抚孤松而不语；云飞何处，输老鹤以长闲"。《贵山联语》收集明文学家何景明《飞云岩》诗句"龙出洞门常作雨；鹤巢松树不知年"。清光绪云南乡试正考官吴庆坻撰写"记先公宦迹频经，依然岩古云飞，万里来寻旧题句；缅往哲风流未沫，对此月印潭空，几人悟彻致良知？原跋：嘉庆乙卯，先大父典黔试，有题飞云岩诗。道咸间历官滇黔，数数往来兹地。越光绪癸卯，庆坻典滇中，来憩岩下，访阳明先生月潭公馆碑记不可得。中冬使还，重过登眺，仰止前贤，追念旧德，留书楹帖用志山灵"。贵州省文史馆副馆长吴雪俦撰写"亿万年地辟天开，谁遣飞云留胜迹；五百载诗歌文颂，我来游目骋奇观"。

对联题写飞云崖头进牌坊有清光绪韫良撰写的"入径秀凝目，云影不随花影散；到门清拂耳，瀑声常带数声来"。题写飞云崖二进牌坊有光绪刘韫良撰写的"洞挂水为帘，忆桃花几度嫣红，还来故我；岩撑云作盖，问芝草何年挺翠，更遇仙翁"。题写月潭寺牌坊为清光绪赵尔巽"天入黔中青，安得胜游约东野；地藏云里寺，莫教飞去占西湖"。撰写飞云崖养云阁楹联的有清光绪刘韫良"在山泉本来清，泉与心明，方具此虚涵景象；出岫乡路可返，云须容敛，总要些静养功夫"和当代贵州书画家彭冠杰撰写"养就胸中一团正气；云添阁外无限风光"。撰写飞云崖接引阁楹联的有明朝文学家何景明诗句"近水云映晴亦雨，傍岩楼阁昼长寒"。撰写飞云崖关圣殿有清光绪刘韫良撰写的"玉仗霄凌，赤兔宛从云里跨；宝刀月偃，青龙疑向水中潜"。撰写飞云崖三教殿有清光绪刘韫良的"儒教正心，释放明心，道教修心，心境由妙境而开，蕴空中一片氤氲，霭然若此；圣宗率性，佛宗见性，仙宗养性，性源为灵源所汇，显当下十分活泼，逝者如斯"。撰写滴翠亭楹联的有清光绪刘韫良的"瀑洒千珠，龙影斜从云里挂；月刳半镜，蟾光倒向浪中嵌"。撰写养云阁两廊的有清光绪刘韫良的"泼摇月动鱼偏静；岩撼云忙鸟却闲"。"此去为霖犹反乎？由来出岫本无心"。撰写飞云崖云根泉的有当代贵州书画家彭冠杰撰写"云凝雨露千般瑞；根贮霜泉万口芳"。

第四节　飞云崖的附近古迹[*]

飞云崖地处湘黔驿道上。驿道所经之地，建立军事组织，称之为"卫"，驻兵把守，昼夜值班。从湖南进入贵州，前往贵阳，一度设置有"平溪卫"（今玉屏县城）、"清浪卫"（时而称"清溪卫"，即今镇远青溪）、"镇远卫"（今镇远县城）、"偏桥卫"（今施秉县城）、（兴隆卫）（今黄平县城）、"清平卫"（今凯里炉山）、"平越卫"（今福泉市区）、"新添卫"（今贵定县城）、"龙里卫"（今龙里县城）、"贵州卫"（今贵阳市区）。从镇远至黄平

---

　　* 本节由巴娄撰写。

的潕阳河及其支流河畔，有四口有名的溶洞，人称"潕阳四洞天"。在湘黔驿道上的镇远至平越（福泉）段，有许多重要津梁，由东向西，最为著名的有五座。

一 潕阳河畔四洞天

指的是：青龙洞、华严洞、诸葛洞、飞云洞。四口天然溶洞，都有文物古迹，特别是律诗和对联，为天然溶洞和古建筑群增色不少。

青龙洞，是镇远县中河山一大片古建筑群的统称。明洪武二十一年（1388 年）始建真武观于中河山。嘉靖九年（1530 年）建朱文公祠及紫阳书院。清代屡有扩建。由青龙洞、紫阳洞、中元洞、万寿宫、祝圣桥、香炉崖等六部分组成。多数建筑分布在长 300 米、垂直高 80 米崖壁上，具有山地建筑特色。祝圣桥"魁星楼"有副对联："扫净五溪烟，汉使浮槎撑斗出；辟开重驿路，缅人骑象过桥来。"万寿宫戏楼台口有副对联："不典不经，格外文章圈外句；半真半假，水中明月镜中花。"万寿宫山门中柱有副石刻对联："惠政播旌阳，儒学戀昭东晋；涤源平章水，道法永奠西江。"吕祖殿三楼客厅金柱上有副对联："瓮里天，洞中仙，谁造这石头，未经混沌先开窍；马蹄云，帆脚雨，我笑那溪水，一出江湖不问津。"玉皇阁金柱上有副对联："笠飘一客携，重寻别后雪鸿，壁上犹留旧泥爪；楼阁五云起，偶话劫余鸡犬，洞中亦有小沧桑。"

从修建碑记可窥见青龙洞的历史变迁。主要碑记有：《新建观音阁记》碑，500 余字，记重建青龙洞观音阁事，时任镇远知府杨守让立于明万历十一年（1583 年）；《重修中元洞碑记》碑，300 余字，记重修中元洞事，住持圆正立于清雍正元年（1723 年）；再修观音阁碑，400 余字，记咸丰年间再修观音阁事，立于咸丰九年（1859 年）；《植福禅师记》碑，300 余字，记黄平籍僧人植福和尚于咸同兵燹后经营中元洞事，立于光绪二十三年（1897 年）；《重修青龙洞记》碑，记咸同兵燹后重建青龙洞古建筑群事，立于光绪三十一年（1905 年）。

摩崖题刻，举目皆是，主要有："多我来闲"摩崖，位于"中元洞"内西壁上，离地 1.7 米，竖向楷书阴刻"多我来闲" 4 字，每字 0.07 米见方，云南丽江周亦达刻于康熙三十二年（1693 年）；"入黔第一洞天"摩崖，位于"中元洞"入口处之天然洞额上,横向篆书阴刻"入黔第一洞天"6字,每字 0.02 米见方,刻于道光三十年(1850 年);"卧佛醉侧"摩崖,位于"紫阳洞"东壁上,离地 3.3 米,横向楷书阴刻"卧佛醉侧"4字,每字 0.3 米见方,刻于光绪二年(1876 年);"翠云甘露"摩崖,位于"紫阳洞"北壁上,离地 3 米,横向楷书阴刻"翠云甘露"4字,每字 0.3 米见方,刻于光绪二年(1876 年);"洞天福地"摩崖,位于"中元洞"内北壁上,离地 2.8 米,横向行书阴刻"洞天福地"4字,每字 0.3 米见方,刻于光绪二年(1876 年);"奇石仙缘"摩崖,位于"中元洞"山门内东壁上,离地 2.5 米,横向楷书阴刻"奇石仙缘"4字,每字 0.3 米见方,刻于光绪二年(1876 年);"幽趣"摩崖石刻,位于"紫阳洞"北壁上,离地 1.5 米,横向隶书阴刻"幽趣"2字,每字 0.3 米见方,徐印川刻于宣统元年(1909 年);"飞岩"摩崖石刻,位于紫阳书院东壁上,离地 4.2 米,横向楷书阴刻"飞岩"2字,每字 1.2 米见方,徐印川刻于宣统元年(1909 年);"别有天地"摩崖,位于"中元洞"北洞口右侧崖壁上,离地 2.2 米,横向楷书阴刻"别有天地"4字,每字 0.18 米见方。其下竖向行书阴刻"此地有胜水名山,令人盘桓不忍去。俗传明师张三丰修道于此"。华洸刻于 1937 年。

古往今来,许多名人在青龙洞内留下摩崖题记,既有抒怀之笔,又有记事之作,书体各有千秋。要者为:

岑润之"秋登青龙洞"诗碑,位于"紫阳洞"北壁上,离地 2.14 米,竖向行草阴刻七律:"凿开混沌自何年,应是庄岩别有天。山气郁吞飞阁影,钟声摇破隔江烟。目烘叠嶂晴光绕,浪逐轻帆峭壁旋。静坐忘机空色扫,此心常傍月明边。"刻于光绪二十七年(1901 年)。

陈夔龙青龙洞诗碑,竖向楷书阴刻诵青龙洞五言诗:"严城无鼓角,山水自宫商。邑侯喜见招,征旆生辉光。缅象桥东迈,一色苔藓苍。中元洞景幽,辟绝纤羊肠。更上青龙顶,来阅读书堂。循循资善诱,狂狷进中行。佛楼肆筵席,德星聚一方。炼师求丹诀,蛮女进壶浆。嗟余谢鞅掌,不能艺稻粱。徙陪东山屐,愧此曲水觞。须臾日脚下,寺钟和漏长。秉烛尽今夕,烟月付苍茫。"立于光绪三十三年(1907 年)。

张维坚"月到招堤静"诗碑,嵌于"中元洞"北壁上,离地 0.94 米,

图一五　李烈钧题诗摩崖拓片

图一六　华严洞

竖向楷书阴刻五律:"月到招堤静,清光隔岸看。峰高轮影障,水涧露华清。暝色通幽经,青流响急湍。坐听钟漏尽,返照佛楼寒。"

李烈钧题诗摩崖(图一五),位于吕祖殿后壁上,离地2.3米,竖向草书阴刻七律:"牂柯江上雨如丝,彩雉分明赋载弛。薏苡满车依石室,荒藤入梦拜孤祠。三军煦勃鱼龙动,十载丹诚草木知。欲挽银河涤苍昊,长风直待发萍时。"李烈钧(1882~1946年),江西武宁人,著名反袁将领,时任护国军第二路军总指挥,1920~1921年率部驻守镇远。

"乾坤入钓竿"摩崖,位于"香炉岩"临江北壁上,离地1.5米,横向楷书阴刻"乾坤入钓竿"5字,每字0.6米见方。落款竖向楷书阴刻:"庚申提师东出,次滩数月,见山水清奇,恒与二三耆老垂纶于斯。觉宇宙旷爽,万象空蒙,顾而乐之,辄流连不忍去。兹值局势进步,移师桂林,爰志数语,以告来者。辛酉夏,武宁李烈钧泐石,熊以福书丹。"刻于1921年。

华严洞（图一六），位于施秉县甘溪乡甘溪村东，洞前原有万历年间修建的华严寺，故名。洞口南向，高2.56米，宽5.7米，深不可测。在近100平方米洞壁上，有大小摩崖16处，共计250余字。年代、作者不一，字体、刻工各异。以时代为序，收录如下：

"灵云盘结"、"洞天福地"摩崖位于洞左崖壁上，前者离地3.5米，后者离地5.8米。"灵云盘结"，横向楷书阳刻，高0.28米，宽0.9米，每字0.2米见方。"洞天福地"，横向楷书阳刻，高1.04米，宽4.04米，每字0.88米见方。款识为"万历丙申孟夏吉日"，"淮阴王鸣鹤题"。刻于万历二十四年（1596年）。董献策刊石记盛摩崖，位于洞内右顶崖壁上，离地2.34米。竖长形，高0.73米，宽0.55米。竖向楷书阳刻，4行，19字："万历甲辰仲冬清浪参将董献策刊石以纪其盛。"刻于万历三十二年（1604年）。对联摩崖石刻，位于洞口两侧及洞门上方。行书阳刻"山光草色天成秀，水曲崖奇地结灵"。横批"空色大观"。联语各高2.26米，宽0.4米，每字0.2米见方。横批高0.55米，长1.5米，每字0.35米见方。王之栋刻于万历三十三年（1605年）。"西崌飞来"、"如来度化"摩崖，一上一下，位于洞口正上方。前者离地5.8米，后者离地4.6米。"西崌飞来"，横向楷书阳刻，高1.04米，宽4.26米，每字0.88米见方。"如来度化"，横向楷书阴刻，高0.7米，宽2.95米，每字0.56米见方。均有阳刻边框。款识为"申阳董献策题"、"万历乙巳秋立"、"邺下王之栋书"。刻于万历三十三（1605年）。"空中楼阁"、"含吐十□"、"衔花处"摩崖，位于洞右崖壁上，分别离地11.4米、4.4米、3.5米。"空中楼阁"，竖向楷书阳刻，高4米，宽0.7米，每字0.7米见方。无款识。"含吐十□"，横向楷书阳刻，高0.48米，宽1.5米，每字0.25米见方。无款识。"衔花处"，横向楷书阳刻，高0.2米，宽0.5米，每字0.14米见方。王志刻于康熙三十三年（1694年）。"洞天深处"摩崖，位于洞中18.4米深处洞壁上，离地2.9米。横长形，高0.4米，宽2米。横向楷书阳刻"洞天深处"4字，每字0.2米见方。系明按察使、云南居士朱化孚书。摩崖造像，位于洞内36米深处。利用天然岩溶景观摩崖雕刻观音、武士各1尊。观音呈坐式，高2.1米。武士呈立式，高1.2米。重修华严寺碑记，青石质。方首，高1.65米，宽1米，厚0.16

图一七　诸葛洞

米。额题"万古流芳"4字，每字0.1米见方。碑文楷书阴刻，10行，满行20字，共计190余字。记"乙卯苗叛（按指咸同起义），一焚殆尽"，其后"见此荒凉，重修福宇"事。立于1940年。

肖兴铭书丹，周兴贵刻石。碑残一角，今移存至甘溪乡政府。"又新"摩崖，位于洞口右侧崖壁上，离地7.8米。横长形，高0.7米，宽1米。横向楷书阳刻"又新"2字，每字0.24米见方。立于1940年。

诸葛洞（图一七），又名"瓮篷洞"，位于施秉县城关镇沙坪村菜花湾。㵲阳河北岸200米长崖壁上，自元以来，骚人墨客、官绅士商择崖题刻，清晰可见者有"永定河记"、"百子千孙"、"停蓄渊深"等。"在山形势已仁威，何必趋车占水湄。为汝碍舟呼匠者，少顷一刻即平夷。"严重风化。万历二十九年（1601年），贵州巡抚郭子章疏浚水道以通湘楚，刻"大屏山"、"小屏山"、"总名小武夷"。同年，郭氏作《偏桥新河成放舟东下》诗，内中有句："桥畔拿舟一叶轻，扬帆穿树入蓬瀛。悬崖直下瞿塘路，瀑布遥飞雁宕声。白鸟青猿争出没，山花岸柳递逢迎。自从诸葛南征后，千载谁人向此行？"

诸葛洞建有一座武侯祠，始建年间不详。明景泰年间（1450～1456年）清浪参将安顺扩建，后毁于水。天顺年间（1457～1464年）重建，后复毁。清乾隆年间（1736～1795年）重修前后两殿。咸丰六年（1856年）毁于兵燹。光绪十年（1884年）重修，竖正殿三间，"基址宽五丈，深十二丈，占地一亩。"殿宇三重，周围石墙。对联刻于正殿大小山门两侧。上联为："兵消而水亦消，电扫飙弛，万里江天通一线。"下联为："民悦则神必悦，蛮歌亿舞，两宫庙祠感千秋。"殿中抱柱上，还有两副对联，其一为："遗像肃清高，旷代犹钦名士度；宏业资开济，当年最苦老人心。"其二为："寄命托孤，千秋后欲留二表；鞠躬尽瘁，三代下只此一人。"1956 年，武侯祠拆毁。遗址上，今存 20 余级踏跺。

飞云洞的摩崖石刻，前文已有介绍，不再赘述。

二 古驿道上五名桥

从镇远到平越（今福泉），有五座重要津梁，由东向西依次为：祝圣桥、圣果桥、平龙桥、铁索桥、葛镜桥。

镇远素有"苗乡古城"、"黔东门户"之称，位于国家级风景名胜区㵲阳河风景名胜区的腹心地带，是国家历史文化名城之一。古城镇远，群山夹峙，一水中流，由此顺流而下，可达百里洞庭。清嘉庆二十四年（1819 年），民族英雄林则徐首次过此，在其日记中写道："府治依山为城，山隙处补以睥睨，望之若无城。府前大石桥临镇阳江。江即㵲溪，合西来诸水入沅，由此下水可直达常德。"自汉代于此设置无阳县起，镇远一直被当做中国西南地区的水陆重镇载入史册。清乾隆年间兵部侍郎兼贵州巡抚冯光熊在其为《镇远府志》撰写的序言中说："余昔从征缅甸抵镇远，见其山川雄峻，据沅湘之上游，当滇

图一八　祝圣桥

图一九　魁星楼

黔之孔道，为西南一大都会。"他甚至认为，在他"所经九州形胜之地，镇远实居一焉。"祝圣桥（图一八），位于镇远县潕阳镇东中河山麓潕阳河上，俗称老大桥。始建于万历三十七年（1609 年），崇祯元年（1628 年）再建。清代多次修葺。东西向，跨潕阳河。七孔石拱桥，长 135 米，宽 8.5 米。中间五孔净跨 15 米，矢高 8 米。东、西两孔净跨 12 米。东起第三、四孔之间桥面建有通高 15 米三重檐八角攒尖顶"魁星楼"（图一九）。

圣果桥，前文已有介绍，不再赘述。

平播桥（图二○），位于黄平县旧州镇东 2 公里处。明万历二十八年（1600 年）平定播州宣慰使杨应龙后建成，贵州巡抚郭子章为纪念平播之役，因名"平播桥"。清乾隆五十四年（1789 年）维修。西北东南向，跨冷水河。单孔石拱桥，长 23.6 米，宽 5.87 米，净跨 18.3 米，矢高 6.9 米。现存石碑一通。与"平播桥"相匹配，在黄平县新州镇十里桥村西还建有一座"平龙桥"（图二一）。该桥又称"永安桥"、"通济桥"、"十里桥"。始建于洪武年间，后圮。嘉靖二十三年（1544 年）重修，二十九年（1550 年）建成。万历二十六年（1598 年），

图二○　平播桥

图二一　平龙桥

播州宣慰使杨应龙为阻止明军进攻，将桥拆毁。二十九年（1601年），贵州巡抚郭子章重建，因平定播州宣慰使杨应龙，更名"平龙桥"。清乾隆五十二年（1787年）维修，次年告竣。东北西南向，跨苗里河。七孔石拱桥，长79.4米，宽7.25米，单孔净跨7.3米，矢高3.67米。现存乾隆五十二年（1787年）修桥碑记。

播州土司在我国历史上占有重要地位，素有"思播田杨，两广岑黄"之称。土司制度，是我国历史上封建王朝在部分少数民族地区实行的一种政治制度。元代以前，采取"以土官治土民"的统治办法。元代授各族首领以宣慰使、宣抚使、安抚使、招讨使、长官等官职。明朝多以原官授职，给予符印，并确立承袭、等级、考核、贡赋、征发等制度。各地土司除对中央政权负担规定的贡赋和征发外，在辖区内依然保存传统的统治机构和权力。中央王朝为加强对边远民族地区的统治，明清时代相继废除世袭土司，改命流官进行统治，史称"改土归流"。最早实行"改土归流"的地方是武陵山区的思州和思南。明永乐十一年（1413年）废除思州、思南两宣慰司，设贵州布政使司。清雍正年间，云贵总督鄂尔泰在云南、贵州全面推行"改土归流"。关于土司制度的历史，可概括为四句话："宋代启其端，元代继其后，明代总其成，清代废其制。"无论是建立土司制度还是废除土司制度，贵州都极具民族特点。换言之，欲研究土司制度的兴衰，贵州是个难得的地方。

据历史文献记载，杨氏先祖从太原移居播州本与少数民族有关："乾符三年，南诏寇陷，太原杨端应募，决驰白锦，出奇兵定之，授武略将军。值唐乱，留据长，子孙历宋附属称臣。"南诏为彝族所建，杨端将其军队逐走后，杨氏家族即据这片史称"林木蔚荟，田畴丰美，盖奥区也"的民族地区，逐渐成为少数民族上层人物。南宋时期，杨粲任播州安抚使。元代，授杨邦宪宣慰使职。明初，杨铿内附，设播州宣慰司，领黄平、草塘二安抚司及真州、播州、白泥、余庆、重安、容山六长官司，统田、张、袁、卢、谭、罗、吴等七姓。嘉靖年间，稍作调整，设凯里安抚司，播州宣慰司统草塘、余庆、黄平、白泥、重安五长官司，"领生、熟苗二十余万"。

图二二　海龙屯

杨氏土司，特别是杨应龙，非常重视以苗族将士为主体的苗兵建设，任命吴金钱、吴金富、石朝贵、曹万、曹严等为"苗头总管"，统率苗兵。史书记载，"州人有稍殷厚者，因事诛之，没其家以养苗。自是一州皆苗，精悍摧锋者无虑数万。其苗皆食粱肉，乘肥马，仆从自随，人人以为亲已，愿为之死无恨，以故用兵，所向克捷"。以苗兵为主力的播州军队及播州地区各族人民，在"海龙屯"等众多军事屯堡建设上做出了巨大贡献。早自唐末以来，历经宋元两代，直到明朝末年，播州土司修建了养马城、养鸡城、龙爪屯、海云屯、海龙屯（图二二）等城堡，其中"海龙于诸险中为最"。其屯"一蒂孤悬，群山固结，左右环溪，阴深峻险，旧名龙岩屯。"民间相传，"杨应龙倚为天险，曾堰海龙坝之水使环屯下，自宣慰司（今遵义老城）至屯，二十里外即乘舟而往"。

杨应龙并非修建屯堡第一人。在其所撰《骠骑将军示谕龙岩屯严禁碑》中开宗明义写道："夫龙岩屯者乃播南形胜之地也。吾先侯思处夷陬不可无备，因而修之以为保障。《易》云：'王公设险，以守其国'，吾先侯得之矣。今重缉之，以为子孙万代之基，保固之根本耳。"由此可见，杨应龙及其先辈修建海龙屯等屯堡，意在于防御。尤其是海龙屯，管理措施甚严。"严禁碑"说："然其地险要，非得其人则不可使守也。予今设用守屯名役，总管、总领、把总、提调、书吏，各理事务。守衙小童、守仓户、打扫户、总旗、小旗、军士、苗军并住屯医生、匠作、住持人等，各有役次，时刻不可擅离。各给年貌号牌稽考，内无'出关'字样。倘若解取物件，或告假下屯，赴总管厅乞帖照验，方许放行。其运送口粮帮户，给有年貌号票，各带在身，执照进出，毋得阻滞。若官差取发物件人役，各关视验朱批帖文，毋得延缓。但恐亲临本屯，跟随一应人役，书房听点，题单预发龙凤关查点进出，回日具手本封缴原单。及来往工匠人夫，但遇进关者，龙凤关把总查审的实何项人役，给帖照身，各关验放，到屯赴总管厅缴帖。上名应役，役满工完，仍赴总管厅告乞水帖出关，验实放行，又到龙凤关将帖回缴。此乃禁地，庶有稽查，以防奸细僭妄诈伪之徒，再无混冒。违者，自干后开条款罪究，决不轻恕。"

"后开条款"内容如何？今人不得而知。原因是"平播之役"将海龙屯所有建筑焚毁殆尽，战后幸存的"严禁碑"也早已断为数截。"平播之役"悲惨到何种地步，"平播"主帅李化龙在《平播疏》中有言：万历二十八年六月"初五日遂破其二城。初六日遂登其屯，贼以灭亡。总计八路兵生擒贼首、贼从一千一百二十四名，斩级二万二千六百八十七颗，俘获贼属五千五百三十九名口，招降播民一十二万六千二百一十一名口，全活被掳男妇一千六十四名口，夺获牛马七百六十七匹只，器械四千四百四十四件。"

"平播"的根本原因在于要"改土归流"。李化龙在《平播疏》中说得明白："国家方制万里，日所出入之邦，悉为郡县，独西南诸省不废土司，盖亦曰因俗而治，与之相安云耳。二百年来，此辈犬羊之性不堪驯，扰亦时有之，然未有如播酋杨应龙之公然叛逆者"，于是，找个借口，发兵"平播"，乘机"拓地千余里"。对此，"上大悦，以平播功告庙，百官毕贺"，"制府中丞列镇监司而下，论功赏爵有差。""平播"过后，"播土旧民，大兵征讨之余，仅存十之一二"，黔北地区少数民族人口及其所占比例锐减，文物古迹遭到严重破坏。残存的海存屯也已面目全非。尽管如此，当年的建筑规模和精湛的修建工艺，迄今仍令人叹为观止。可以说，海龙屯不仅是贵州，而且是西南，乃至全国土司屯堡中，规模最大、工艺最精、保存较好的一处，已被国务院核定公布为全国重点文物保护单位。"平播"过后，改土归流，将原播州属地分为遵义军民府、平越军民府，以黄平长官司改置黄平州，隶平越军民府。是年，参与"平播"的贵州巡抚郭子章驻黄平州，即今旧州，适逢东门外一座单孔石拱桥落成，请名于郭氏，名之曰"平播桥"。

铁索桥，跨重安江，习称"重安江铁索桥"（图二三），是湘黔驿道的

图二三　重安江铁索桥

重要津梁。然而，正是因为有条重安江，曾一度给陆路交通造成困难。平时用船摆渡，尚无大碍，一旦山洪暴发，渡船倾覆，行人落水，苦不堪言。为使驿道畅通无阻，贵州提督周达武于清同治十二年（1873 年）在江上架设铁索桥。桥由 19 条铁链和许多块木板与两座桥垸组成。桥身铁链 17 条，按 24 厘米间距平行排列，固定于两岸桥垸内。铁索上横铺木板作桥面。两侧各设铁链为护栏。南北净跨 34.7 米，东西宽 3.6 米，两端下距水面 9.8 米，平时江水深 8 米许。当年架设此桥，先以特别粗大的麻绳及木板，构成简易“麻索桥”。桥上横铺许多圆木作“滚筒”用。铁链子从“滚筒”上拉动，及至对岸桥垸落井内，将其固定，再从另一端将其拉紧。如是逐条处理完毕，且全部固定后，填平落井，将桥板从麻质绳索上抽出，铺设于铁索之上，而后拆除麻绳。桥建成后，结束了“自古只有重安渡而无重安桥”的历史。自此以往，“人行其上，颠簸闪烁，如在云端空际”，别有一番情趣。之后，许多文人墨客，竞相吟诗作对，颂扬铁桥英姿。贵州提学使陈荣昌（1858～1935 年）作《重安江铁锁桥歌》：“黄平之南，清平之北，大山小山乱填塞。重安江水流不得，巨灵大禹皆失色。造物小儿独具大神力，凭空怒奋霹雳手，一拳下击两山剖。阳侯乘势向中走，山上山下作雷吼。南北马牛断绝久，欲济无梁空搔首。幸赖江水碧如蒲陶醅，长虹饮酣不复回，醉卧横亘两岩隈。行人踏背相往来，如履平地无倾颓，使我到此心颜开。忽忆去年乌江里，舟人为我说且指。铁桥琐纽映江底，怪蛟畏缚忽惊起。一夜大波掀不已，天跳地踔铁桥圮。两旁壁立千丈峰，过客脚软难停踪。向下争渡声汹汹，失足便堕鱼龙宫。安得首山宝矿洪炉熔，捶岩凿石绳贯中，亦如此桥连跨江西东。遂使往来逆旅途不穷，我亦为之歌其功。"施秉知县黄平超（1857～1934年）作《铁索桥晚眺》诗："昔年烽火已全销，风物今朝胜昨朝。茅盖几家花下屋，楼连千里路边碉。芦笙唱晚人归市，铁索横空人过桥。更听钟声来佛寺，江心惊起白鱼跳。"贺绪蕃（1830～1911年）作《重安江铁索桥》诗："叹息将军迹，飞桥铁索新。人同过枕席，功胜靖风尘。恭水曾闻险，盘江未独神。廿年前过此，犹唤渡舟人。"刘韫良（1845～约1917年）作对联："一线跨仙桥，步可安行，急滚滚惊涛永靖，关津其犹阻乎？喜车书万里遥通，直北威宁遵铁锁；千寻挥鬼斧，喉能险扼，挺巍巍鸟道全开，山河诚足壮矣！愿冠盖两游蔚起，黔南形势奠金瓯。"但是，铁索桥只能过人，不能通车。因此，为抗战需要，不得不修建能行走汽车的公路桥。既能走人又能行车的钢桁构桥，又名"凤麟桥"，俗称"铁桥"、"钢架桥"。桥始建于1938年抗日战争初期，国民政府交通部拨款10万银元，由著名桥梁专家茅以升设计，工程师陈万恭组织施工。钢材从法国采购，空运至越南，经小火车运抵昆明，再由骡马驮运至黄平，历尽艰辛，于1939年5月5日通车。1949年11月9日，重安江解放前夕，国民党溃军将铁索桥全部炸断，并毁公路铁桥。解放军旋即重建公路铁桥，并焊接铁索。1986年，文物主管部门对铁索桥进行全面维修。重安江是贵州东线民族风情游的重要景点，各路游客多在此驻足观光。自铁索桥维修竣工后，游客踏上古铁梁，领略"人行其上，颠簸闪烁，如在云端空际"的滋味，别有一番情趣。1994年交通部门又在铁桥下游数十米处新建一座公路桥，形成三桥并列局面。三座不同形制的桥梁，代表三个不同的年代，反映历史前进的步伐。

葛镜桥（图二四），俗称"豆腐桥"，位于黔南布依族苗族自治州福泉市城厢镇东南3公里处之湘黔驿道上，横跨犀江（又称麻哈江），南北走向。葛镜是史称"平越"、今称福泉的当地人，曾任平越卫指挥。明万历十六年（1588年），葛镜即在麻哈江上开始建桥，惜未建成半途倒塌，留下"上倒桥"。接着又在上倒桥下游再度鸠工兴建，不料再次倒塌，人称"下倒桥"。受此打击，葛镜仍不灰心，决意"罄竭家产，以成此桥。如以功再罄瘰，将以身殉之耳！"于是，在上、下倒桥之间，再度择地建桥，终于在万历四十

图二四　麻哈江、葛镜桥与古驿道

六年（1618 年）将桥建成。可建成不久，又出毛病，葛镜沉痛赋诗道："亘时昨庆桥成矣，江流湍急桥复圮。持一片心盟白水，桥不成兮镜不死。"话虽这么说，不过两年，"镜已物故"，还是走了。时任贵州巡抚张鹤鸣"嘉镜之行，怜镜之死，又嘉其桥成"，将桥名为"葛镜桥"，并勒石于桥上。同时撰写《葛镜桥碑记》，以"为记纪之碑"。据张鹤鸣测算，葛镜为建此桥，斥资"五六千金"。清康熙二年（1663 年），因"夏秋恒雨四阅月，桥裂一隙，延至丈许"。贵州巡守道徐宏业整修加固，并"兼于两岸行道陡绝处更为开凿，无或失坠之虞"。九年（1670 年），贵州巡抚佟凤彩于两岸修腰墙，并于桥北端建三元阁，久毁。道光十六年（1836 年）复建庙、铸钟，相当壮观，年久毁圮，仅存遗址。

在地形利用方面，葛镜桥堪称山地桥梁的典型范例。桥为三孔厚墩联拱石拱桥，南北两孔各有一墩砌于天然崖壁上，使石桥与崖壁浑然一体，既节工省料，又坚固牢实。桥长 52.7 米，宽 8.5 米，下距正常水面约 23 米，单孔净跨分别为 19.62 米、12.3 米、6.26 米，拱脚厚 1.89 米。三孔拱券均为圆弧尖拱，茅以升认为是国内"变截面圆弧尖拱"的典型。其最大拱跨达 19.62 米，也为国内厚墩联拱中净跨最大者。兼具历史价值、科学价值、艺术价值的葛镜桥，于 1985 年被公布为第二批省级文物保护单位，2006 年被公布为第六批全国重点文物保护单位。著名桥梁专家茅以升主编的《中国古桥技术史》提到葛镜桥时写道："形式旋律的变化，或取对称的方法，这是绝大部分中国桥梁所具有的。不对称的桥梁，如葛镜桥便缺乏比例有规则的变化。""罗英著《中国石桥》一书中，提出'古经验与新理论'问题，以贵州平越（今福泉）葛镜桥为例，说明通过'石拱辅构件'而产生'被动压力'的重要性。他先以旧理论验算葛镜桥在新的负荷下即不安全，而在新的理论下则并无问题"。这么高超的建桥理论，很难让人明白，即使当年修建葛镜桥的师傅还健在，恐怕也未必听得清楚。然而，早在300多年前，贵州石匠硬是把后来被专家们赞不绝口的葛镜桥造出来了。民间相传，这座神奇的石拱桥是张三丰用豆腐块砌成的，是座了不起的"仙人桥"。实际上葛镜为修此桥，花费全部家当，耗尽毕生精力，艰苦奋斗30年才最后将桥建成。

第三章

飞云崖民族节日集会

第一节　四月八的民间传说[*]

飞云崖是全国省重点文物保护单位，同时又是贵州省东线旅游集自然景观和民族风情为一体的文化旅游胜地，素有"黔中第一奇境"、"黔南第一胜境"、"黔南第一洞天"、"贵州第一名胜"等美誉。并且全国第一个民族节日文化专题博物馆——飞云崖民族节日博物馆，建在飞云崖内。

飞云崖"四月八"民族节日集会（苗语：弄嘎讲略）是省内较大型的民族集会之一（图一）。每到农历四月初八这天，凯里、施秉、镇远等周边市、县和本县的苗、侗、僳、汉等各族人民群众4万余人纷至沓来，汇集在飞云崖载歌载舞狂欢三天。年轻人可以借集会期间和心上人相见马郎坡上以歌表达相思爱慕之情。老年人走亲访友到飞云崖周边村寨亲友家中通宵达旦以歌和以酒会友。

飞云崖"四月八"民族节日集会是怎么来的？在黄平县民间流传有两个这样的传说。

传说一：明洪武年间有潘克铜、潘克铁兄弟俩随军到贵州，不久朝廷突然传令，要这支队伍立马解散，就地安置，允许将士们在当地选择良田沃土，插草为界，安居乐业。潘家兄弟俩打算返回千里迢迢的故乡去。当时贵

---

　　* 本节由杨德撰写。

图一 飞云崖"四月八"集会

州地方莽林荒野，禽兽出没。本来人烟稀少，加上战乱频繁，几十里无人迹，潘氏兄弟来到黄平境地，被一处山林茂密，水源充足的峡谷所吸引，产生了留下来开垦这片土地的想法。二人遂上马，各朝一方，猛拍马数鞭，任马奔跑，直到马儿累得停下来，才下马插草划界。从此，解甲卸鞍，开荒垦地，建立了家园，把居住地取名为"台腊"（苗语意为开垦荒地）。潘氏兄弟春播秋收，不几年就丰衣足食，又分别娶了附近苗寨姑娘生儿育女，日子过得美满非常。数载后潘克铜一支迁到了施秉金元居住，潘克铁这支仍留在台腊。一天潘克铁在飞云崖下放牛，看见有两个老者东张西望，朝崖下走来。潘克铁见是生人，就藏在石山后观望。两个老者来到崖下，不知为何高兴得手舞足蹈。只听一个说："此地发脉于落裙山，行龙八局，一起一伏，众龙随之，于太行山起祖，入此崖结穴，实属九龙之地。其气可压百僚，是出公侯之地呀！"说完，两人一阵耳语，慌忙从原路返回。潘克铁也略知地学，他怕这块宝地被人占去，等两老者走远之后，捡了三块石板，在崖下搭了一座土地庙，并找一块像人形的石头放在庙里，这才赶牛回家。

第二天，两老者果然迁尸而来。见崖下的土地庙，对天长叹道："我俩命中不该有此福啊！"原来，按照地学说法，庙地葬坟，得罪神灵，有灭族祸灾。从此之后，潘家每年都要来这崖下的土地庙烧香敬神，以求风调雨顺，吉祥平安。逐渐其他地方的老百姓也来烧香。于是潘家出资在土地庙上修起了一座庙宇，因为崖下的道路是连接京城和云南的滇黔驿道，经过此地的文人墨客很多，并且有些在此烧香后高中当了官，认为是这里的神灵保佑，纷纷捐款到这里还愿。庙的名气传得更远，朝拜的人不断，大官立牌坊，小官修亭阁，使这里的庙宇亭阁连成一片。苗家因此称飞云崖为"略逝曰"，就是"庙城"的意思，至今还这样叫。每年农历四月八，这里的和尚过浴佛节，设宴招待潘家。各地拜佛求神的人在这天来烧香礼佛，观看神像；年年这样，成了习惯。喜欢吹芦笙、赛马的苗家，也在飞云崖吹起了芦笙，跑起马来，以示欢庆。飞云崖"四月八"民族集会就是这样兴起来的。为了纪念潘家保护飞云崖有功，所以人们就把吹响一年一度飞云崖"四月八"民族节日集会第一声芦笙的殊荣送给了台腊潘家。

传说二：相传很久以前，天下还没有牛，人们刀耕火种，粮食难以糊口。天帝知道这事，便令他的太子下凡传旨，要人们每天吃一餐饭，洗三次脸。谁知，太子来到世间。贪恋玩耍，对天帝的旨意已记不清，竟误传为："每天吃三餐饭，洗一次脸"了。

世间上的粮食本来欠缺，经太子这样一误传，人们遵旨行事，缺粮食饿死的人就更加多了，世间男女老少无不埋怨，怨气直冲九霄云外。

天帝在天宫中面红耳赤，坐立不安，忙问左右，"凡间出了什么事？"一位天神奏道："不知道何人所为，世上饿死的人比以往多了，人间怨气冲天，故使吾皇心神不安。"天帝把太子叫来查问："你到凡间是如何传达我的旨意的？"太子回答说："叫他们每天吃三餐，洗一次脸！"天帝听了，勃然大怒，骂道："你这畜生害人不浅！误传圣旨，犯了天规，今罚你到凡间变牛耕地，将功补过，以后再回来。"

太子不愿到凡间变牛，但犯了天法，他不得不去，只好下凡来。他懒洋洋地走到一个清水塘边，跳到塘中洗起澡来，却忘了到人间来做啥事。

四月初八这天，七仙女偷偷下凡游玩，遇见太子还在塘里洗澡，齐声说："你在这里洗澡贪玩，父王晓得了，天牢够你坐的。"太子央求道："众位姐姐：我这就去变，但不知要在凡间多久才能返回天庭？"大姐说："听父王讲，多则二十年，少则十几年。"太子问道："怎样才记得清这年数？"大姐和二姐听了，有点可怜他，就各自取下头上的一枚发簪，叫他插在头上的两边，并说："这两枚簪子可变成两只角，每过一年，角上就会出现一圈纹路，你数数有多少圈就知道了。"太子将发簪插在头上，摇身变成一条水牯牛，告别了众姐姐，来到"略寺曰"（飞云崖的苗语名称）。

正在"略寺曰"进香的人见了牛，以为是妖怪，吓得四处逃散。牛高声说："请不要怕，我不是妖怪，是来帮你们耕田犁土的。"人们听了才围拢来。但看见牛的肚子那么大，怕没有这么多粮食喂它，谁都不敢要。牛知道后说："这不要紧，以后收了谷子，你们吃颗颗，我吃草草"。人们听了很高兴，便收留了它。从此，牛帮助人们耕田犁土，生产得到了发展，粮食增收了。

牛由于长期吃草，又只干重活，不用头脑，慢慢变得不会说话，而且忘记了在凡间的时间，再没有回天庭去。人们得到牛的好处太多了，为了感谢牛，就把牛来到凡间的四月初八定为牛的生日。每年这天，都要让耕牛休息一天，并且煮稀饭喂耕牛。人们就到"略逝曰"（飞云崖）去办几天会，以示祝贺。飞云崖四月八民族集会就这样流传下来。所以每年飞云崖"四月八"民族集会苗族家家户户都要煮稀饭喂牛，而且还要先祭祀牛王，才吹芦笙。2005 年省人民政府将飞云崖"四月八"祭祀牛节公布为省级非物质文化遗产代表作名录。

第二节　四月八的节日集会[*]

飞云崖"四月八"民族节日集会是黄平县苗族群众世代相传，历史悠久且内容丰富的大型传统祭祀活动，苗族称"弄嘎讲略"，俗称飞云崖"四月八"苗族祭牛节。它主要流传于黄平县新州、谷陇、翁坪、重安及野洞河等苗族聚居乡镇及凯里、施秉、镇远等县市。

飞云崖"四月八"民族节日集会场所位于黄平县城东 12 公里处的东坡村飞云崖内，飞云崖占地面积 1.5 平方公里，海拔 756 米，其间设有芦笙场

---

[*] 本节由罗朝凤撰写。

（图二）、赛马场、斗鸟场（图三）、对歌场等娱乐活动场所。飞云崖内，古柏苍松覆荫、茂林修竹环拥、飞瀑滴珠、清溪环绕、鸟鸣鹤舞、景致幽雅。飞云崖气候适宜，原始森林覆盖，千年古树500余棵，植被种类多达100余种，每年春天，上万只白鹭候鸟都到这里搭窝筑巢，繁殖后代，为飞云崖增添了一道靓丽的自然景观，构建了一个人与自然和谐的生态环境。

飞云崖自建寺庙以来一直成为苗族"四月八"集会的活动场所，每年农历四月初八，数万苗族人民在此举办祭牛节，会期三天，举行祭牛、芦笙、赛马、斗鸟、民间绝技、武术、山歌、棋艺、篮球、猜谜等多姿多彩的各种比赛活动和民间民族传统技艺、工艺品展演展示等活动，参观人数多达4万余人，是贵州省境内较大的大型民族节日集会活动之一。

飞云崖"四月八"民族节日集会是黄平县苗族文化中较具代表性，特点最为突出的文化表现形式。其表现形式为宗教信仰、赛事娱乐、民族民间传统技艺及工艺产品展演展示、民间绝技等多元文化展示，对再现民族文化，增强民族团结，推动社会发展具有重要意义。它是古今民族文化融合和南北文化交流的集中表现，又是集古代地理学、美学、生态学、民族宗教信仰、历史学于一体的民俗活动精品代表作。"四月八"集会历史悠久，传统性强、宗教信仰浓烈，如明代名人王阳明在飞云崖《重修月潭建公馆记》中有记载："附崖之戍卒官吏与苗仡木之种连富而居者，岁时令节皆于是厘祝。"说明早在明代，飞云崖已成了当地少数民族节日活动的场所。

飞云崖"四月八"民族节日集会是以苗族为主，各民族参与的大型集会祭祀活动，主要突出了农耕的苗族离不开牛，将牛视为神灵加以保护和祭祀，在集会中有一整套传统的祭祀牛神仪式，在仪式中牛被神圣化，使其具有浓厚的农耕特色和神秘的宗教信仰理念，这是区别于省内外其他同类民俗活动中的独特性和唯一性。其二表现形态为宗教信仰、民族娱乐、民间技艺等民族文化空间。飞云崖在古驿道上是中原文化与苗族文化的交汇点，这一节日文化习俗具有增强民族团结的功能、具有区域文化历史和文化空间的代表性。其三为具有固定性和连续性特征，该集会从古至今都保持在飞云崖举行，且一年一度，从不间断，充分体现了项目活动的固定性和连续性，并不断地表现出了其生态文化强大的生命力、影响力和存续力。

图二　芦笙场

图三　斗鸟场

第三节　四月八的节日变化[*]

　　苗族"弄嘎讲略"习俗自明代就开始举行，至今已有 570 年的历史。飞云崖"四月八"集会的形成，是由"弄嘎讲略"演变而来的，关于"弄嘎讲略"的来历，在当地与苗族群众中有一个"天帝太子下凡变为牛"的动人传说。为了纪念太子变牛为人类耕田犁地，苗族人就把太子变牛的农历四月初八这一天定为牛的生日，并自这天起，牛休息三天，凡苗家人都要用稻谷、玉米、鲜嫩茅草等煮粥犒劳牛。后来，苗族为将"弄嘎讲略"祭祀活动举办得更加隆重，就将活动移至飞云崖举行，一直流传至今。

　　飞云崖"四月八"民族节日集会从古代的传统祭祀、吹笙、踩笙（图四、五）、对歌到现代的斗鸟、赛马、斗鸡、民间绝技、武术、工艺展示，原生态山歌对唱、猜谜、篮球、棋艺等民间文化系列活动，是贵州境内民族民间文化展现内容最为丰富的大型传统民俗活动之一。其活动的内容、形式和程序如下：

　　1. 祭祀牛神活动：该乡活动是飞云崖"四月八"节日集会最古老、最神秘、最核心的活动内。届时由苗族长老、寨老、祭祀师率队于农历四月初八上午 8 时准到飞云崖举行神圣的祭祀牛神活动，祭奠队伍将穿戴民族古盛装、银饰排列到祭祀师之后，面对牛神塑像进行祭拜，并进行歌舞表演等。祭祀完毕后，由长老宣布开始吃稀饭，于是祭祀队伍就立即摆上长桌条凳，端上已煮好的稀粥及相应食品，并邀请到会参观的众宾客一起免费享用，整个祭祀活动顿时呈现在一片欢乐与祥和之中。

　　2. 民族芦笙歌舞：该项活动在飞云崖内芦笙场举行，是飞云崖"四月八"节日集会中主要的传统活动项目。在所有的芦笙赛事之前，必须由台腊坡潘姓苗族的一支芦笙队（东道主芦笙队）起笙完毕后，所有的客人芦笙队才能进场参赛。该项活动分别进行吹笙、跳芦笙两项竞技赛事活动。

　　3. 会期还将同时举行赛马、斗鸟、斗鸡、民间绝技、武术、原生态山歌对唱、猜谜、篮球、棋艺等民间文化系列比赛项目。

---

　　* 本节由罗朝凤撰写。

图四　苗族女子芦笙队在飞云崖"四月八"集会上

图五　僡家芦笙队在飞云崖"四月八"集会上

4. 非物质文化遗产展演展示（图六－九）：该项活动自 2008 年才开始举办，主要内容有"苗族古歌"、"苗族泥哨"、"苗族银饰制作技艺"、"黄平蜡染"、"苗绣"、"刻道"、"伴家银饰制作技艺"等国家级、省级、县级非物质文化遗产保护名录项目。这些项目的原生态和传统技艺现场展演展示人员都是各级非物质文化遗产项目代表性传承人。他们是：国家级传承人龙通珍，省级传承人廖秀珍、雷安显、王登书、杨正贵、廖学文，州级传承人王朝美、潘昌秀、陈应魁、吴天和、杨昌雄、罗朝芝、吴光芬、廖尚凡，县级传承人潘礼训、吴阿幼、廖玉芳、罗文秀、田也得、罗旭、廖啊革、李明刚、李毛英、潘家珍、王福英、李阳秋、潘家英等等数 10 人。该项活动虽然才举办了 6 年，但所取得的社会宣传效果特别好，许多电视台、报刊、杂志等新闻媒体都进行了相关报道和宣传，在省内外都产生了重大的影响。是飞云崖民族节日博物馆静态展览和活态展示完美结合，让游客了解贵州省节日文化的同时，又能够直接体验贵州省丰富多彩的节日文化，起到了寓教于乐的作用。

根据相关文献记载及近年来的调查访问，飞云崖"四月八"民族节日集会在清代以前，所举办的集会活动，内容主要以传统祭祀牛神和芦笙歌舞竞技表演为主，会期有 3～5 天不等。这期间，集会点周围的苗族群众，家家户户均以鸡稀饭待客，在"长桌宴"上，主宾必须喝酒唱歌，以此共庆节日盛会。这样的热闹气氛，常常通宵达旦，并持续几天几夜。民国时期，常常是以 3 天会期时间为主，活动内容也渐渐地丰富起来，这个时期的活动内容在传统祭祀牛神和芦笙歌舞竞技表演内容的基础上，增加了吹笙、踩笙、跳芦笙、对歌、赛马等内容。新中国成立之后至文化大革命期间，由于历史客观原因中断了活动。20 世纪 70 年代末期结束文化大革命动乱之后于 80 年代初，党中央在全国范围内进行拨乱反正，使全国性的各民族传统节日集会文化活动才得以有效恢复和保护。自 20 世纪 90 年代起，一年一度的飞云崖"四月八"民族节日集会活动才又恢复和得到常态化的开展。其活动内容也在不断丰富，每年都增加了斗鸟、赛马、斗鸡、民间绝技、武术、工艺展示、原生态山歌对唱、猜谜、篮球、棋艺等民间文化系列活动。近年来飞云崖"四月八"集会增加了苗族古歌、苗族情歌等非物质文化遗产

图六 泥哨制作展示

图七 银饰制作展示

图八　蜡染制作展示

图九　刺绣制作展示

项目的比赛和展示。黔东南州非物质文化遗产代表性项目传承人王朝美就是在飞云崖"四月八"节日集会的《苗族古歌》比赛中脱颖而出被推荐并命名的。"四月八"民族集会除了丰富多彩的活动项目外，还带动了一批产业，如狗肉汤锅、各类小炒、冷饮、百货销售等饮食业，交通服务业，工商业，旅游业等领域的文化繁荣。飞云崖"四月八"民族节日集会对黄平县的社会、政治、经济、文化发展及民族团结都起到了积极的促进作用，在省内外乃至国内外都产生了广泛的影响。

飞云崖"四月八"民族节日集会虽然已经历了 500 余年的历史，但其存续状况还较为良好，一是集会属地民间自发性的传统集会，不断地得到官方及社会团体、各界人士的大力支持和保护，使该项目活动得以常态化的延续和发展。二是项目活动点环境状况一直得到了良好的保护，保持在此举行活动，宣传面广，影响力大。三是苗族"弄嘎讲略"自 2005 年成功申报为省级非物质文化遗产代表作名录后，得到了各级政府、上级主管部门及当地文化行政主管部门的高度重视、大力支持和加强保护。特别在近年来举办的各次活动中，政府及文化主管部门每年都投入了一定的经费支持，并积极地对活动给予客观、科学的指导，使每次活动都开展得有声有色，原汁原味，再现了历史的风貌。

第四节　四月八的姊妹节日[*]

黄平境内，节日众多，《贵州省民族节日概况一览表》收录了 25 个：农历正月的"歌会"、"踩亲"、"龙角踩桥"、"芦笙会"；农历二月的"落裙坡撵社"；农历三月的"苗陇集会"、"马鞍山集会"、"半山集会"、"王家牌集会"、"杨家牌集会"、"加巴集会"、"白保坡集会"、"爬坡节"；农历四月的"四月八"；农历五月的"石牛龙船节"、"重安集会"；农历九月的"金塘集会"、"新合集会"、"五里墩集会"、"马桑冲集会"、"岩鹰集会"、"马场街集会"、"安江大坝集会"、"谷陇九月芦笙会"、"十里桥集会"。

以飞云崖"四月八"节日集会为"龙头"，镇远报京的"三月三"、施

---

　[*]　本节由巴娄、杨德撰写。

秉平寨的"吃姊妹饭"、黄平谷陇的"九月芦笙会",堪称四月八"姊妹节日"的佼佼者。

三月三,是许多民族都过的传统民族节日。季春三月,苗岭腹地凯里、雷山一带的苗族群众仍过"芦笙节";贵阳、长顺、镇宁、修文、清镇、黔西、纳雍等地的苗族群众继续过"跳花节"。活动内容与正月、二月的同类节日大同小异。贵州中西部地区的苗族青年多在三月十五月明星稀之夜开展"跳花"、"采花"活动,称为"赶月亮场"。而清水江畔的苗族后生则在三月十五前后走村串寨,向姑娘们"讨花糯米饭",叫做过"姊妹节"或称"吃姊妹饭"。

烟花三月,春光明媚,万物复苏,清江苗岭的苗族同胞,身着节日服装,竞相登上高坡,欢天喜地过"爬坡节"。青年们在节日集会上互相索取、馈赠用野菜掺和糯米制成的食品,习称"讨蒿菜粑"、"讨蕨菜粑"、"讨甜藤粑"。龙里、贵定、福泉、开阳等地的苗族同胞,倾寨出动,下河捕鱼,

图一〇　洗葱洗蒜迎接心上人

在外野炊，极其隆重地过"杀鱼节"，在一定程度上反映出远古时代渔猎生活的遗风。

全省各地的布依族普遍过"三月三"。主要活动是对歌，因此又称为"歌节"。节上，男女间开展令人眼花缭乱的"丢花包"活动。这类活动若在桥边进行便称为"赶桥"。黔西南州所属各县及毗邻的广西隆林、云南罗平等地以布依族为主的三四万各族群众会集在安龙德卧开展对歌、"赶表"等活动，称为"赶毛杉树"。相传早年其地有几株长势奇特、枝叶繁茂的杉树，人们认为，在其附近开展敬树、祭祖、野炊、对歌等活动，可保风调雨顺，人寿年丰。

侗族青年除在"三月三"开展"赶坳"、吹笙、唱歌等活动外，特别有趣的是镇远县报京村一带的侗族姑娘，将葱葱蒜蒜，摘干洗净（图一〇），装在小巧玲珑的竹篮里，三五成群伫立于路边，等待心上人前来"讨葱蒜"、"讨篮子"。因此，其地"三月三"又称"讨葱讨蒜"、"讨菜篮子"。不是心上人姑娘不肯给，若无人问津更显得难堪。因此，"三月三"，对于侗族姑娘来说，既是一次激动人心的良机，又是一场极其严峻的考验。

苗族姑娘的"吃姊妹饭"（图一一），施秉平寨在二月十五过，台江施洞在三月十五过，内容十分丰富，传说也很生动：春天来了，春风无情地将姑娘们纺出的棉纱一次次吹断，姑娘们无心待在家里纺纱，相邀上山打野菜，下河捕鱼虾，玩得十分开心。晚上回家，担心老人责怪，称病躺在床上。老人找到苗族始祖——"姜央"求医问药。"姜央"开了一个"处方"——把姑娘们捞来的鱼虾做成好菜，把打来的五颜六色的野菜与糯米掺合

图一一　吃姊妹饭

在一起，蒸成花米饭，然后告诉四邻，春天吃了花米饭，夏天蚊子不咬人。姜央说："只要有人来讨花米饭，姑娘们的病一定会好。"老人照办，果然灵验，姑娘们的"病"全好了，个个都找到了称心如意的婆家。

贵州高原的清水江，史称"苗河"，发源于都匀市斗篷山北麓中寨，流域面积包括都匀、丹寨、凯里、麻江、福泉、施秉、黄平、镇远、三穗、黎平、榕江、天柱、锦屏、雷山、台江、剑河等16个县市。清水江畔的施秉平寨一带，在农历二月中旬"吃姊妹饭"；台江施洞一带，则在三月中旬"吃姊妹饭"。时间虽然不同，内容大体一样。是日一早，姑娘们下水捕鱼捞虾。午后，家家户户蒸花糯米饭。傍晚时分，姑娘们穿着盛装，佩戴银饰，围着木鼓跳舞。舞毕，按照不同年龄档次，分别在"姑娘头"家的火塘边"打平伙"。

事前，她们将野菜、糯米、鸡蛋、鱼虾，腊肉等食品送到"姑娘头"家，由其母亲或祖母代为操办。吃"姊妹饭"时，也由老人分发，每种食品人各一份，绝无厚此薄彼。

入夜，早在林中等候多时的外寨青年，陆续来到"游方场"上，寻机向姑娘们讨"姊妹饭"。姑娘们披着月色，一人一包"姊妹饭"，提到"游方场"上。遇到不中意的人，多少给一些，通常拳头一大团，有时只给手头大一点——这纯属戏谑。见了那个人，一包全给了。小伙子得了"姊妹饭"，并不意味得了姑娘的心，是喜是忧，要背着姑娘打开看才知道。

原来，"姊妹饭"里藏有"情书"：一些奇奇怪怪的语言符号：若是松毛，表示愿意交往，回礼时请给一支绣花线；若是刺条，请回赠一包绣花针；若是树叶，请回赠几尺布；若是一个树钩，表示愿意深交；若是两个树钩，表示愿意成婚；若是一个树杈或几个辣椒，示意分手。

游方场上，唱"游方歌"，吃"姊妹饭"，寨中兄弟必须回避。其实，他们早已外出，到别的寨子开展同样活动去了。

当天晚上，寨内中老年人，待在家里吃喝，不去妨碍他人。家庭主妇，随时准备迎接不速之客。说不定什么时候，一个肩披渔网、头戴破笠、脸画"花猫"的男人出现在家门口。他是谁？她知道。这化装来讨"姊妹饭"的人，多为早已成家的中年男子，也有六七十岁的老翁。他们和她们，在儿孙们兴高采烈"吃姊妹饭"时，借机回到了难以忘怀的青少年时代。

虽说"吃姊妹饭"是姑娘们的节日，但如今已演变成这一地区的全民性活动。附近汉族群众，乃至国家干部，也有前来助兴，向姑娘们讨"姊妹饭"的。这个古老的民族节日，经过长期发展，已经成为增进民族团结、密切干群关系的社交活动。

谷陇九月芦笙会（图一二），可以说是欢庆丰收的节日，同时也有督促生产的作用。农历九月，五谷入仓，人心欢乐。为了敦促按时入仓，到了"九月芦笙会"，如果尚未收割完毕，必遭村民耻笑。黄平、凯里、施秉一带的苗族约定在"九月芦笙会"前，必须把所有农作物收割回家，如若不然，别人割去，或牛马糟蹋，主人不得多言。"九月芦笙会"在黄平谷陇举办，从九月二十七日到二十九日，接连活动三天三夜，与会村民多达四五万人，活动项目主要有吹芦笙、跳芦笙、斗牛、赛马、斗画眉。

"谷陇九月芦笙会"的传说有许多，较为流行的说法是：一年春天，一连下了几场暴雨，清水江发大水。清水江边有两父子到江边打鱼，发现一条很大的鱼露出一段脊背。父子俩用鱼叉直刺大鱼脊背。谁知这不是一条鱼，而是一条水龙。水龙腾空而起一口吞下父子俩，同时也因受伤而亡。水龙死后身后冒出一股黑烟直冲云霄，一下子天空变得伸手不见五指。天从此再也不亮了，人们打着火把来到清水江边，发现有条水龙半截在清水江中，半截

图一二　谷陇九月芦笙会

在岸边，已经发臭。山坡上有个寨子，被这股臭气围绕不散，人们就称这个寨子叫"包巷"（苗语意为臭的山坡，就是现在谷陇镇大平村）。天不亮，五谷不长，鸟雀不鸣，虎豹猖獗，六畜发瘟，暗无天日。寨子有个 99 岁的苗族老人，摸黑上山拣柴火，不慎落到一个小水坑里。他听到一个声音说："天不亮，是水龙阴魂不散，只有用很大的声音才能够把水龙的阴魂驱散，天才会亮起来。"这个老人回家后，根据蟋蟀的发音原理，用铜片和竹管制造出了芦笙。因为声音不够大，找了棵树子挖空作为回音筒，一下子声音非常大。人们抬着芦笙和回音筒，来到村寨外的山坡上吹。声音震天动地，响彻云霄。吹了一天，星星出来了，吹了第二天，月亮出来了，吹了第三天，太阳出来了，人们恢复了正常的生活。后来人们都学会了做芦笙和莽筒，并且每年都拿芦笙、莽筒来吹奏。只要一吹，每年都会风调雨顺，粮食丰收。于是各个寨子都吹起来了芦笙、莽筒。谁知这样一来，反而乱了，雨水反倒不好。于是，老人们商议，最后决定：正月的芦笙会在施秉县双井开始。从三月起，芦笙会有各地轮流举办。黄平的苗陇、翁坪、加吧、白保，因为不富裕，粮食只能够吃到春季，所以这几个地方在三月份举办芦笙会。凯里的旁海，比较富裕，在青黄不接的七月份举办芦笙会。黄平谷陇，粮食紧张，在打谷子后的九月份举办芦笙会。这样，"谷陇九月芦笙会"就流传下来了。

民族节日传说，是民间文学的重要组成部分。民间传说，各说各的，惟其如此，丰富多彩。关于"谷陇九月芦笙会"的传说，还有以下几个版本：

其一为：谷陇鲤鱼塘寨，有座五跨石墩桥，历来由杨、雷二姓共同修建。中间一孔，由杨姓修建，其余四孔，杨、雷二姓交叉修建。何以如此？相传远古时代，杨、雷两家族共同开发鲤鱼塘一带地方，将其开辟为肥田沃土。由于土地纷争，时有摩擦发生，关系不是很好。某年，雷姓先祖"雷公"卖给王寨寨主一头水牯牛，多年催账未果。"雷公"找到杨姓先祖"阿斗"商量。办事公道的"阿斗"帮助"雷公"要到了牛钱。"雷公"感激不尽，提出与"阿斗"结拜兄弟，从此永不通婚。两个家族商量，决定联手建桥。杨公"阿斗"承诺，杨家多修一孔。其余四孔，交叉修建，意为要像"跳踩鼓舞"时手拉手那样，和睦相处，相敬如宾。并且商定，秋收以后的农历九月底，在谷陇开办一个芦笙节。

其二为：谷陇枫香寨，有座汀步桥，相传为杨氏先祖"包厚"所建。他因地制宜，依河就势，将高矮不一的桥墩建于河底岩石上，矮的仅有二三十厘米，高的竟达2米余，弯弯曲曲，形同游龙，连接两岸。最深一处，无法建墩，难以通行。好在有一只神龟经常出入其地，做墩方便行人。龙女羡慕人间，意欲下嫁凡人，询问神龟，哪个人最好，神龟告诉龙女，"包厚"勤劳善良，而且懂得医药，是位好后生。一日，龙女来到桥头，待"包厚"过桥时，告知"包厚"老父有病，求其前往医治。先前龙王曾经许下诺言，谁能将病治好，愿将龙女许与为妻。"包厚"果然根除龙王痼疾，但只提出要一只有脖子的小葫芦，以便上山干活装水喝。回到家中，葫芦变成一位美女，与"包厚"成了亲。成亲那天，正好是秋收以后的农历九月二十七日。于是，谷陇一带苗族村民，举办"九月芦笙会"，缅怀"包厚"与龙女，并将他俩视为自己的先祖。

其三为：当地苗族的潘姓先祖"垢军"与杨姓先祖"垢肥"亲密无间，结为兄弟。一次，二人到红岩一带狩猎，发现猎狗从"哈宝牌"山林出来时，一身都裹着浮萍，二人断定猎狗所到之处，必有肥田沃土，利于农业生产。于是，在猎狗的引导下，"垢肥"带领族人，由谷陇枫香寨迁徙到欧亮河东岸旧寨定居。而"垢军"则带领族人，由旁海迁徙到欧亮河东岸"哈宝牌"定居。天长日久，子孙不断繁衍，欧亮河东岸已经没有多少发展空间。经"垢军"和"垢肥"协商议定，由"垢肥"带领杨姓族人涉过欧亮河，开发西岸。此后，各自安居乐业，兴旺发达。为牢记猎狗的功劳，双方商定，秋收以后的农历九月底，在谷陇开办一个芦笙节。

还有一个传说，意义更为深刻：早年，黄平县的加巴、谷陇、黄飘、重安、苗陇，和凯里市的湾水、旁海、大溪等地，很少通婚。由于内部通婚多了，给后代的相貌、智力带来很多缺陷。于是，加巴人首先不许内部通婚。可是，不到三年，加巴有72个姑娘嫁不出去，72个男青年娶不到媳妇。为了给青年男女婚姻搭桥，苗陇有个叫"够堡柳"的老人，亲自到谷陇找"够富九"和旁海的"够皎衣"，邀约湾水、黄飘等地的寨老共同商量，举办"谷陇九月芦笙会"。开办芦笙会后，加巴的72个姑娘第二年都出嫁了。没有成家的后生，也陆续娶了媳妇。从此，谷陇兴起了"九月芦笙会"。

第四章

飞云崖古建筑群维修

第一节　古建维修工程[*]

　　飞云崖古建筑群修缮工程自 1983 年起至今已经历了三十多个春秋，大大小小已进行了 20 余次维修，从时间的跨度和维修规模来看，其维修工程大体经历了三个阶段：即从 1983～1990 年为第一个阶段，1991～2000 年为第二个阶段，2001～2010 年为第三阶段。2011 年之后的维修工程可作为第四个阶段维修工程。

　　第一阶段维修情况：

　　1983 年 5 月 16 日，黄平县人民政府下文专门成立了飞云崖维修领导小组和施工组，领导小组组长为陈达志，副组长为张曰岚、刘显银，张兴邦为成员。施工组组长为刘显银，成员为张兴邦和解培九，由县建委、县文化馆具体抽人施工。并明确施工，预算、建筑结构由县建委负责，图案设计由县文化馆负责，有关具体业务事项由县文化局代办。

　　1983 年 6 月 4～5 日，黄平县人民政府组织召开了"黄平县维修飞云崖座谈会"，并写有《会议纪要》，当时出席会议的人员有：贵州省文化出版厅社会文化处副处长庄嘉如，计财处会计秦季余，省博物馆副馆长罗会仁，

---

　　[*] 本节由罗朝凤、吴天明撰写。

省古建专家简家奎，黔东南州文化局副局长申明华，州古建办副主任顾贵生，州文管会龙开朗，黄平县人大常委会副主任林继刚，副县长陈达志、潘家源，县委宣传部部长张曰岚，县民委副主任杨通明，县建委主任胡世才，县林业局副局长欧慎世，县审计局副局长习俊，县文化局局长刘显银，文物员解培九等21人。会上庄嘉如副处长对我县飞云崖的保护原则和要求作了具体明确的指示，罗会仁和简家奎也对维修飞云崖保护提出了很多宝贵意见，参会的县内同志都表示一定要尽最大努力把飞云崖修复好。会议还对飞云崖维修中的一些具体问题进行了讨论和达成共识。

1983年6月15日，黄平县人民政府专门下文《关于临时抽调人员维修飞云洞的通知》决定抽调县文化局刘显银，县文化馆涂开明、解培九、李东凡，县建委张兴邦，县林业局钟寿康等人组成维修飞云洞施工组。施工组由刘显银任组长，张兴邦任副组长。

6月25日，黄平县维修飞云崖施工组完成了《黄平飞云崖第一期维修计划报告》上报省文化厅和省州相关部门。

飞云崖施工组计划在1983年完成小官厅、接引阁、碑亭、幽云亭、滴翠亭、皇经楼、月潭寺牌坊、飞云崖牌坊、河堤栏杆、石碑安置、碑刻摩崖填珠、秀水溪堡坎、长廊、厕所、输电照明等第一期工程的维修，后于1984年11月维修完成。

计划1984年完成韦驮殿、清心殿、大官厅、左右游廊、鱼池、莲池、灵根泉大井、围墙、干墙，步云街、螺狮洞、嘉禾洞、飞泉渠道等第二期工程的维修。

计划1986年完成月潭寺、左右耳房、圣果亭、清风亭、花园及围墙等第三期工程的维修。

计划1986年完成月潭公馆（撤迁小学、大门三间、左右游廊、上房、莲池）、碑廊（中碑亭）、关圣殿、场地

图一　修复中的皇经楼

道路等第四期工程的维修。

　　修缮飞云崖古建筑群所需款项，全部由各级人民政府和上级主管部门拨款，如1983年，贵州省文化出版厅就拨了93万元，黔东南苗族侗族自治州文化局转拨13万元，黄平县政府拨款3万元，共计109万元。分别用于皇经楼（图一）、长廊、飞云崖牌坊（图二－四）、月潭寺牌坊（图五）、滴翠亭（图六）、观瀑台、小官厅、接引阁（图七、八）、碑亭、购买后山围墙土地和修筑后山围墙、飞云崖大佛殿及两厢房与接待室、征购飞云崖保护范围内西面公路上的泥哨作坊及部分土地和修建飞云崖诗廊、飞云崖民族节日博物馆配套设施和征购配套设施土地。

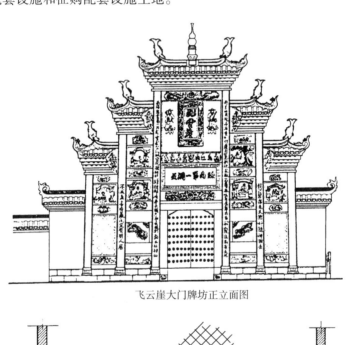

飞云崖大门牌坊正立面图

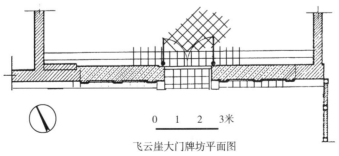

0　1　2　3米

飞云崖大门牌坊平面图

图二　飞云崖牌坊测绘图

图三　维修前的飞云崖牌坊

图四　维修后的飞云崖牌坊

月潭寺牌坊正立面图

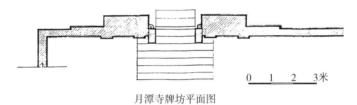

月潭寺牌坊平面图

图五　月潭寺牌坊测绘图

图六　维修后的滴翠亭

图七　维修中的接引阁

图八　维修后的接引阁

第二阶段维修经费主要由省文化厅拨款，分别对飞云崖大官厅、养云阁（云在堂）落架、大佛殿屋面、后山围墙局部进行维修、对飞云崖秀水溪河道清理，以及对小官厅进行抢险维修等，其先后过程大致如下：

大官厅（图九、一〇）：1989年12月8日动工维修。飞云崖由于低洼潮湿，大官厅的大梁、柱头、板壁、窗花、瓦皮等受到不同程度的朽烂，已成危房。经省文化厅文物处领导、专家实地考察，同意拨专款对大官厅落架维修，1990年10月竣工。

云在堂：1990年12月5日动工维修。由于年久失修，加上环境潮湿，其中两根中柱、大梁朽烂，加之白蚁破坏，以至于倒塌。经省文化厅文物处领导、专家实地考察，同意拨专款对云在堂落架维修，1991年8月竣工。

1994年对大佛殿屋面进行维修。屋面高陡，风吹雨打，瓦片经常下滑脱落，导致屋面漏雨，瓦皮、檩子、望板等长期被雨水浸泡，因朽烂而引起屋面下塌。经省文化厅文物处领导、专家实地考察，同意拨专款对大佛殿屋面维修。

1996年，对飞云崖后山围墙进行了局部性的维修。此围墙既是飞云崖绝对保护范围内的界限，又是飞云崖后山森林（千年古树）的一道防火墙，对保护飞云崖古建筑群与防火防盗起到决定性的作用。

此外，还清理了秀水溪河道。秀水溪，位于飞云崖门前东侧，一年四季清澈如镜，为飞云崖景区一道亮丽风光。由于常年的山洪泛滥，其河道淤积了大量的河沙与淤泥，影响了溪水的质量与本来面貌。经县人民政府拨专款，对其河道进行了清理。

1999年4月10日，对小官厅进行抢险维修。小官厅位于观音殿西侧旁，4月3日凌晨2时左右，暴风雨将飞云崖顶一棵百年古树吹倒，倒塌的树干压在小官厅屋顶上，导致大梁断裂，北面山墙亦部分垮塌，受损严重。4月4日经省厅文物处领导、专家亲临现场视察之后，下拨专款2万元对小官厅进行抢险维修。

第三阶段维修情况：

黄平飞云崖古建筑群由于特殊的地理环境，处于喀斯特地貌分布区，溶洞较多，地下水丰富，加上湿润多雨的季风气候影响，温暖潮湿，容易造成

图九　破损不堪的养云阁（大官厅）局部

图一〇　维修后的大官厅

古建筑群局部甚至大面积自然腐朽和损害。20世纪八九十年代，飞云崖虽然经历了第一、二期的维修，但其维修周期间隔较长，基本上都在10年左右，风吹雨打，古建筑群原先完好的地方会受损，自2000年开始又进行了第三阶段的维修和保护。根据资料记载，第三阶段的维修项目有：大佛殿（图一一、一二）修缮工程、滴翠亭修缮工程、接引阁、皇经楼修缮工程等。

2001年10月9日，根据飞云崖大佛殿进行现状勘查的报告，大佛殿屋面出现残损情况较为严重，主要原因是由于举折过大，屋面坡度陡，小青瓦容易下移，原采用石灰浆衔接缝隙，并凝结小青瓦，却仍然出现渗漏。飞云崖常年气候湿润，虽古树参天，高大茂密，环境清幽，但这造成建筑群光照不足，加上各种虫害侵蚀，对建筑的各构件造成严重破坏，导致景区不能正常对外开放。黄平县文体广电局文物管理所将勘查现状的受损情况紧急上报省文物局，在国家、省文物局的关心支持下，及时下拨专款60余万元进行抢救性维修，使古建筑群得到应有的保护。

2001～2004年期间，飞云崖大佛殿、滴翠亭屋面又出现严重沉降和垮塌险情。大佛殿此次险情较为突然，2000年10月9日，飞云崖大佛殿正立面的东北面明间与次间排架距金柱1.4米处出现垮塌，望板、小青瓦将博物馆展柜玻璃砸碎。10月24日，大佛殿北立面西北角屋面再次出现垮塌。险情出现后，文管所立即组织人员进行实地勘查，经勘查发现，垮塌原因为：大佛殿正脊出现6处不同程度的断裂，西南面垂脊出现4处断裂，西北面垂脊出现7处断裂，东南面垂脊出现5处断裂，4个戗脊也出现不同程度的断裂，大佛殿整栋建筑双拼檩的上檩都出现严重潮朽，扶积木因受雨水渗透而造成大面积潮朽，北立面檐柱多处也出现潮朽，多数承重构件均出现潮朽，其中望板潮朽程度达70%。另外，滴翠亭屋架、椽皮、柱子、卷板、鹤颈椽等也出现大面积潮朽，最为严重的是东面基座下沉，造成整个亭子向东南方向倾斜。接引阁受到多种害虫的侵蚀及危岩坍塌、古树枯枝断落损害，造成接引阁出现向西南方向倾斜和严重残损。经过黄平县文体广电局、文物管理所再次及时上报省文物局和编制维修项目申报书，在省文物局的重视和支持下，拨出专项经费分别对大佛殿、滴翠亭、皇经楼和接引阁进行抢救性维修，使飞云崖古建筑群得到了及时而有效的保护。

图一一　维修中的大佛殿

图一二　维修后的大佛殿

第二节　配套设施建设[*]

飞云崖民族节日博物馆于 1984 年筹建，原设在养云阁内，1988 年 9 月迁至大佛殿，并正式成立飞云崖民族节日博物馆机构。博物馆收藏有贵州境内苗、布依、侗、彝、水、瑶、回、僮、仡佬、壮等 17 个世居少数民族的节日文化文物 1100 余件和一批文字、图片、音像等资料。博物馆除了包括展厅、仓库、文博干部培训中心、芦笙场、工艺作坊、消防水池及垃圾池等原附属配套设施之外，近年来，随着博物馆免费开放建设的实际需要，文物管理部门又增设了票务管理中心、旅游公厕、消防安保监控值班中心、民族文化交流中心、民族节日工艺品服务部、博物馆休息区、办公室、停车场、医务室等新的配套设施，使博物馆社会服务功能更加齐备和完善，在管理上更加科学化、规范化和人性化。

博物馆展厅设于飞云崖古建筑群的大雄宝殿及两厢内。

博物馆库房设于黄平县城文物局办公楼内，为现代钢筋混凝土砖式结构建筑，设有防盗窗、防盗门及监控探头装置，配有专职保卫人员，实行全天候 24 小时值班制度，确保了库藏文物的安全。2010 年，省文物局组织文物鉴定专家组到黄平县进行馆藏文物级别鉴定，主要对贵州民族节日文化博物馆馆藏的文物进行初步鉴定。经过初步鉴定，贵州节日文化博物馆有 34 件珍贵文物，其中一级文物 2 件，二级文物 11 件，三级文物 21 件。

文博干部培训中心为一组三合院式砖木结构仿古建筑（图一三），在南北两面分别配有餐厅和会议室，总体建筑面积为 620.68 平方米。中心有 14 间客房 42 个床位，先后多次接待省内各种小型培训、创作会议。

工艺作坊设于飞云崖南侧 150 余米处，砖木结构式建筑，建筑面积为 164.6 平方米，曾是黄平泥哨及僮家蜡染制作与加工的专用作坊。游客可以直观了解黄平泥哨、僮家蜡染的生产流程。

飞云崖芦笙场位于飞云崖内月潭寺东侧，长廊西侧，皇经楼北侧，面积

---

* 本节由罗朝凤撰写。

图一三　刚落成的飞云崖民族节日博物馆配套设施

568.19 平方米，是飞云崖四月八民族节日集会芦笙竞赛固定活动场所。

票务管理中心设于飞云崖停车场南侧，建筑面积 12 平方米，木结构仿古建筑，是博物馆售票及咨询等管理服务中心。

旅游公厕位于飞云崖停车场西南侧，2000 年旅游经费投入修建，钢筋混凝土仿古式建筑，标准蹲位 10 个，属黔东南档次和质量较高的旅游公厕。博物馆对公厕的管理特别严格，要求保洁员每天随时都要保持厕所清洁卫生。

消防安保监控值班中心位于飞云崖停车场西侧，砖木结构仿古建筑，监控值班中心面积 15 平方米，有 3 名专职保卫人员进行 24 小时值班，并配置对讲机及相关保安设备，并喂养有 2 条警犬作为夜间巡逻之用。中心已制定有《安全保卫工作制度》、《消防安全工作制度》、《应急预案》。要求保卫人员进行流动式上岗，增加巡逻次数，每日对重点部分进行巡查，防患于未然。尤其重视博物馆及飞云崖古建筑群内的消防安全，要求每位工作人员会使用灭火器，并在发生火灾时，能采取及时措施。

民族文化交流中心设于飞云崖花园西侧的疑香馆，砖木结构单体古建筑，建筑面积 196 平方米，内设精巧的小会议室设备，专门用于博物馆课题研究、会议及民族文化交流等。此外，还有博物馆节日工艺品服务部、博物馆休息区、办公室、停车场、医务室等新的配套设施，均给参观者带来十分温馨和便利的服务。

第三节　古建名家评说[*]

一　杜仙洲的评说

杜仙洲，文化部文物保护科学技术研究所高级工程师。1984 年 12 月，应邀到飞云崖等名胜古迹考察（图一四）。早年毕业于北京大学工学院建筑工程系，是中国建筑学会建筑历史学术委员会委员、《古建园林技术》编委、《文物保护丛书》主编、北京市建委古建园林学术组顾问、北京市技术协作委员会顾问、天津市长城修复委员会技术顾问、贵州省文物保护顾问。贵州考察时，与其同行的还有文化部文物局文物保护技术研究所张放，北京民族文化宫的匡世昭、史海波，中南民族学院民族博物馆王保前、赵培中，《光明日报》的何东平，《民族画报》的韩煌准。他们前来参观贵州省文物管理委员会、省文化出版厅举办的《侗寨鼓楼图片展览》，前往侗族村寨考察侗族文化，为在北京举办《贵州侗族建筑及风情展览》出谋献策。侗寨考察结束后，取道镇远、黄平回贵阳。在黄平考察了飞云崖古建筑群和在古建筑内举办的民族节日文化展览。回到北京，在文物局研究补助贵州省 1985 年度文物保护经费的会上说：

图一四　1984 年 12 月 14 日杜仙洲（左一）等冒雪考察

鼓楼、花桥是地地道道的民族民俗文化，建

---

* 本节由巴娄编写。

议你们都去看看。比较起来，"增冲鼓楼"好：很高，很大，又很古老，值得好好保护。但是环境有问题。民房靠得太近。鼓楼上的鼓是原来的。用一根杉木，中间掏空，两头蒙上水牛皮，叫做"款鼓"，本身就是文物。侗寨鼓楼很多，要分级保护。花桥也看了不少。地坪花桥不错，造型好，环境也美，水，碧绿碧绿的。民族村寨，可以有选择地保护几个。随着生活方式的变化，居住方式也会变。民族村寨，也是建筑的一个品种。要有预见性，作好保护工作。大的寨子如果保不住，可以保护小的，中等的。我觉得雷山的郎德寨可以，从江高增寨的房子也不错，交通又方便。多了保不住，保护几处是可以的。另外，要赶紧录像，作好历史记录。古建筑，镇远的青龙洞、黄平的飞云崖正在集中力量维修。黄平的飞云崖，环境好，又是民族节日"四月八"的集会地点，很有特色。二山门是抗战时期修建的，罗马式的，与古建筑不协调。可以在砖柱上包壳子，做出木结构的效果。这个地方交通很方便。"飞云崖"很有特色，真像一朵"飞云"呐。他特别强调：谁到镇远、黄平，都说好，但说说就算了。咱们是文物局，不能只说好，要支持他们保护维修。青龙洞、飞云崖应该给钱。

二　张开济的评说

张开济，北京市建筑设计院总建筑师，1986年应邀到飞云崖等名胜古迹考察（图一五）。1935年，他毕业于南京中央大学建筑系。来飞云崖考察时，任中国建筑学会常务理事、中国城市住宅研究会副理事长、中国城市建设部民用建筑标准审查委员会主任委员、北京市政

图一五　1986年11月15日张开济（右二）等在文物考察中

府建筑顾问、北京市科协常务理事、北京市文物管理委员会顾问、贵州省文物保护顾问。1986年11月26日在贵州文物考察报告会上，对飞云崖维修工程及利用飞云崖办民族节日博物馆发表评论说：

　　贵州大量的少数民族的文物和民间风俗，给我留下深刻的印象。说实话，我这次能到贵州来，起源于去年贵州在北京举办的侗寨建筑文物展览，我有幸参观了，参观之后使我大为惊奇，不但艺术性很强，而且人民性也很强。侗族人民群众自己出钱、出力建造的，为广大人民群众服务，所以思想性也很强。当时我动员北京建筑界的人都去参观，为此还写了篇文章，在《贵州日报》上发表了，《中国美术报》上转载。因此，这次贵州盛情邀我来，我很愿意来，想亲身看看贵州的花桥、鼓楼。这次还看了少数民族村寨，印象也很深刻，全国很少见。在文化传统方面，贵州不是穷户，而是大户，"万元户"。这里，引用中国的一句老话，"扬长避短"。懂得扬长避短，少做吃力不讨好的事，多做事半功倍的事，这对于做人治国都是必要的。这就要了解自己的长处和短处，打仗要知己知彼。贵州认识到自己的穷，就要努力改变自己的穷，要发挥自己在文化传统方面的独特优势，我感到贵州在这方面已经做了大量的工作。我看了贵州"七五"期间文博事业的发展规划，有的同志说，其他省还没有，我看北京也没有。在这方面，贵州是领先的。规划内容考虑得很周到，很全面。按这个规划去做，我们就能充分发挥贵州文物丰富的优势，特别发挥贵州少数民族文化遗产的优势。这在其他一些省份是没有的，有的只是云南、四川等少数省份。这是贵州省特殊优势的重点，特长中的特长。

　　文物古迹应恰当地加以利用。光保护而不加以利用，也是不合理的，空房子不一定延年。青龙洞搞民族建筑展览、飞云崖搞民族节日展览，是很成功的例子。今后我们要搞许多小型博物馆，有些古建筑可以加以利用，尽量少盖一些新建筑。有的人会问这是不是为了省钱？是不是权宜之计？我认为不是，这样做更合理，也符合世界潮流。现在国外普遍的一个建筑趋势，我叫它"旧瓶装新酒"，旧房子不拆，加上新的内容，加以改建，加以利用。国外甚至连旧仓库、旧厂房也加以利用。

60 年代美国旧金山有个叫做德拉瓜广场的地方，到旧金山的人都要去的，里面有商店，有剧场，等于一个娱乐中心。它是过去一家巧克力工厂改建的。这样做一方面满足了人们文化生活的需要，一方面也满足了人们的思古之幽情。他们喜欢旧房子、老房子，而对盒子式的新房子厌倦了。到美国华盛顿，人家请我吃饭，在一个过去的邮政局大楼里。这个大楼要拆掉，大家不同意，结果里面改为商场，有吃的，有玩的，大家觉得特别好，比在新房子里好。到瑞士，他们政府请我吃饭，到斯道厄霍姆，一个小街上的铺子，他们认为这最有价值、最有意义。利用古建筑，使它有了新内容，赋予它新生命，使两者相得益彰，既保护了古建筑，又使它充分发挥作用。

三　祁英涛的评说

祁英涛，文化部文物保护科学技术研究所高级工程师，1987 年应邀到贵州讲授古建筑知识（图一六）。1986 年应邀到飞云崖等名胜古迹考察。早年毕业于北京大学工学院建筑工程系。来飞云崖考察时，任中国文物保护技术协会常务理事、中国建筑学会建筑历史学术委员会委员、北京市园林绿化顾问组顾问、贵州省文物保护顾问。1986 年 11 月 26 日在贵州文物考察报告会上，对飞云崖维修工程及利用飞云崖办民族节日博物馆发表评论说：

我觉得黄平飞云崖搞得也不错。他们有两个做

图一六　1987 年 10 月 1 日祁英涛（前排右五）与古建培训班学员合影

法，我当时就表态了，我是赞成的。一个是搬了一个大殿，一个是用了旧的栏杆。对这两个问题，我要说明一下我们的观点。我们有时候赞成，有时候反对，是有条件的。古建筑的搬迁，原则上说我们一般不赞成，因为一个古建筑在一个地方，它不仅是一个古建筑，它说明好多历史问题。最明显的像河南的中岳庙，前面两个阙，要搬了家，古代的庙宇就找不到地方了。像这种我们是坚决不搬。但有的时候不搬不行了，在原地实在无法保护了，有的周围都盖大洋楼把它圈在中间了，没法参观，也没法保护。像这种地方，有条件我们也赞成搬，但这是少数。我们大量的是不主张搬家的，特别是建筑物。零散的碑刻也是这种情况，有特殊意义的，像刚才说到的河南石阙，就是在那地方，离了那地方，好多历史问题说不清楚。当然有些好的雕刻、碑刻要不集中起来，容易散失。西安碑林从历代就保存集中起来，要不然那些好的东西早就没有了。我自己深有体会。50年代我到山东兖州去，大街上石牌坊好几十座。文化大革命中我再去一趟，一个都没有了，都给拆没了。要是当时把它集中起来，就保留了。迁，应不应该迁，我们有这么两种不同的看法。有时候人家就问，你这个同意迁，那个不同意迁，为什么？我们就是看它的历史价值。在飞云崖搬了一个大殿，据当地介绍，周围都拆得乱七八糟，就剩下孤零零的一座大殿，不拆不足以保护了。而且飞云崖陈列室不够，又需要恢复原来的一座大殿，那么，在这种情况下把它搬来了，我觉得很合适的，所以我是赞成的。我要表明我的观点。第二个呢，他们利用一些旧的栏杆，我在那儿也表扬了他们。但是我觉得要注意几点事情，因为这栏杆是属于艺术品、雕刻品。艺术品的地域性非常强，拿我一路看到的来说吧，东边的，西边的，北边的，窗花、柱础都不一样，各有各的风格，就跟我们的蜡染一样。我们昨天看蜡染，各个县有各个县不同的风格。艺术风格地区性最强烈。你把这个地区的艺术品搬到另一个地区去，人家一看不像，不是这个地方的。所以，我赞成这样做，把零散的，人家都不要的东西，我们拿来把它保存起来，而且用在建筑物上，把它长期保存，这是很好的。但是一定要注意地区性，而且要注意时代。你拿一个明代的东西搁在清代的东西上，就不合适。

一个明代的建筑物你把清代的栏杆搁这儿，也不合适。所以要注意两点：地区相近，时代相近。必须有这两个才能达到预期的效果。不然，让人看去不伦不类，就像我刚才说的，一个明代的房子你搬了个清代的栏杆来了，让人家笑话，觉得你水平不高。就是明代的，你搬一个老远的来，比如青龙洞，要是你从大方搬一个来，恐怕就不行，一看就不是当地风格，所以我觉得要特别注意这两点。

四 罗哲文的评说

罗哲文（图一七），著名古建筑专家，多次深入贵州考察，并专程考察了黄平飞云崖与镇远青龙洞，赋诗赞誉青龙洞古建筑群："一山飞峙潕江边，殿阁亭廊绝壁悬。宫刹三排临水立，危梯百

图一七　1985年6月1日侗族姑娘为参观《贵州侗族建筑及风情展览》的罗哲文挂彩蛋

级任盘旋。青波绕廊翻微浪，老树垂萝吐雾烟。入黔河处风光好，镇远城头一洞天。"对于文物部门利用青龙洞古建筑群举办民族建筑博物馆、利用飞云崖古建筑群举办民族节日博物馆，特别赞赏，著文写道：

　　贵州利用古建筑建立系列博物馆，是贵州省文物博物馆事业中的一件大事，也是全国文物博物馆事业中的大事之一。它将展现、记录、弘扬多年来贵州文物博物馆事业的丰硕成果，将为我们这一代人，包括上一代人的辛勤劳动成果，载入史册，传之后世。它还将为今后文博事业的发展提供宝贵的经验与借鉴，值得称赞，值得祝贺。

　　第一，赞贵州文物博物馆工作的大发展、大腾飞。

"天无三日晴，地无三里平，人无三分银"，这是以前人们对贵州的贬语，虽然未免过于夸大，但旧社会贵州的贫穷落后，却也不可讳言。如此情况，文物博物馆事业当然无从谈起了。解放几十年来，"人无三分银"的情况已成历史，贵州的经济已大步腾飞，文博事业也同样大发展、大腾飞了，特别是改革开放以来的大发展、大腾飞。我还记得，在1982年参加贵州省全省文物工作会议的时候，虽然这许许多多的博物馆还没有建起，但我已预见到了贵州即将大步腾飞的势头，贵州的同志们已经萌发了建设各种类型博物馆的构想。经过10多年的辛勤耕耘，精心培育，果实终于结出来了。

第二，赞文物与博物馆之紧密结合。

文物与博物馆这两项事业，可以说是孪生兄弟，血肉相连，密不可分。文物与博物馆，又好像前线与后勤，两者同等重要。文物工作，为博物馆提供大量展品。博物馆如果没有展品，有如作战没有弹药武器和给养，不仅不能作战，而且无法生存。文物工作如果没有发挥文物作用的阵地，就没有生机。许多文物保护、管理机构自身所办的陈列室、展览馆，实际也是博物馆性质。不少的古建筑、遗址、石窟等保护单位，也就是一个实物博物馆。这两项事业难以分开，可想而知。我还记得20世纪50年代初期，文物局扩大合并时，文物处与博物馆处合并为一个处（第四处）。有些地方一个牌子，两个机构，说明了在工作上密不可分的关系。利用古建筑、革命遗址、名人故居等开设博物馆、陈列室，是文物工作与博物馆工作相结合的一种好方式，不仅是目前经济尚落后的情况下办馆的一种形式，也是国外普遍采用的方法。此举既加快了速度，节约了资金，也使文物本身得到了很好的保护。

第三，赞文物"保"和"用"的结合。

文物保护是保存民族的、国家的乃至人类的文化遗产，使之传诸后世，永远保存。但最终目的还是要发挥它的作用。如果能更好地发挥作用，文物也会得到更好的保护，两者是相辅相成的。所以我们常说文物工作是"一保二用"，或"保是前提，用是目的"。保和用二者有时也发生示矛盾，但只要处理得当，是完全可以两全其美的。贵州的文物保护工作，很早就注意到"保"和"用"的密切结合，在加强保护的同时就重视发挥它的作用。我们从贵州系列博物馆中就可明显地看出两者密切结合的许多实例。许多历史文化类型的博物馆，对于进行爱国主义教育、历史文化知识教育发挥了积极报的作用；革命遗址类型的博物馆，对进行革命传统教育、爱国主义教育发挥了重要的作用；民族民俗类型的博物馆，在进行民族团结教育、弘扬民族文化传统等方面，起到了很好的作用。发挥文物作用的方式很多，除了这些博物馆所发挥的教育作用之外，它们在发展旅游业，提供人们休息娱乐、文化艺术欣赏以及促进经济发展等方面，都起到了积极的作用。

第四节　维修人员回忆 *

娄清，祖籍江西上饶，生于贵州贵阳。刚满18岁不久，即在贵州省文化厅文物处从事文物维修工作。30多年来，全省重点文物古迹、革命遗址的维修工地，几乎都出现过他的身影。其中，飞云崖古建筑群的保护历程，给他留下了深刻的记忆：

　　参与飞云崖古建筑群的保护工作，应该说贯穿我整个从事贵州文物保护维修工作的历程。其中大佛殿的迁建保护工程，让我对贵州古代殿式建筑的梁架结构、榫卯关系，特别是对歇山顶翼角的做法有了深度认知。但因飞云崖配套工程设计工作是一次跨年度的任务，也是我在飞云崖工作时间最长的一次，故将其中几个记忆深刻的片段整理如下。

　　　　　　　　　　一块"神奇的"图版
　　接受原计划作为文物保护干部培训基地的飞云崖配套工程设计工作任务，已是1986年秋天。设计团队由"罗工"（罗会仁，原省博物馆副馆长，我古建筑的启蒙老师之一）、"李工"（李多扶，时为省建筑设计院副总建筑师，贵州省文物保护顾问，我古建筑的启蒙老师之一）和我

---

　*　本节由娄清撰写。

图一八　1989年3月13日李多扶（左二）罗会仁（左四）等在飞云崖民族节日博物馆配套设施工地

组成（图一八）。行前我根据安排，做好了充分的准备工作。绘图板、绘图笔、各种尺子、建筑模板、素描纸、硫酸纸等所需行头一应俱全。出发前一天，李工来电话，让我根据图版幅面再准备一些俗称"坐标纸"的计算纸。

刚在飞云崖安顿下来，李工便说要教我一绝活。于是我根据李工指点，按要求清洁好图版，再用糨糊将计算纸裱糊在图板上。只要所用力度均匀，计算纸经裱糊后也不会变形。在等待图版干燥的过程中，李工才告知我这样做的目的，是利用计算纸固有的坐标体系代替比例尺，设计制图时直接用硫酸纸一次手工成图，此举至少会成倍地提高工作效率，如果再结合绘图仪，效果更佳。当晚，图版已能使用。饭后即进行首次尝试。根据建筑体量和比例，选择图幅所需图版，决定好图面布局后开始第一次直接用硫酸纸一次手工绘图。当晚就完成一张2号图，内容包括建筑的平面、立面和剖面三视图，除开始时的一个线条错误之处留下刀片刮痕外，一切顺利。面对这块"神奇的"图版，看着粘贴在墙上的成果，兴奋之情溢于言表。要知道，此前我这个所谓的快手，绘制一张2号图也得将近两天。等离开飞云崖时，工作时间内就能每天绘制一张1号图或两张2号图。因为效率极大提高，能够有机会利用绘图间歇，向李工讨教，借机掌握了现代砖混结构建筑设计的知识。

1986年，省文化出版厅由延安路搬到遵义路后，办公条件大为改善。处领导真花760元（比我当时一年半的工资还多），为我购买了知名的上海普发牌绘图仪（现在叫钢带式绘图机）。有趣的是，1988 年，第二次赴国家文物局泰安培训中心，参加古建筑维修保护培训班学习时，用此法完成作业，被老师认定利用同学底图进行描图，虽然后来证实确系我独立完成，不是偷懒，但因只有成图而没有按教学计划提交底图，得分还是偏低。初次领教文物系统的机械呆板。成绩寄回单位，领导也认为我学习不努力。不管怎样，被我认定的"神奇的"图版，一直陪伴着我，只是由上海"普发"变成德国"红环"。

一条名叫"绉云"的狗

世人皆知，飞云崖，因其崖状若飞云而得名。相关介绍，繁复者，如"一云乍起一云落，一云向前一云却。一云奋舞一云懒，一云欢喜一云愕，大云睢盱母覆子，小云叠戢鱼吹水。丑云恧缩研云笑，痴云疑立灵云诡。睡云颓散欲着床，淡云散涣偏成绮。三云四云相颉颃，十云百云不乱行"。简练者，仅"绉云"二字。我喜欢后者，为此，还将飞云崖一条白色下司犬起名"绉云"。

"绉云"绝对是一条忠狗。为看护飞云崖工地的材料，被偷盗者用杠子和条凳击打，甚至脑门还被插入匕首。如此重伤下，也没让偷盗者得手。神奇的是，依靠自己上山采食草药，居然逐渐康复。记得初见时，它慵懒地躺在院内，我用脚去触碰它时，它迅疾地扭身就是一口，虽然我躲闪迅速，但泡沫凉鞋前段还是留下它深深的压印。经老解（解培九，一位曾被错误定性为历史反革命的老文物员）引荐，它不好意思地低头摇着尾巴，我也友善地拍拍它的头。自此我们成为朋友。因飞云崖配套工程设计工作到飞云崖，在飞云崖与之相处的大半月里，几乎形影不离。

每天一早，随着我们住房门"吱嘎"的一响，它便会从所在的任何一个地方飞奔过来。因为年轻，中午没有休息的习惯，为不影响"罗工"和"李工"休息，便借着初冬暖暖的阳光，带上"书"，叫上"绉云"，一同上山，在飞云崖顶赏景读书。一日中午，县局领导过来表示慰问，酒后在山顶看书时睡着，被"绉云"的狂吠吵醒，待我明白时，只看见一条已钻入树丛仅留下尾巴的乌梢蛇，逮是来不及了。由于设计工作绘图量很大，因此每晚是要加班的。那时的飞云崖尚未正式通电，即使有电，电

图一九 1986 年娄清点蜡烛绘图纸

压也十分不稳定。为确保工作，老解安排负责我们生活的张伯准备了足够多的蜡烛。每晚，图版周围都闪烁着烛光（图一九），我们就是在这种十分浪漫的氛围下加班的。只要周边没有动静，"绉云"都会安静地陪着我们。唯一例外的是它临睡时会站立不稳，甚至会撞到我安置图版的桌子。可能是这样的陪伴让它太过无聊吧。撞后它还会不好意思地看看我，摇摇尾巴，然后抖擞下身体，继续看似精神地静静地站在桌旁。直至我们工作结束，它才离开，独自去履行它的职责。

一册誊印的《王阳明全集》书稿

记得第一次路过并停车参观飞云崖，是因为即将在石阡召开全省文物工作会。那时就听后来被尊称为"总统"的周师傅（文物处驾驶员，负责后勤保障）介绍到过飞云崖的历史名人，其中就有王阳明及其关于飞云崖的名句："天下之山聚于云贵，云贵之秀萃于斯岩。"我是相当的佩服。但不知道出处。还是到 1986 年，准备将建于清光绪九年（1883 年）的旧州文庙大成殿，搬迁到飞云崖月潭寺大佛殿旧址进行保护时，在飞云崖听老解介绍，原句出自王阳明的《重修月潭寺建公馆记》。得益于宁波同学帮忙，用挂号给我寄来一册据说是世界书局于民国二十五年（1936 年）初版的《王阳明全集》中涉及贵州的几篇文章，其中就有我想看的《重修月潭寺建公馆记》。还是用誊印稿复印的，那时贵州复印机还十分鲜见。前面所说我在飞云崖上山所带之"书"，就是这册誊印的书稿。

王阳明在《重修月潭寺建公馆记》中开篇所言，实际是"天下之山，萃于云贵，连亘万里，际天无极。行旅之往来，日攀缘上下于穷崖绝壑之间，虽雅有泉石之癖者，一入云贵之途，莫不困踣烦厌，非复凤好。而惟至于兹岩之下，则又皆洒然开豁，心洗目醒。虽庸俦俗侣，素不知有山水之游者，亦皆徘徊顾盼，相与延恋而不忍去。则兹岩之胜，盖不言可知矣"。至于后来怎么变成"天下之山聚于云贵，云贵之秀萃于斯岩"，至今不得其解。通过该文了解，飞云崖能够成为一方名胜，源于驿道的开辟。驿道所经，卫所遍立。"附崖之戍卒、官吏"与当地少数民族"连属而居"，每逢年节，"皆于是厘祝"。明正统八年（1443 年），游僧德彬、指挥常智首建月潭寺。天顺三年（1459 年），指挥李信重建山门。随后"寺渐芜废，行礼无所"。至正德三年（1508 年）按察副使朱文端、指挥狄远增，因飞云崖在偏桥与兴隆二卫之间，"行者至是，皆惫顿饥悴，宜有休息之所"，二人"乐兹岩之胜，悯行旅之艰，而从士民之请也，乃捐资庀材，新其寺于岩之右，"倡建月潭寺公馆，并请王守仁撰写《重修月潭寺建公馆记》。此后，"饥者有所炊，劳者有所休，游观者有所舍，厘祝者有所瞻依，以为竭虔效诚之地；而兹岩之奇，若增而益胜也"。

从参与飞云崖古建筑群的保护历程开始，让我逐渐有了在文物保护过程中主动查阅文献及碑刻等资料的习惯，这种习惯又在"巴娄"（吴正光）倾心培养下能力不断提升，获益终生。至今，飞云崖仍是一处能够让我"洒然开豁，心洗目醒"的"黔南第一洞天"，每过必停。飞云崖古建筑群的保护仍在继续，我也仍然参与其中。

第五节　回忆维修人员[*]

在保护、维修飞云崖古建筑群中，解培九（图二〇）做出了非同寻常的贡献。他是黄平本地人，1950 年参加工作，同年入团。1952 年被保送到重庆学习。毕业后回镇远文化馆工作。曾任镇远县和天柱县文化馆副馆长。1957 年调到黔东南州体委工作时，被错定为"历史反革命"。因与事实不符，他提出申诉，被视为"翻案"而送劳动教养。解除教养后，回原籍黄平，靠做小工度日。文化大革命中，被作为"四类分子"赶下农村。遭受种种不幸，年逾半百还是只身一人。难能可贵的是，他在如此不幸的处境中，克服重重困难，抢救

---

[*] 本节由盛治久撰写。

图二〇　1987年解培九（右一）与古建维修人员在飞云崖

文物资料，做了许多工作。

1963 年，政府拨款维修名胜古迹飞云崖，他被聘为临时工，搞建筑彩绘、古碑填写等工作。他并不因为自己是"专政对象"就只做工拿钱吃饭。他对文物怀有强烈的责任感，工作之余，抄录了飞云崖所有的碑文、楹联；查阅和摘抄地方文献中有关飞云崖的资料；搜集苗族、汉族有关飞云崖的民间传说，还向县里的老先生们请教有关飞云崖的历史沿革。当地一位退休的八旬老中医彭寿民，看到他处于这样的境地还为家乡的名胜古迹奔波劳碌，十分感动，将保存多年的《重修飞云崖募捐启》原稿赠给他。

1964 年，他被辞退回家，靠搞砂石备料、挑运货物等零工挣钱糊口。在繁重的体力劳动之余，又继续搜集有关飞云崖的资料。他那时的身份，借书很不容易。为了弄清飞云崖月潭公馆的始建年代，只好托他过去的一位学生才借到一本《王阳明年谱》。结合文献记的《月潭公馆记》，终于考证出该建筑始建于明正德二年（1507 年）。为多积累一些资料，他又拜托当地的政协委员李树新给他借来一些地方文献。正当他准备把搜集的资料汇编成册时，文化大革命开始了。他辛辛苦苦积累的这些资料，被抄家搜去了，幸存的仅仅是那本前面抄录有毛主席诗词的练习本上几篇碑文及文献摘抄。

下农村后，曾到文化馆协助工作一个月。他如饥似渴地摘抄从档案馆借来的资料。同时将被搜去的采访纪录回忆写出，连同幸存的资料汇集成册。那时，经济上非常困难，连买纸的钱都没有。在农村劳动集体出工，也没有时间抄写。正巧，有段时间他中了漆毒，获准病假。于是，他凑了 10 个鸡蛋拿到场上去卖，准备买点纸回来抄资料。可是，当人家见他浮肿的脸，说他有

"麻风"，不敢买他的鸡蛋。他只好拿些小葱大蒜请别人代卖，买点便宜纸回来。文化馆的盛治久了解到这一情况，买了一本信笺纸送给他。他怕借来的书抄写不完就归还，便向队上反映，愿当"敢死（赶屎）队员"搞积肥。每天天不亮他就到城里，一个一个厕所去搜刮大粪，半天完成所规定的任务，腾出半天的时间抄写资料。就这样克服重重困难，搜集、整理了飞云崖文史资料4万余字。其中，仅吟咏飞云崖的古诗、律诗、绝句就有1万多字。他所保存下来的这些碑文、资料，在飞云崖的碑碣被砸毁后，成了研究飞云崖历史的珍贵资料。如苗族《潘姓合族补助重修飞云洞叙》碑文，补充了文献中没有提及的飞云崖最初由苗族潘姓祖先开拓的情况。解培九不单是注意搜集整理文物资料，对残碑断碣也很珍惜。1978年飞云崖"四月八"苗族节日集会恢复之前，他恐怕集会期间卖饮食的小贩将石碑搬去垒灶烧坏，建议文化馆出资将残碑收存。他还到飞云崖附近的砖瓦窑、沟坎、石级、住宅前后细心寻找，帮助文化馆雇人将飞云崖内外的20多块残碑运回，存放于"养云阁"中。

1978年党的三中全会以后，省文化局对文物工作抓得很紧。首先要求在全省范围内建立起一支文物工作队伍。解培九于1978年8月被文化馆雇用为临时工，作编外文物工作员，每月付工资36元。那时，他在农村刚刚摘帽，取得社员资格。关于落实干部政策问题，虽已向原单位——州体委申诉了八九个月，仍迟迟未予解决。县委宣传部对他的落实政策问题非常关心。文化馆征得原单位同意后，组织人员对他的问题进行复查，促成早日落实。出于对文物工作的热爱，他请求政策落实后安排到文化馆专搞此项工作。1980年3月，他参加州文物工作会议，带着开展文物普查工作的任务回来。家有80多岁的老母，为不影响普查工作，他委托姐夫将母亲接去照顾。文化馆也立即派人到省图书馆买来复制的有关地方文献，并安排苗族干部杨昌辉配合他工作。

首先，他们翻阅了《黄平县志》等地方文献及有关红军长征的书籍和资料，做到下去普查心中有数。从4月1日起，进行为时3个月的普查工作。他们普查了我县的5个区，21个公社，31个大队以及邻县凯里、台江、施秉的3个区，4个公社。行程3000多里，其中步行1000多里。共采访200多次，400多人，记录材料100多份，约4.6万字。共普查不可移动文物38处。其中古建筑26处，碑碣、摩崖、石刻10处，革命遗址两处，风景名胜两处。征集苗族婚姻记事符木、咸同苗族农民起义"黄飘大捷"遗址出土的兵器、铜锣等文物 7 件。对红军长征在黄平的进军路线作了较细致的调查。分清了红六军团与中央红军的进军路线及其到达我县的几个主要地点的具体日期。并与邻县的调查作了核对，从而修正和补充了省里印制的路线图。普查工作基本结束，他立即广泛查阅有关文献，编写文物资料，绘制文物图表。他查阅了《贵州通志》、《黔记》、《贵州名胜志》、《黄平县志》、《黄平州志》、《清实录》、《贵州现代革命史资料》、《贵州民族研究》等书刊共 80 多册，76 万字。摘抄资料 150 多份 9 万余字。在普查和查阅资料的基础上，编制了《黄平县文物概况一览表》（初稿）一册；初步整理了飞云崖、重安江铁索桥等文物资料共 15 篇，2 万多字；编辑了一万多字的小楷线装本《飞云崖诗集》一册；绘制了《黄平县文物分布图》一张；详细绘制了《红军长征在黄平路线图》两张；在馆里搞摄影的同志及三位年近七旬的退休老人的协助下，制作参加省文物图片展览的展品 100 多张。

解培九一心扑在文物工作上，不辞劳苦，忘我工作。他在搞普查时，顶着烈日，冒着风雨，跋山涉水，在我县居住分散的山区，一天跑几个村寨，走几十里路。有时一天只吃一顿饭。在整理资料、绘制图表时，他经常是不分昼夜地干。在赶制展览图片时，熬了两个通宵。他 50 多岁没有成家，生活不便，饿了就到外边买个馒头，一碗粉充饥。从 4 月 1 日开始搞普查工作到 9 月全省文物工作会议召开的短短的 5 个月中，他就做了上述大量工作。在安顺召开的全省文物工作会议上，黄平县文化馆展出的图片、图表受到好评。当省文化局社会文化处负责同志在大会发言中介绍解培九热心文物工作的情况时，与会同志无不为之感动。参加会议的省文化局副局长田兵（图二一），当即插言说："这样的好同志，不只是精神鼓励，还要发给奖金。"黄平县文化馆第一次被评为全省先进文物工作单位。当他在热烈的掌声中走到台上领取奖状和奖金时，激动得热泪夺眶，全场为之动容。他感慨万端地说："23 年来，我能参加的会只是四类分子训话会，得到的只是严厉的训斥。现在，我还只是临时工，就出席了全省文物工作会议，还受到了奖励。回去看我的！"1980 年 10 月 4 日，《贵州日报》头版刊登以《解培九搜集整理"飞云洞"文史资料受奖》为题的消息：

图二一　田兵（左四）与出席全省文物工作会议的工作人员合影

黄平县文化馆临时工解培九克服重重困难，在收集整理"飞云洞"的文物资料中做出了贡献，最近在全省文物工作会议上受到了表扬，获奖100元。

解培九是1950年参加工作的，曾先后担任过镇远、天柱县文化馆的副馆长，对文物和古建筑的维修和保护都有比较丰富的经验。1957年蒙受不白之冤，被打成"历史反革命分子"（现已平反），受到5年的劳动教养，以后回到老家黄平县务农。黔东南州和黄平县在修复名胜古迹"飞云洞"时，他被招为临时工参加修复工作，为"飞云洞"的修复做出了贡献。以后他又克服重重困难，继续整理"飞云洞"的文史资料。（庄嘉如　吴正光）

解培九在政治上蒙冤受屈，经济上处于极端困难的岁月，为抢救文物资料做出了贡献。平反以后，他把迸发出来的热情倾注于文物工作上，忘我劳动，做出了显著成绩，多次被评为全省先进文物工作员。1980年、1981年两次受到省文化局的表彰。1982年受到省政府的表彰。1985年被评为全国文物博物馆系统先进文物工作者，受文化部的表彰。

第五章

筹建飞云崖民族节日博物馆[*]

第一节 首次举办节日文物展览

贵州省各级文化部门，历来十分重视传统民族节日在群众文化活动中的特殊地位。据在贵州省文化厅（前称文化局）社会文化处（前称社会文化科）工作 20 年（1963～1983 年）的吴正光统计，仅 1980～1981 年，他一人便在报纸杂志上发表了 20 多篇有关贵州传统民族节日的消息、通讯和文章。主要有：

1980 年 3 月 10 日《贵州日报》发表的《贵州的民族节日》；

1980 年 3 月《苗岭》杂志第 3 期发表的《漫谈贵州的民族节日》；

1980 年 7 月 18 日《贵阳晚报》发表的《苗族人民的"跳花节"》；

1980 年 8 月 22 日《贵州日报》发表的《全省各地普遍恢复民族节日活动》；

1980 年 11 月第 11 期《贵州青年》杂志发表的《跳花节》；

1980 年 11 月 24 日《贵州日报》发表的《黄平苗族欢度芦笙会》；

1980 年 12 月 1 日《贵州日报》发表的《略谈民族节日》；

1981 年第 1 期《贵州文史丛刊》杂志发表的《贵州少数民族节日简介》；

1981 年 2 月 6 日《贵阳晚报》发表的《正月里的民族节日》；

---

* 本章第一至四节由巴娄撰写，第五、六节由巴娄编写。

1981 年 3 月 29 日《贵州日报》发表的《黔南州六单位联合安排清明节活动》；

1981 年 4 月 13 日《贵州日报》发表的《我省各地在清明节开展各种活动》；

1981 年 4 月 20 日《贵州日报》发表的《有关部门筹备六月六歌节》；

1981 年 5 月 9 日《贵阳晚报》发表的《四月八风俗种种》；

1981 年 5 月 11 日《贵州日报》发表的《贵定节日搭台赛歌颂扬大好形势》；

1981 年 5 月 15 日《中国财贸报》发表的《讨姨妈菜》；

1981 年 6 月 6 日《贵州日报》发表的《八堡苗胞迎接跳花节》；

1981 年 6 月 6 日《贵阳晚报》发表的《丰富多彩的节日活动》；

1981 年 7 月 19 日《贵州日报》发表的《我省各地利用民族节日开展民族文化活动》；

1981 年 8 月 6 日《贵阳晚报》发表的《通知斗牛的火牌》；

1981 年 8 月 15 日《中国财贸报》发表的《布依族人民爱"赶桥"》；

1981 年《民族学通讯》第 9 期发表的《贵州全面开展民族文化调查》。

所谓"全面开展民族文化调查"，内容包括传统民族节日、文化艺术形式、民族民间艺人三个方面。在全面调查的基础上，1984 年 3 日，编辑付印了收录 1000 多个传统民族节日的《贵州省民族节日概况一览表》（图一）。编者在付印说明中写道："民族节日活动是民族风俗习惯的重要组成部分。节日活动中所表现出的某些社会生产方式和生活方式，具有社会发展活化石的作用。调查、收集民族节日资料，对于开展民族文化活动，研究民族民俗文物，从而繁荣民族文化，增进民族团结，具有十分重要的意义。党的十一届三中全会以来，省民族事务委员会和省文化出版厅组织全省各级民族和文化工作部门的同志对民族节日进行了广泛的调查，并多次填写了《民族节日调查登记表》，积累了许多民族节日资料。现根据各地报来的资料综合整理成《贵州省民族节日概况一览表》。"

与广泛深入的民族节日调查活动相同时，省文化局和省民委会还联合组织了一次规模盛大的"六月六歌节"。1981 年 4 月 29 日上午，省、州、县有

关部门的领导人在黔南布依族苗族自治州惠水县研究"六月六歌节"问题，决定建立领导小组，成员有：黔南州副州长王思明（布依族）、州民委副主任黄义仁（布依族）、州文化局副局长杨国

图一　1984年3月《贵州省民族节日概况一览表》

斌、惠水县委常委宣传部长黄逢荫、惠水县人大常委副主任杨靖洲（苗族，全国人大民族委员会委员）、惠水县副县长韦秀珍（布依族）、惠水县民委主任罗祯科（苗族）、惠水县王佑区区长白世昌（布依族）、惠水县断杉区副区长罗兴华（布依族）、省文化局副局长田兵、省民委副主任王德安（苗族）等。下设办公室，主任罗祯科；副主任龙秀涵（苗族，省民委文教卫生处处长）、庄嘉如（省文化局社会文化处副处长）、龚贤永（黔南州委宣传部副部长、黔南州文化局副局长）、黄逢荫。又设后勤、保卫、宣传、秘书、演出5个组。会议确定伙食标准每人每天1.2元，农民误工补贴每人每天0.8元。下午，在惠水县委宣传部进一步商量"六月六歌节"有关事宜。田局长、韦县长、杨主任、黄部长、罗主任参加。田局长提出："一定要劳民不伤财。"黄部长说："最多只能接待400人。"

　　1981年5月15日晚上，在惠水召开省州县区有关方面负责人参加的"六月六歌节"筹备会。决定总人数400人，总经费1.8～2万元。会议认真研究了惠水县县长陈文明4月7日批示：一、民族歌节，日期逼近，务必抓紧工作，有关筹备事项，县里要主动承担任务，根据现有条件，积极办好；二、经费开支问题，要从严打紧，节约开支，不得突破省、州拨给指标控制数；三、生活尽可能办好，食宿问题，除参加歌节人员外，估计还有自由来客，他们虽然自费，也要考虑有个食宿处，这是政治影响问题；四、请黄逢荫、杨靖洲、韦秀珍三位领导同志出面，召开有关部门负责人会议，商量抽人服务、物资供应等工作。各单位要开展"五讲"、"四美"活动，美化环境，搞好卫生。

1981年7月7日，农历六月初六，在惠水县城及董朗大桥先后举办全省"六月六歌节"活动，各代表队人数为：贵阳市10人、黔东南州35人、遵义地区2人、安顺地区21人、毕节地区21人、铜仁地区9人、六盘水地区11人、黔南州91人（惠水县10人、平塘县9人、罗甸县6人、独山县7人、荔波县8人、三都县9人、都匀市4人、都匀县7人、瓮安县4人、福泉县4人、贵定县8人、龙里县7人、长顺县8人）。

文化部和国家民委应邀派人前来祝贺，热情支持利用传统民族节日集会开展群众文化活动。之后，认为"民族节日妨碍农业学大寨、与农业学大寨争夺劳动力"的论调不受欢迎了。但在文化部门内部，仍有不同认识。1982年12月6日，省文化系统在省博物馆接待室集体学习十二大文件，省文化局会计说："省文化局，办正事不给钱，拿钱支持摇马郎。"他指的是开展民族节日文化活动。此人姓赵，并不姓"刁"，但众人都习惯称他为"刁德一"。刁德一是"革命样板戏"京剧《沙家浜》中的一个反派角色。

虽然还有杂音，但在广大农村，特别是民族地区，在"六月六歌节"之后，利用民族节日，恢复停顿多年的传统文化体育活动已蔚然成风。据《贵州省民族节日概况一览表》统计，传统民族节日活动项目主要有对歌、跳笙、吹笙、踩笙、吹箫、吹笛、唱戏、射弩、赛马、斗牛、斗羊、斗雀、摔跤、拔河、拉鼓、踩鼓、武术、踢毽、登山、划船、捕鱼、捞虾、尝新、野餐、讨花带、讨树秧、射背牌、跳地戏、敲铜鼓、荡秋千、爬刀梯、打花鼓、打手毽、打磨秋、耍狮子、舞龙灯、丢花包、抢花炮、吃相思、抬"官人"、游百病、打陀螺、打篾鸡蛋、讨葱讨蒜、讨甜藤粑等等。仅在节日集会上使用的传统民族乐器就有30多种：夜箫、侗箫、三眼箫、鸭嘴箫、姊妹箫、芦笙、唢呐、长号、勒尤、勒浪、琵琶、二胡、笋壳二胡、口弦、三弦、四弦琴、月琴、牛腿琴、古瓢琴、葫芦琴、牛角琴、泡木筒、莽筒和铜鼓、木鼓、芒锣等各种打击乐器。

据统计，收入《贵州省民族节日概况一览表》的传统民族节日有1046次（处），其中苗族651次（处），布依族171次（处），侗族84次（处），彝族23次（处），水族43次（处），回族13次（处），仡佬族11次（处），瑶族2次（处），其他各族48次（处）。不同名称的节日有130多个。分析节日名称，发现在命名上有以下几个特点：其一，按过节的时间命名，如"二月二"、"三月三"、"四月八"、"六月六"；其二，按过节的地点命名，如"赶盘江桥"、"赶杉树桥"、"赶古杨桥"、"赶查白场"、"赶圣德山"、"玩化董坡"；其三，按过节的主要活动命名，如"龙船节"、"斗牛节"、"赛马节"、"芦笙节"、"踩鼓节"、"吃新节"、"杀鱼节"、"赶歌场"、"丢花包"；其四，以过节的时间加活动命名，如"三正芦笙节"、"五月跳花节"、"六月六歌节"；其五，以过节的地点加活动命名，如"花街赛马节"、"石牛龙船节"；其六，以过节的地点、时间加活动命名，如"平寨二月姊妹饭"、"施洞五月赛龙舟"、"谷陇九月芦笙会"。

随着旅游业的蓬勃兴起，贵州高原的传统民族节日赋予了新的内容。贵州许多文物古迹和风景名胜，与民族节日活动密不可分。例如黄平"飞云崖"和凯里"香炉山"，既是遐迩闻名的文物古迹和风景名胜，又分别是苗族"四月八"集会和六月十九"爬香炉山"的活动地点。在贵州，有许多这样的情形：一处庙宇，一片山林，一口岩洞，一座小桥，由于风景秀丽，景色迷人，往往便有"跳场"、"踩山"、"跳洞"、"赶桥"之类节日在那里活动，将自然景观与人文景巧妙结合在一起。名胜古迹为民族节日提供活动场所，节日活动又为名胜古迹增加光彩，两者相得益彰，使贵州高原上的民族传统节日在旅游业蓬勃发展中平添了引人入胜的观赏价值，从而也提高了民族节日的文化价值。从某种意义上说，民族节日也是一种资源，而且是具有重要研究价值和重大开发价值的宝贵资源。虽说过节多半是吃喝玩乐，但与经济不无联系。人们一方面玩，一方面做些生意。有的节日，主要就是做生意。有趣的是，某些节日正是由于做买卖的需要而兴起的。有专门买卖农具的节日，有专门买卖牛马的节日，有专门买卖树苗的节日，俨然是专项"农副产品交易会"。在商品经济不甚发展的民族地区，抓节日贸易是很有意义的。可将民族节日分成若干种类型，若干种级别，以便多渠道、多层次地发展民族地区的经济和文化。这样做，不单是在民族节日集会上做些买卖，还可以促进旅游业的发展。做好这件工作，对于振奋民族精神，振兴民族经济，具有十分重要的意义。贵州省文化文物部门，为保护、开发民族节日文化资源，决定利用旅游线上的一处名胜古迹飞云崖，筹建立我国首家民族节日博物馆——"飞云崖民族节日博物馆"。

为达此目的，在维修飞云崖古建筑时，即着手调查民族节日、征集节日文物，在飞云崖古建筑群第一期维修工程结束后的 1984 年"四月八"对外开放时，便在维修后的古建筑"养云阁"（又称"大官厅"）内举办《民族节日文物展览》，时称"飞云崖四月八活动"。

从吴正光的日记，可知当时一些情况：

1984 年 4 月 21 日，草拟 4 月 27 日民族文物座谈会及参观黄平民族节日文物展览邀请名单。

一、领导：徐健生、秦天真、王朝文、徐抱江、李庭桂、申云浦、惠世如、褚振民、冀民、熊天贵、张友儒、张一凡、吴继武、韩庆霖、吴业君；

二、单位：省人大、省政协、省政府办公厅、省民委、省委统战部、省委宣传部、省财政厅、省民族研究所、贵州民族学院；

三、中央：文化部、文物局、国家民委；

四、新闻界：新华社、光明日报社、贵州日报社、贵阳晚报社、中央人民广播电台、贵州人民广播电台、贵州电视台；

五、各地州市文化局；

六、省文化出版厅有关处室。

共 100 人左右。活动 5 天：5 月 7 日出发，5 月 8 日看"飞云崖"文物，5 月 9 日去镇远，5 月 10 日在镇远参观，5 月 11 日返回贵阳。

1984 年 5 月 1 日，与省文化出版厅李明厅长前往黄平，筹备"飞云崖四月八活动"，检查《民族节日文物展览》准备情况。

1984 年 5 月 2 日上午，听取黄平汇报，我们介绍贵阳来人情况。下午到飞云崖看《民族节日文物展览》（图二）。晚上，我对民族文物展

图二　1984年5月2日李明（右二）等在飞云崖检查《民族节日文物展览》准备情况

览发表意见：通过展览介绍民族节日，通过介绍民族节日使观众了解黄平的民族文化活动和民族文化艺术，特别是民族服饰和工艺美术。

1984年5月4日，确定省文化出版厅"飞云崖四月八活动"组织人员：吴正光、张锦山、秦季余、刘恩元、简家奎、陈方柱、张寿芬、梁红杰、安玉、邓康民以及省文化系统的12名团员。

1984年5月5日，召集省文化出版厅"飞云崖四月八活动"组织人员碰头会，我介绍活

图三　1984年5月8日"四月八"苗族村民以拦路酒迎接客人

动的目的和意义，活动的组成人员，活动的日程安排。

1984年5月6日，国家民委文化司殷海山、王保春和文化部民族文化司乌仁莎娜、卢正佳持介绍信报到。

1984年5月7日大队人马出发，前往黄平，12部车子。

1984年5月8日，农历四月初八，大队人马前往飞云崖，参观文物

古迹、节日活动及文物展览。苗族村民以拦路酒迎接客人（图三）。人山人海，热闹非凡。白天，老干部们没看好文艺表演，晚上在住地为他们表演专场。

第二节　展览获得各级领导支持

事实正如吴正光日记所记载的那样，首次在维修后的飞云崖内举办节日文物展览，受到文化部、国家民委和中共贵州省委、省顾委、省人大、省政府、省政协、省文物管理委员会、省民族事务委员会、省文化出版厅以及黔东南苗族侗族自治州、黄平县等各级领导部门、领导同志的大力支持。

主办这次活动的贵州省文化出版厅，把"飞云崖四月八活动"作为一件大事来抓，成立了专门的工作班子。人手不够，还从省级文化系统团委征集10多名优秀团干部帮助工作。事前，省文化出版厅厅长李明专程前往黄平检查准备工作，与黄平几大班子仔细研究接待细节。他特别指出，由于多年停止活动，今年首次"开闸"，人数必然很多。加上维修了一批遭到破坏的古建筑，又在古建筑内举办展览，进行歌舞表演，各族群众必定"蜂拥而至"，安全是个大问题，千万不能出事，发生踩踏事故，造成人身伤害。县里表示，对此早有准备，不仅安排了大量的警力维持秩序，还组织了几百人的基干民兵、机关干部，组成安全保卫组，里里外外都有安全保卫人员维持秩序，"请领导放心"。

四月初八那天，车子几十部，仅省里来的车子就有12部面包车、大客车。那时，还没有私家车，能坐车的都是领导，老百姓说是"当官的"。数以百计的车辆，来了多少位领导？可想而知。"当官的"前来参加节日活动，用实际行动说明，传承千百年的传统民族节日活动解禁了！

民族、文化部门的权威机构——国家民族事务委员会、中华人民共和国文化部，不远千里，派人亲临飞云崖，参加"飞云崖四月八活动"，给贵州各族人民以很大的鼓舞。特别是对从事民族文化遗产保护工作的各级各族工

图四 1984 年 5 月 3 日文化部介绍信

作人员，给予热情的鼓励。多年从事民族文化遗产保护工作的吴正光，非常珍惜国家机关派员光临指导，把当年文化部民族文化司乌仁莎娜、卢正佳两同志的介绍信珍藏至今，成了"文物"（图四）。多年以后，曾亲临飞云崖参加节日活动、参观节日文物展览的国家民委文化司副司长殷海山在他的办公室接待贵州省文化厅文物处的同志时说："贵州的民族文化工作抓得很好。举办'飞云崖四月八活动'，举办《侗族建筑及风情展览》，抓对了。像你们这样搞，民族文化就搞活了。这可能是个突破。可真不容易。你们这样做，可以吸引人。不仅有科学价值，还有娱乐价值，应当赞同，应当赞助。国家民委对民族文物工作是非常重视的。我们人手很少，但仍然派我参加你们去年五月举办的黄平'飞云崖四月八活动'。你们要到民族文化宫举办展览，很好。展览中碰到什么问题，需要国家民委做什么，请提出来。帮助你们办好展览，宣传民族文化，是我们责无旁贷的义务。我一定向有关领导汇报，请他们参观展览，参加开幕式。可以请杨静仁同志参加开幕式，还可以请乌兰夫同志参加开幕式。我们协助你们开好招待会。贵州领导很重视民族文物工作。我们也愿意支持你们搞好民族文物工作。"

贵州省的领导，当年分管文物工作的是副省长、省文物管理委员会主任秦天真（图五）。秦天真（1909～1998 年），贵州毕节人。1934 年加入中国共产党。长期从事党的秘密工作。曾任中共贵州省工委组织部部长。1940 年后入马列学院、中央党校学习。后任中共豫皖苏二地委民运部部长、第二野战军第五兵团军政治部民运部部长。建国后，历任中共贵阳市委书记、贵阳

图五　秦天真（左五）接见全国文物宣传工作座谈会代表

市市长、贵州省建委主会、贵州工学院院长、贵州省科教办公室副主任、贵州省第四届政协副主席、贵州省副省长、中共贵州省顾委副主任。担任贵州省文物管理委员会主任，是他任贵州省副省长、中共贵州省顾委副主任时期。中共贵州省顾问委员会解散后，他仍然担任文物管理委员会主任。他非常重视民族文化遗产保护工作。在一次有党和国家领导机关顶级专家参加的座谈会上说："中央对贵州的民族文物工作非常重视，多次来到贵州，每一次都给我们很大鼓励。所以，我们想，工作不努力不行。我们都是老家伙了。主要还是文物处的几个同志，他们做了很多工作，不管成绩怎样，是做了工作，这跟中央同志的鼓励是分不开的。今天也有地区的同志参加，你们来听一下中央同志对我们怎么看，回去以后要反复讲，领导不听也得讲，上上下下地讲。我有点感想，我认为民族问题宣传不够，这点我不满意，希望大家在这方面多做一点工作，首先将民委的同志和各地做民族工作的同志动员起来。那次，杜老（按指文化部文物保护技术研究所高级工程师杜仙洲）的话给我启发很大，就是爱国必须爱民族，爱家乡。我认为不爱家乡，不爱民族，不行。应该强调这个东西。我们要从贵州的实际情况来考虑自己的特点。我赞成民族、民俗博物馆就在农村搞。这非常好。贵州在靠近旅游线的地方都有民族村寨，但卫生条件差。我对侗族的鼓楼很有兴趣，越看越有劲头。我想搞个鼓楼到贵阳来。鼓楼应该大力宣传。对侗族我过去比较生疏，那次（按指 1984 年 12 月 8 日《侗寨鼓楼图片展览》开幕式上的表演）听他们唱酒歌，我感觉不简单。我虽然不懂音乐，但听起来非常悦耳。还有装束，如她们的裹腿，很好看。侗族的建筑艺术很高。我们应该有自豪感。高楼大厦不如人家，可以搞中国自己的形式。现在欧洲对高层建筑也非常厌恶。我们的建筑形式应该根据现有的情况来考虑。要提高民族自尊心，发扬自己的优点。"

在另一次会议上，秦天真同志说：以杜仙洲老先生为主，提出在文物理论上的一些问题，很重要。我认为爱国不是空的，首先要爱你的家乡，爱你这个民族。我多年来受"贵州是蛮烟瘴雨之区，穷山恶水"、"天无三日晴，地无三里平，人无三分银"的压抑。我们感到腰杆硬不起来。有好的东西不敢说，一说便是"夜郎自大"。现在我感觉不是自大，而是自卑。我认为不应当有自卑感。我们在北京如果将《贵州侗族建筑及风情展览》办好，就会出现"贵州原来如此"的看法。秦天真同志指出，鼓楼、风雨桥不仅是建筑问题，是贵州的民族文化。我们应该为有这些东西而自豪。贵州不仅有侗族，还有苗族、布依族。苗族不只吹芦笙，刺绣很有特点。又如布依族的蜡染，也很精彩，都应该拿出去。在北京展览，应别开生面，不要搞什么剪彩，按侗族的传统礼仪接客。侗族不仅有鼓楼、花桥，歌也相当好。侗族姑娘还有特殊的装束。我建议搞个歌咏队配合展览作表演。民族宫愿意办这个展览，我们是会大力支持的，因为是为了这个民族，为了整个贵州。

秦天真同志接着说，我心情也很矛盾，因为这样一搞，四面八方都要来，我们准备不够。宾馆就几个，条件又差。再就是公路，坡大、弯急，常出事故。吃，困难不大，就是住成问题。现在我们很紧张。这样，就促使我们非改进不可。你们提的意见很新鲜。希望同志们再来。我们用四句话迎接大家："山川秀丽，气候宜人，物产丰富，人民勤劳。"散会后，工作人员送他上车，他吩咐道："你们那些传单还有没有？给我一些，我给你们散发给省委、省政府领导！"他指的"传单"是《侗寨鼓楼图片展览》说明书。青年时代，他是贵州地下党"中共贵州省工作委员会"负责人之一，经常散发传单，习惯于将宣传品称为"传单"。1936年红二、六军团长征过境时，于2月7日在大定（今大方）成立中华苏维埃人民共和国川滇黔省革命委员会，曾得到地下党的协助。秦天真在大定（今大方）、黔西一带组建中共地下组织，开展革命活动，习惯于把大方县称之为"大定县"。不仅如此，还总把文化馆下意识地称为"民教馆"，让文化文物部门"广泛发动民教馆搞文物工作"。"大定民教馆的钟德宏，是个文物积极分子，工作搞得好，要表扬。"他上了车，又下车，站在车门口，深情地对送他上车参与举办《侗寨鼓楼图片展览》的同志说："作为贵州人，又在贵州工作那么多年，不晓得贵州有那么好的东西（按指侗寨鼓楼、花桥），该做检讨！"

本来，秦天真是准备参加"飞云崖四月八活动"的，他还邀请了徐健生参加，连随行的医护人员都落实了。徐健生，早年曾是中共贵州省工委交通特派员。有人说他是秦天真的通信员。1938年赴延安，先后入中央党校、马列学院学习。历任抗日军政大学三分校直属二队（东北干部训练队）总分支支委、政治指导员，延安马列学院研究室研究员、党支部书记，中央研究院秘书长、院党委委员，中央党校三部秘书、二部党支部委员，延安解放日报社党总支书记、秘书长、社委会委员。解放战争时期，历任河北省建屏县中央机关土改工作队队长、区委书记、县委委员，河北省平山县西柏坡中央党校秘书长，新华通讯总社秘书长，中央直属党委委员。建国后，历任中共贵州省委委员，省政府委员，省政府秘书长，省委常委、省委统战部部长，省人民委员会秘书长，省政府副省长，贵州省第一届政协主席，省委候补书记，省委书记处书记，省政府副省长兼省经委主任，省委宣传部部长，省财贸办主任、党组书记，省委秘书长，中共贵州省委副书记兼贵阳市委第一书记，省委副书记，贵州省第五届人大常委会主任，中共贵州省顾问委员会主任。不意"四月八"那天有重要会议，这两位贵州籍领导都未能参加。

不过，参加"飞云崖四月八活动"的还有许多德高望重的老同志。诸如褚振民、惠世如等。褚振民，时任贵州省人民政府秘书长、省文物管理委员会副主任。他生于1918年12月，山东省微山县人。1937年参加革命工作。1938年8月加入中国共产党。1937年12月参加中共领导的陕西吴堡青训班，1938年初前往湖北均县"山东联中"开展抗日救亡工作，4月回西安，5月至陕北洛川，进抗日军政大学一大队学习。1939年冬参加创办山东抗大一分校。1940年3月后任中共金乡县委组织部长、县委副书记，中共单县县委副书记、代理书记，中共砀山县委书记，中共冀鲁豫三地委办公室主任。1949年3月随军南下在赣东北区党委工作。1949年9月西进贵州，历任中共贵州省委城市工作委员会办公室主任，中共贵州省委工业部副部长，贵州省委秘书长。1967年任中共安顺地委常委、副书记、书记，兼任地革委副主任。1979年任中共贵州省委统战部副部长兼贵州省政协秘书长。1981年起，历任贵州省人民政府秘书长、政协贵州省第五届委员会副主席、省文物管理委员会副主任。他对民族文物工作十分重视，积极支持开展"飞云崖四月八活动"。为在北京民族文化宫成功举办《贵州侗族建筑及风情展览》，经秦天真同志同意，建立了筹展领导小组，由褚振民同志任组长，梁旺贵、熊天贵、张一凡、张人位、潘廷映、庄嘉如、吴正光等同志为领导小组成员。他甚至亲自挂帅，带队前往北京举办《贵州侗族建筑及风情展览》（图六）、在西安举办《贵州民族节日文化展览》。由于他是省人民政府秘书长，他的秘书以及秘书处的工作人员，都成了"文物工作者"，为开展全省民族文化遗产保护工作，做了许多意想不到的好事。他们自嘲道："我们都成了文物处的工作人员了！"

图六　1985年6月1日褚振民（左五）等陪同杨静仁参观《贵州侗族建筑及风情展览》

惠世如，直隶（今河北）围场人。北平国民学院肄业。1932年加入中国共产党。曾任八路军冀中军区分区教导大队政治处副主任、中原野战军第一纵队供给部政委、第二野战军第五兵团政治部民运部部长。建国后，历任中共贵州省委统战部部长，贵州省第四、五届政协副主席。他非常重视民族文化工作，积极支持举办"飞云崖四月八活动"，带上老伴、孙子一道参加。为给接待方减轻负担，他居然让孙子打地铺睡在他俩口下榻的房间内。惠世如长期从事统战工作，对民族政策十分了解。他认为，抓住民族节日，就抓住了民族文化的"牛鼻子"，可以轻而易举地把民族文化活动开展起来。

"四月八"那天，飞云崖人山人海，上了年纪的老同志根本挤不进去。看到几十位白发苍苍的老领导站在飞云崖牌坊外焦急地张望，苗族村民说："好造孽啊，那么大的年纪，还来赶四月八！"老同志王立三，省委宣传部原副部长，腿有残疾，炎阳暴晒，汗流满面，耐不住向工作人员说："老实跟你们讲，我们年纪都很大，困难比年纪还要大！"。为了老同志的人身安全，只好把他们安置在古树底下歇凉。好在飞云崖古木参天，不愁没有歇凉处。

提到飞云崖的古树，让人想起树上"下鱼"奇观。咋一听说飞云崖的古树能"下鱼"，还以为是说能"下雨"。在飞云崖民族节日博物馆工作多年的苗族干部吴天明说，有天早上他燃放两个爆竹，树上便掉下许多鱼，他母亲捡得两大盆，晒了几簸箕。飞云崖古木参天，浓荫蔽日，明正统年间即在此建庙。1982年，飞云崖古建筑群被列为省级文物保护单位，2006年被国务院核定公布为全国重点文物保护单位。当年在维修飞云崖古建筑时，特意扩建围墙，将古木参天的整座后山围了进来，从而使山上植被与山麓古树一并得到保护。如今山上山下，竹木掩映，郁郁葱葱，一年四季，白鹭成群。每年春天，小鹭破壳而出，成年白鹭从附近农田衔来小鱼喂养小鹭鸟，小鹭衔接不稳，到嘴的鱼儿，从树上掉下来是常有的事。突发巨响，鹭鸟受惊，鱼从鸟的嘴中坠落，形成"下鱼"奇观。据说，既下鲤鱼、鲫鱼、鲇鱼、泥鳅等常见鱼类，又下"角角鱼"、"娃娃鱼"（大鲵）等稀有品种。在这里，鱼儿、白鹭、古树，构成一个有机的生物圈。虽说谁都离不开谁，但关键还是古树。树林不仅有利于水土保持，更是成千上万只白鹭赖于栖息的"家"（图七）。进入飞云崖的观众游人要特别注意，最好戴上一顶草帽，或者打着一把雨伞，否则，难免"祸从天降"，被鸟粪掉落在头上、肩上。

图七　古树上的鸟巢

　　七八十岁的老领导，来了一趟飞云崖，挤不进去，既看不到建筑和展览，又看不到节日文化表演。建筑和展览，改天可以看。可是，节日歌舞表演，并非全天候，节日过后就没有了。为了不让老领导留下遗憾，当天晚上，特意邀请几支苗族芦笙队，身着节日盛装，在老领导下榻的县委招待所，表演了一个"加场"。

第三节　展览受到各族群众欢迎

　　1984 年在黄平名胜飞云崖举办的"四月八"节日活动，受到各族群众的欢迎。广大苗族村民，节前奔走相告，说文物部门要在飞云崖内举办节日文物展览，还要展出一批盛装银饰。许多苗族妇女踊跃参加"四月八"节日活动，就是冲着"看银子"来的。

　　贵州各族村民，特别是苗族、侗族、水族，都很器重银饰，尤以苗族为最。居住在苗岭山区的苗族村民，素来酷爱银饰。部分苗族村民，从事银饰锻造，技艺口传心授，祖祖辈辈传承。苗族银饰除了头饰外，还有颈饰、胸饰、腰饰、背饰、手饰等等，几乎包裹全身，不仅具有美化作用，而且具有防护功能。银饰图案以花鸟虫鱼为主，反映人类保护自然、利用自然、师承自然的聪明才智。苗族银饰都是苗族工匠所制，这些名不见经传的民间艺人，与目不识丁的农家妇女，在特定环境中，继承发扬制作民族服饰的传统技艺，使这份闪闪发光的民族服饰艺术精品，成为研究苗族历史与文化的珍贵资料。

一般说来，民族服饰作为一个民族的重要表征，是相互区别的外在依据。许多民族都有公众熟悉的形象，可称之为"标准像"，只要一看他的穿着打扮，就知道是什么民族。而苗族则不然，很难找到统一的服饰和"标准像"。即便在苗族高度聚居、人称"苗族大本营"的贵州高原苗岭山区，穿着也是形形色色、五花八门的。不过，现在似乎好多了：头上戴一顶"银帽子"，头顶插一对"银牛角"，那一定是苗族姑娘无疑。"银牛角"，有的高大，有的矮小，高大的被称为"雷公山型"（图八），矮小的被称为"清水江型"（图九），分别代表雷山、台江两个"银饰文化圈"。

图八　身着雷公山型服饰的苗族姑娘

图九　身着清水江型服饰的苗族姑娘

苗族银饰有专门的生产作坊。制作银饰必须用火，银饰作坊多设在平房里，或吊脚楼的底层，也有在吊脚楼二层实地上制作银饰的。雷山县西江镇的"控拜"苗寨，90％以上成年男性善于制作银饰，因此被人誉为"银匠村"。可以生产银花、发簪、银角、银扇、项圈、耳环、耳坠、压领、银牌、披肩、背带、背袋、戒指、手镯、腰牌、腰链、银冠、抹额、围发带、银梳等衣饰、头饰、颈饰、胸饰、腰饰、背饰、手饰，多达100多个品种。形体最大的是银角，犹如一对伸展的水牛角，两翼伸展宽度近1米，高度达80厘米。银角表面饰有精细錾刻的双鸟、双龙、双鱼、双狮等图案。银饰加工工具，主要有火炉、风箱、坩埚、铜锅、铁砧、圆木墩、铁锤、牛角锤、冲具、刻具、拉丝眼板、铅坯模具、松脂板、钳子、镊子、剪子、油灯吹管等。全用手工制作，计有30多道工序，形成铸炼、锤打、焊接，编结、洗涤等一整套工艺过程。

　　黄平县的苗族银饰，分外雍容华贵（图一〇），与台江、雷山、剑河有

图一〇　身着节日盛装的黄平苗族姑娘踩芦笙

明显区别。台江县，苗族人占总人口的98%。全县八个乡镇各个苗寨的银饰不尽相同，按支系分类，被分为"施洞口型"、"巴拉河型"、"黄平型"等三大类型。"施洞口型"分布于县境北部施洞镇、老屯乡。"巴拉河型"分布于中南部台拱镇、排羊乡。南宫乡、台盘乡也有部分村民穿戴"巴拉河型"银饰。因此，在台江境内又称"台拱型"或"排羊型"。"黄平型"分布于西北部革一乡。台盘乡也有几个村寨的村民穿戴"黄平型"银饰。因此，在台江境内称"革一型"。除上述三大支系、三大类型外，另有"方召型"、"反排型"、"翁芒型"三个穿戴人数不多、银饰数量较少、造型有所不同的类型。

与雷山、台江毗邻的剑河县，也是苗族的主要聚居区和苗族银饰的重要生产地。苗族古歌传唱，早期的苗族银饰以胸饰、手饰为主，其中胸饰，由冷兵器时代的"护心镜"演变而来。手镯，最初是巫术中儿童辟邪之物。后来，由于不同苗族支系文化的相互渗透，用于装饰的内容逐渐丰富，演化为丰富多彩的苗族银饰。剑河苗族银匠使用的材料主要是银、软铅、硬铅、明矾、硼砂、火硝。工具主要是炉子、陶碗、钢钻、铜钻、空心钻、油灯、焊接吹管、铅模、铁锤、镊子、拉丝板、钳子等。其工艺流程，主要是溶银、锤片、拉丝、铸模、做花、洗花。溶银，即根据需要，溶化成不同的形状。锤片，即根据需要，锤成厚薄、大小不同的形状。拉丝，先将白银溶成小条，再通过锤小、拉长等工艺，拉出极细的银丝。铸模，用硬铅制成"阴阳模"，模子内刻上阴阳相对的各种纹样，如龙、虎、花、虫等。做花，将溶化的银溶液浇在模子上，阴阳两片模子相挤压，获得最初银花，再通过传统工艺加工眼花、绞丝、编花、焊接等。洗花，即先用硼砂加火硝制成的溶液浸泡，然后用火烘干加热至红色，随即放入明矾水中，洗去污物和杂质，使其现出银金属特有的光亮。

苗族村民为何对银情有独钟？武陵山区的苗族村民说，银饰代表富有和美丽（图一一）。有钱人家的姑娘出嫁，全身佩戴银饰，煞是气派，令人羡慕，为防止土匪抢劫，有持枪人员护送。按照当地习俗，新娘穿戴的银饰，由新郎家提供，因此，无论穿戴多少，并不表明新娘家的经济状况。"美丽"倒是真的。为了让新娘显得美丽，新郎家如果没有能力为新娘提供让她满意

图一一　身着节日盛装的武陵山区苗族妇女

的银饰，可以由新郎家出面向他人借用，婚礼过后归还，不受舆论非议。我在月亮山区调查时，苗族村民说，把值钱的东西变成银饰，土匪来了，便于逃离。苗岭山区、月亮山区的苗族村民说，新娘出嫁，途经深山老林，容易碰到老虎。老虎看见白晃晃的新娘，早就被吓跑了。本是吓唬豺狼虎豹，后来变成吓唬孤魂野鬼、魑魅魍魉，俨然将银饰视为辟邪物。

　　有研究者认为，苗族珍惜银饰，主要原因有三：一是装饰，增加美丽度；二是炫耀，展示经济力；三是辟邪，防止被伤害。如今最喜欢"苗族银饰"的，可能要算到苗族地区旅游的那些汉族女孩子了，她们最舍得花钱购买"苗族银饰"，因为"苗族银饰"的确很漂亮。之所以将"苗族银饰"打上引号，是因为旅游景点上出售的"苗族银饰"不一定是用银子打制的。即便旅游者明明知道不是真正的"银饰"，也很乐意购买，难道图的不就是"好看"吗？至于能值几个钱，她们未必考虑，因此，没有炫耀富有的功能。当然，在苗族村寨，银饰多少，还是富裕的象征，即使用银饰炫耀财富的心态已大不如前。

至于用银饰辟邪，现在还时兴，可能与巫文化有关。苗寨有些男性村民，尤其是少年儿童，也佩戴银饰，主要是项圈、手镯，其目的既不是装饰，也不是炫耀，而是为了保命和长寿。苗族村民相信，白色和红色都可以辟邪。银子、石灰、草木灰是白色的，常常被苗族村民用于避邪。家有病人，举办法事；或家畜行将产仔，防止妖魔捣鬼，在房子周围撒下一圈石灰或草木灰，以为如此，可幸免于难。血是红色的，有辟邪作用。家有病人，举办法事；或家畜行将产仔，防止妖魔捣鬼，杀一只鸡，把鸡血滴在房子外边，以为如此，可幸免于难。或者把鸡血和鸡毛粘贴在门楣上，也可达此目的。为什么苗族村民会认为白色和红色可以辟邪？原因很简单：白色和红色，都代表光明。石灰石燃烧，石头变成红色，留下的石灰是白色的。木柴燃烧，火焰是红色的，留下的草木灰是白色的。太阳究竟是红色的还是白色的？两样都是，综合起来就是"光明"。妖魔鬼怪，都怕光明。苗族村民自嘲穷到极点，往往用这么一句俚语来形容："穷得连个吓唬鬼的钱都没有。"这里所谓的"钱"，指的是银子之类金属货币，不是指纸币。纸币，苗族村民称"纸洋"。

苗族村民崇拜白色，崇尚银子，本质上是崇拜光明。古代汉族人崇拜玉石，古今苗族人崇拜银子，作为宗教信仰，两者异曲同工。当然，古代银子是货币，有交换价值，是财富的象征。活人要使用银子，死人也要使用银子。苗族村民死了，多少要用一点银子殉葬，说是送给死者的"买水钱"。苗族没有用银饰殉葬的习俗。用一小点银子殉葬，只是方便死者在前往天国的路上口渴了买水喝。一旦到了天国，什么都有，衣食无忧，要银子做什么？可气的是，清咸丰同治年间（1851～1874年），苗族村民因缴不起屯兵索要的军粮，被迫挖开自家的祖坟，取出送给祖先买水喝的那一小点银子上缴给官府。于是，爆发了苗族近代史上规模最大、时间最长的"咸同苗族农民起义"。

苗族银饰，历史悠久，风格独特，具有精美与粗犷相结合的特点。在苗族人民心目中，银饰是用来显美丽、亮家当、避邪祟、驱鬼蜮、保平安的吉祥物。苗族银饰制作工艺考究，充分显示苗族人民的智慧和才能。银饰图案以花鸟虫鱼等主，反映人类保护自然、利用自然、师承自然的聪明才智。苗族银饰锻制技艺，已被公布为国家级非物质文化遗产名录。凡是到过苗族村寨观光考察的外地客人，都不会放弃与身着银装的苗族姑娘合个影，或借一套苗族银装穿一穿照个相。

"飞云崖四月八活动"，接连三昼夜。身着节日盛装的苗族姑娘穿梭往来，格外引人注目。令人目不暇接的姑娘们，不乏如此打扮：脚上穿着入时的旅游鞋、高跟鞋；下身穿着现代式样的裤子，有的还外加一条古香古色的百褶裙；上身穿着用现代面料剪裁、按古代款式缝制的姊妹装；头上几乎全是古代发型，有清代的明代的，甚至还有宋代的唐代的。一身穿着跨千年，具有明显的"地层"关系。观其饰物，或者是祖祖辈辈遗留下来的传世品，村民称之为"老银子"，或者是用新银子甚至其他金属材料按照古代式样打制的代用品，村民称之为"新银子"。

参加"飞云崖四月八活动"，让我们想起三年前在惠水县举办的"六月六歌节"。在那次节日活动中，来自全省各地各个民族的代表，穿着各异，几无雷同。细心观察，上装有贯首服、无领服、圆领服、高领服、矮领服、长袖服、短袖服、大袖服、小袖服、左衽服、右衽服、对襟服、有扣服、无扣服、圆摆服、方摆服以及前摆长后摆短和前摆短后摆长等多种款式；下装有带裙、片裙、桶裙、裤裙、长裙、短裙、超短裙、百褶裙、羽毛裙等等；裤子有长有短，裤脚有大有小，相差甚为悬殊。

服装款式的差异与各地苗族村民的居住环境、生产从业有着密切的关系。一般说来，住在水边种植水稻的人们，衣袖和裤脚短而肥，显然是为了方便下田干活。住在山区常在林中劳作的人们则与之相反，衣袖和裤脚长而瘦，为的是防止蚊虫咬伤及荆棘刺伤。在草原放牧的人们裤裆相当大，裤脚特别肥，乃骑马使然。居住在乌蒙山区的苗族牧民，衣服多为长袍，有的还外加披毡，这是野外放牧防寒、防雨、防潮的特殊需要。

服装款式与文化水平、风俗习惯也有很大的关系。贯首服、无扣服、羽毛裙，以及袖子不缝合的衣服等，是早期服装的遗风，多少保留古代服装的形态。"鼓藏服"、"上轿衣"则是特殊风俗的需要。从服装款式的不同，可以看出苗族人民在社会生产、社会生活、风俗习惯等方面所具有的文化特点。民族节日服饰，堪称"穿在身上的史书"。

首次在飞云崖举办节日文物展览的这一天，最为兴高采烈的是飞云崖附近"东坡"村的潘姓苗族村民。他们世代相传，飞云崖是他们的祖居之地。因为地势"太旺"，人类享受不起，让给了菩萨。历代飞云崖和尚，都心悦诚服地承认此传说。每逢"四月八"节日集会，和尚要设宴招待潘家村民，同时招待参加活动的各路来客。后来，来客太多，饭不够吃，只好改用稀饭招待。此俗沿袭了很长时间。据说从明代沿袭到民国。民国年间，兵荒马乱，有人想否定潘家传说。于是，迫使潘家苗族村民于民国四年（1915 年）刻碑立石重申："黄平城东二十余里，有洞名'飞云'，原为潘姓施主。其地点自云贵未辟之先，我祖人业已鸠占。洪武已后，亦仍旧焉。……奈此地形太旺，不得已移居台腊。年代久远，子孙繁多，留此以作众地。每年新正，阖族齐聚吹笙……我先人恐有不测，故将岩浆所滴人形以为神像……而庙宇始兴，飞云洞始扬……迨至咸丰年间……庙宇烧毁，承平以后，先后培修。延至宣统二年，有住持吴理亨重为募化，吾等忆先人根基，同心合力，捐资助修。"碑为青石方首，高 1.52 米，宽 0.93 米，厚 0.15 米。额题"万古流名"四字，每字 0.16 米见方。首题"潘姓阖族重修飞云洞序"十字，每字 0.03 米见方。

在飞云崖跳芦笙，有个不成文的规矩，即必须由潘家芦笙队率先进场跳几圈，其他村寨的芦笙队才能入场跳芦笙。贵州许多少数民族都有芦笙，若论普及程度，首推苗族。特别是在苗岭山区，几乎家家都

图一二　苗族幼童模仿大人吹芦笙

有芦笙，人人会吹芦笙，甚至幼儿玩耍游戏就常常模仿大人吹芦笙（图一二）。吹芦笙，可以说是苗族村民最具代表性的一项文化娱乐活动，几乎成了苗族文化的一个标志性符号。吹芦笙，虽然腿脚不跳起来，但手捧芦笙的两只手要左右摆动，以显示欢快气氛。

苗族芦笙有大有小，有长有短，长的两丈多，短的不足尺。大的只能吹，不能跳。只吹不跳，叫"吹芦笙"。自吹自跳，叫"跳芦笙"，人吹己跳，叫"踩芦笙"。跳芦笙、踩芦笙均属芦笙舞。莽筒、芦笙配合使用，则叫"莽筒芦笙舞"。加上木鼓或铜鼓，叫"木鼓莽筒芦笙舞"、"铜鼓莽筒芦笙舞"。苗族芦笙会"讲话"。苗岭山区的苗族后生在芦笙场上吹着芦笙向心仪的姑娘"讨花带"，声声夸赞姑娘，曲曲倾诉衷肠，情意绵绵，优雅动人。如果讨不到花带，芦笙会骂人："姑娘哎，你为那样这么笨？长得白白嫩嫩，穿得干干净净，就是不会织花带，看你咋个嫁得出去啊！"花带由姑娘亲手织成，不能随便送人。只有经过一段时间的热恋，到了情投意合的时候，才作为信物赠与心上人。万一将来不能结合，依然由男方收藏，作为纪念。即使被后来的妻子发现，也没有什么关系。妻子甚至会认为，她才是爱情的胜利者。

第四节　展览引起新闻媒体关注

新闻单位，包括贵州省、贵阳市的电视、广播、报纸，以及驻贵阳的新华社、人民日报、光明日报、中央人民广播电台、中国国际广播电台的记者，都对民族文化尤其是民族节日活动颇感兴趣。"飞云崖四月八节日活动"之前，《贵州日报》记者罗马、汤先忠（图一三），《贵阳晚报》记者王蔚桦、漆春生，贵州人民广播电台记者胡世徽、赵建科，贵州电视台记者袁天才、刁泽新，新华社贵阳分社记者章传根，《光明日报》贵阳记者站记者戴宣长，中央人民广播电台和中国国际广播电台记者张永泰等等，不止一次参加筹备会议，做了充分准备要报道"飞云崖四月八节日活动"。

民族节日，在民族村寨文化中，占有特别重要的地位。可以说，民族节日是村寨文化的招牌。因此，贵州省文化厅在发出《关于调查民族村寨的通

图一三　汤先忠（中）在瑶山考察

知》中。许多报纸杂志如《贵州日报》、《贵阳晚报》、《文物通讯》、《民族学通讯》都全文刊登了：

贵州省文化出版厅关于调查民族村寨的通知

（84）黔文物字第 1 号

各地、州、市文化局（文管会），各县、市、特区文化馆（文管所）：

我省是个多民族的省份。我省各族人民在开发贵州高原的长期历史发展过程中，修建了许多具有地方特色和民族风格的自然村寨，生动地反映了我省各族人民的历史文化和创造才能，具有重要的民族、民俗文物价值。有选择地保护好具有地方特色和民族风格的民族村寨（包括汉族村寨），对于研究贵州的建筑艺术、民族历史，进而建立一批露天的民族、民俗博物馆，借以推动两个文明的建设，具有十分重要的意义。

为此，请各地在文物普查的基础上，广泛开展对民族村寨的调查工作（调查提纲附后），并将调查结果报告我厅文物处。我厅拟在各地调查的基础上，会同有关部门选择一批典型村寨，提请省府公布保护。

1984 年 1 月 30 日

该通知特别附了一份《民族村寨调查提纲》：

民族村寨调查提纲

目的是保护和继承优秀的历史文化遗产，为建设具有民族特点的社会主义文明服务。

一、调查内容和要求：

1. 历史比较悠久：至少有两三百年（十代人以上）的历史，并有历史见证可寻；

2. 建筑具有特点：具有典型意义，能让人一看就看出是什么民族的村寨（如侗寨有鼓楼、戏楼和花桥等等）；

3. 民俗具有特点：除建筑物外，吃的、穿的、用的、玩的、说的、唱的等等，都有自己的特点，在婚丧嫁娶、衣食住行等物质生活和精神生活的各个方面都有自己的好传统；

4. 风景比较优美：山清水秀，景色迷人，能作为我省自然村寨的代表；

5. 交通比较方便：一般来说，要与风景名胜、文物古迹相结合，交通比较方便，利于参观游览；

6. 生活较为富裕：至少要中等以上生活水平，这样才有利于保护和参观。

二、调查步骤和方法：

1. 有关单位开个碰头会，商量有关事宜，组织力量调查；

2. 取得调查资料（包括文字资料和照片资料），为鉴选提供依据；

3. 组织有领导干部、专业人员和少数民族代表人物参加的鉴选小组，深入自然村寨，进行比较研究，选定保护对象；

4. 系统整理资料，提请省人民政府公布省级保护名单（县市或州人民政府亦可公布自己的保护名单）。

三、保护要求和措施：

1. 在保护范围内，不得修建与原有建筑物风格不相协调的新建筑物，如要新建，需保持一定距离；

2. 对原有建筑物要作适当的整修，按照"恢复原状"的原则，发动群众整修，经济确有困难者，国家可酌情补助；

3. 美化环境，如植树种花，修整篱笆，修桥补路，掏沟除渣，尽量使环境清洁、美化；

4. 在可旅游、参观的村寨，大力发展有地方特色和民族风格的旅游事业，因地制宜地经营刺绣、蜡染、编织、雕刻等工艺品，经营民族风味的特殊食品，由集体（或重点户）开办旅社，接待游客；

5. 大力扶植民间文化组织（如芦笙队、地戏班、侗戏团和各种歌队等），开展丰富多彩的民族文化活动；在有民族节日集会的地方，更应积极开展内容健康的传统文化体育活动。

总之，要尽可能把具有地方特色和民族风格的民族村寨，建设成既有历史传统，又有现代文明的社会主义村寨。这样的文明村寨，就是别具一格的露天民族、民俗博物馆。

亲临现场参加"飞云崖四月八节日活动"的《贵州日报》记者罗马、《贵阳晚报》记者王蔚桦、贵州电视台记者袁天才，新华社贵阳分社记者章传根，《光明日报》贵阳记者站记者戴宣长，中央人民广播电台和中国国际广播电台记者张永泰，等等，都及时进行了报道。当时由于技术条件有限，录像不能直接传输，当天专门派车将录像带迅速送往贵阳，交省电视台编辑播出。

《贵阳晚报》记者王蔚桦，特别写了一篇通讯，细致入微地描写"四月八"节日集会上"斗鸟"等活动。节日期间"斗鸟"，目的不在于打架，而在于欣赏画眉的叫声、毛色及长相。据说，上等的画眉，价值与一头水牯牛相当。更为有趣的是，喂养画眉的鸟笼，也是攀比的对象。苗族村民特别看重鸟笼，将其视为工艺品，竟有专门制作鸟笼的专业村。

凡事细心的王蔚桦，不仅是位资深的新闻记者，还是著名的作家和诗人。他笔名蔚桦、王桅，贵州贵阳人。1950年参军，历任文工团员、侦察员、随军记者。1953年开始发表作品。1961年毕业于云南大学中文系。大学毕业后任《贵阳晚报》编辑，1986年加入中国作家协会。著有小说集《鹰的故乡》等五部，散文集《销魂集》等五部，诗歌集《邓小平之歌》等六部，理论集《电视的美学特征》等三部，剧本集《茅台魂》等四部。电视连续剧剧本《悠悠赤水河》、《黄金高原》获省"五个一"工程奖，长诗《邓小平之歌》和电视连续剧《黄齐生与王若飞》获 1997 年中宣部"五个一"工程奖。现在是贵州省中国现当代文学学会会长，贵阳作协名誉主席，贵阳学院教授。享受政府特殊津贴。

苗族同胞十分爱鸟，在日常生活、民居建筑、服装佩饰、音乐舞蹈和禁忌信仰等方面，"鸟文化"十分丰富，人们从中可清楚看到，苗族在处理人与自然关系上，具有很强的环境保护意识。

无论是在苗岭山区、武陵山区，还是在乌蒙山区、大娄山区，苗族村民都爱养鸟。特别是在苗岭山区，几乎家家户户的吊脚楼屋檐下都挂有鸟笼。上山干活、上街赶场和走亲访友，男子的首选伙伴都是鸟。民间相传，鸟是人类的祖先。远古时代，从枫香树芯飞出一只蝴蝶，生下 12 枚蛋，"神鸟"将其孵成包括人类始祖姜央在内的 12 种生灵。武陵山区，吴姓村民不打乌鸦，龙姓村民不打喜鹊，麻姓村民不打麻雀，村民们认为那几种鸟是他们的祖先。苗岭山区的苗族村民认为，人有 72 个魂，其中一个即是鸟。如果青年时代不"游方"，老来过世后，鸟魂就不能将其带到祖先居住的东方去。将鸟儿与灵魂和祖先相提并论，足见鸟文化在苗族文化中占有何等重要的地位。

苗族居住在山区，有的甚至住在山顶上，故有"高山苗，水仲家（布依族旧称），仡佬住在岩旮旯"的谚语。住在山区的苗族村民，多依山就势修建干栏式吊脚楼。干栏建筑是由树居或称"巢居"的居住形式演变而来的。月亮山区的干栏建筑酷似在树上的鸟巢。有的还在屋面上放置用泥巴烧制的雀鸟或者用木头雕制的木鸟。武陵山区的大户人家，其门窗木雕，柱础石刻，屋脊灰塑，山墙壁画，处处有鸟。

乌蒙山区有支苗族叫"鸦鹊苗"，原因在于他们的穿着酷似喜鹊（图一四）。民间相传，喜鹊曾救过苗族先民的命，为报答喜鹊的救命之恩，人们着意仿效喜鹊黑白相间的毛色，缝制具有纪念意义的"鸦鹊服"。此举实为仿生学在服饰文化中的巧妙运用。乌蒙山区还有一支被称为"小花苗"的苗族，青年男子在"跳花节"上，人人均戴雄鸡尾竹冠，以显示阳刚之气（图一五）。历史上曾有"羽人"的记载，铜鼓上也有"羽人"的造型，将其

图一四 "鸦雀苗"少女在绣花

图一五 头戴雉尾帽跳芦笙舞的苗族青年

与头戴雄鸡尾竹冠的苗族青年相对照，看不出有多大区别。在苗岭山区十分流行的蜡染、刺绣、织锦、银饰等服装佩饰上，"鸟纹"比比皆是。有些作为婚嫁用品的手工艺品，用蜡染或刺绣金鸡交尾图案，显然意在祝愿新郎新娘早生贵子，是生殖崇拜的一种表现。

众所周知，侗族大歌中的"蝉歌"，是从"蝉仙"那儿学来的。苗族也有大歌，湘西苗语叫做"明伞"。此歌流行于操苗语东部方言（湘西方言）的苗族同胞中，多在喜庆场合唱，通常两人合唱。其曲调从"起音"到高潮直至尾声，酷似蝉鸣。当然，蝉不是鸟，不能将苗族大歌归入"鸟文化"之列。但清水江畔的苗族同胞认为，蝉唱歌是跟鸟儿学的。人唱歌更是鸟儿教授的。因此，每当苗寨女婴一出世，大人便用一种极为善叫的小鸟的羽毛在其嘴唇上抹一下，意思是吃了鸟儿肉，长大就能像鸟一样擅长唱歌。

苗族舞蹈中的鸟文化，突出表现在"箐鸡舞"上。表演者身着绣花衣，头戴雄尾帽，手捧葫芦笙，模仿锦鸡的动作，边吹边跳。多半两人配合表演：时而相互依偎，时而彼此对踢，你败我追，你停我逗，十分有趣。雷公山上的"短裙苗"，也盛行《锦鸡舞》（图一六），舞姿优美，别有情趣。

图一六　"短裙苗"跳锦鸡舞

苗民认为，与世上一切事物一样，鸟也有好坏之分，善恶之别。据说有一种鸟，成天呱呱叽叽，专门挑拨离间。人与人之间，户与户之间，村寨与村寨之间，之所以会发生是非口角，全是这种"坏鸟"作祟。为排解纠纷，重归于好，需由巫师作法事"打口嘴"。其方法是将竹竿一端破开，中间卡上一个小码子，意为撑开鸟嘴，使其不能鸣叫，另一端同样破开，中间夹住一只用白皮纸剪成的小鸟，意为将其夹住，使其动弹不得。而后请来 12 个上有父母或下有儿女的"全福人"参加祭祀，打狗杀鸡"送神"，共同酒肉一番，以为如此一来，那挑拨离间的鸟就被制服了，团结问题也就随之解决了。事毕，将被撑开嘴巴的"鸟"和被夹住翅膀的"鸟"以及其他一些祭祀用品，悬挂于门楣上，当事双方和参加祭祀人员心安理得地认为，从此以后，再无是非。

"万壑树参天，千山响杜鹃"，唐代诗人王维说得好，鸟与树是不可分开的。从苗族人民自古以来珍惜鸟、崇拜鸟的传统习俗，可见世世代代生活在绿色世界里的苗族同胞，对鸟与树之类生态环境怀有何等深厚的感情。

第五节　筹备举办展览者的回忆

一　吴建伟的回忆

吴建伟，苗族，黄平县人。曾先后在黄平县文化局、黔东南苗族侗族自治州文化局、贵州省文化厅、贵州省文物局工作并担任各种职务。退休前为贵州省文物局副局长、贵州省文化厅副巡视员。回忆当年在黄平县文化局工作期间筹备举办节日文化展览时写道：

> 应黄平县文体广电局的邀请，让我为三十一年前在黄平飞云崖举办的"黄平民族节日文化展览"写一篇文章，我欣然答应了。因我是那时筹办黄平县民族节日文化展览的主要策划者和主要领导人员之一，我有义务和资格来写这样一篇文章。
>
> 2003 年 10 月 17 日，联合国教科文组织第三十二届会议正式通过《保护非物质文化遗产公约》，我国政府很快同意加入这一公约，并由文化部将正在调研和起草的《中华人民共和国民族民间文化保护法（草案）》改为《中华人民共和国非物质文化遗产法（草案）》展开深化调研，推进立法进程。2011 年 2 月 25 日第十一届全国人民代表大会常务委员会第十九次会议正式通过了《中华人民共和国非物质文化遗产法》，并于当年 6 月 1 日起执行。我国《非物质文化遗产法》在总则里把"节庆"列入非物质文化遗产进行保护。从这一层面来讲，我们当年举办黄

平民族节日文化展览不但有那一个时代的现实意义，而且有着较深远历史意义的影响。

1978年12月18~22日，党的十一届三中全会在北京胜利召开和闭幕。这是我党历史上具有划时代意义的重要会议。为深入学习、宣传和贯彻党的十一届三中全会精神，黄平县文化馆在县委、县政府的高度重视和支持下，从1979年春季开始，组织业务干部深入到全境内的苗村侗寨，开展民族传统节日调查，发动村寨居民因地制宜恢复当地的传统节日活动。经过近四年的间断宣传和发动工作，黄平全县境内的苗族、僳家、汉族的25处传统节日得到恢复，传统的节日文化形式和内涵能得到有效的传承。此外，黄平县与施秉县、凯里市周边交界的村寨，其村寨居民也自发和积极地参与由上述县、市东道村寨举办的传统节日活动。

民族传统节日活动的恢复和发展，进一步增进了民族村寨之间的相互往来，进一步增强了兄弟民族的相互理解和团结，为促进山乡村寨的生产发展和文化繁荣起到了积极的作用。看到这一派兴新向荣的景象，我们文化馆人有说不出的高兴，也感到有几分的自豪。几十年过去了，蓦然回首，举办黄平民族节日文化展览的前前后后的日子和为之工作那一幅又一幅的画面，给我留下了无数美好记忆。

20世纪80年代初期，在党的民族政策和改革开放政策阳光的沐浴下，民族传统节日得到了迅速恢复和发展，与此同时，在那个时期的外来文化、舶来文化也不断地冲击着民族传统节日文化，民族节日的盛装服饰、传统习俗、用具器皿、歌舞竞技等也在或快或慢地发生变化和消失。为了有效保护经"文革"十年摧残和禁锢而在党的十一届三中全会以后得到复苏和传承的传统节日文化事项，宣传和教育群众尤其是开始被舶来文化的洋风吹晕了头的许多青年人热爱自己的传统节日，呵护自己的传统文化，使之持续和持久地传承下去。为此，县文化馆草拟了《筹办黄平节日文化展览方案》，经县文化局同意后报经县人民政府核准。此后，县文化馆从1982年夏季开始，便把全部男性工作人员分成小组，分配工作片区并深入到苗村革寨去征集民族传统节日文化的各种实物。在一年半的时间，县文化馆的节日文化实物征集人员可谓是"走遍千山万水、历尽千辛万苦、访问千家万户、说透千言万语"，在广大村寨群众的热情支持下，节日文化实物征集工作基本圆满完成。征集到的节日文化实物有：苗族女青年的盛装银饰、中年妇女的盛装银饰、女童的盛装银饰；有不同款和不同花样的刺绣、挑花纹样；青年男子、中老年男子的服饰。有斗鸟的各种鸟笼（图一七），纺纱织布的木结构机械，有长

图一七　各种鸟笼

图一八　僮家蜡染团花女衣

短不一和大小不同的芦笙，有赛马、斗牛必须的用具，有敬客、劝客的各种酒具……另外有僮家青年的盛装银饰、中年妇女的盛装（图一八）银饰、女童男童的盛装；有斗鸟的不同鸟笼，纺纱织布的木结构机械，有点蜡花的大小多样蜡刀、蜡板以及化蜡的工具，有花样各异大小不一的蜡染布块，有祭拜的祖鼓复制器和披袍，有小芦笙，有节日期间接待

客人的各种饮具、酒具……在全县所征集、搜集的民族节日文化实物大大小小约近数百件。

成立节日文化展览领导小组，确保展览工作能有序推进和有组织保证。黄平民族节日文化展览领导小组组长由分管文教工作的副县长陈世文同志担任，副组长由县文化局局长刘显银、副局长吴建伟同志担任；领导小组下面分别设立文字资料组、展览陈列组、行政后勤组。记得当时县文化局把举办节日文化展览当作一件重要工作，几乎是举全局和全馆之力来办。参加的人员有解培九、杨昌辉、赖家邦等老同志；有潘洪波（后来曾任黄平县副县长，现任县人大常委会副主任）、有刘必强（以后是黔东南州文化局副调员，已退休）、熊启川（现任贵州师范大学美术系系主任）、盛治久（曾任黄平县旅游局副局长，已退休）、谭孝严（曾任凯里市歌舞团副团长，已退休）、林垒章（曾任黄平县文化馆馆长，已退休）、涂开明（曾任黄平县文物管理所所长，已退休）、杨知可（曾任县文化馆会计，后在贵阳无线电一厂退休），还有史永才、张小核等同志（可能有的同志实在回忆不起了）。

在县政府的直接关心和领导下，在县财政部门的大力支持下，经县文化馆全体同志的共同努力，节日文化实物征集（搜集）工作成绩显著，展览陈列的筹备工作进展顺利。记得在上个世纪八十年代初，在省文化出版厅文物处的关心和支持下，黄平飞云崖的大官厅一组古建筑已修复竣工，是难得的节日文化展陈场所。经请示县人民政府同意，黄平民族节日文化展览从 1983 年春正式进入飞云崖大官厅古建筑群布展，全体工作人员像办大喜事一样热情高昂，全身心地投入布展工作。就在当年农历的"四月八"传统民族节日的三天里，黄平节日文化展览隆重开展。从他们脸上露出的笑容和自豪，仿佛告诉我们全体办展人员：真没想到，我们村寨里的土里土气的东西还能拿到县里来展览。党和政府对我们山乡村寨的节日是关心和重视的，对我们的文化生活是十分关注的……这个展览得到了黔东南州文化局的充分肯定。

对三十多年前的黄平节日文化展览和深入村寨发动村民恢复传统节日等一系列活动的追忆，现在仍觉得是美好的享受，同时也有一些认识上的收获：民族传统节日以及丰富的文化内涵和周期性、民族性、群众性的特点，点点地融入人们的日常生活和精神世界，滋养着其民族的生命力、凝聚力和创造力，并在推动区域的历史发展进程、增进民族间相互了解，增强民族团结、传承优秀传统文化发挥着重要作用。当下，要进步认真学习、宣传和贯彻执行《中华人民共和国非物质文化遗产法》，依法保护传统节日文化，还要做到全社会共同努力，不但各级政府要对传统节日积极倡导和依法保护，而且各级宣传文化部门要积极组织开展对传统节日文化的研究，唤起广大乡村民众呵护传统节日的文化自信和保护的文化自觉意识。只有如此广泛推进才能使传统节日不断传承和发展，才能让贵州文化永久持续地多彩，才能实现中华民族伟大复兴的中国梦做出积极的贡献。

二　盛治久的回忆

据解培九生前说，盛治久在黄平县文化馆工作时，曾代表单位撰写解培九的先进事迹材料。关于解培九如何从事民族文物工作，为举办节日文物展览提供资料，盛治久写道：

> 解培九对民族文物工作十分热爱。早在20世纪80年代初，经他调查，发现苗族歌师、歌手在婚礼上演唱歌曲时使用的"刻木记歌"之小棍（苗语称"刻道"），就有三种不同形式，按照"刻道"上所刻记号对唱，可唱几天几晚。这不仅是苗族"刻木记事"的实物例证，对苗族的"姑表婚"习俗也可作深入探索。塘都寨的僮家《李氏家谱》，前面部分祖先名字及迁徙地名，都是用僮语，汉字注音，后面用汉语汉字记，对僮家的迁徙及由父子连名制到采用汉姓、字辈的研究很有参考价值。岩英的重安司，苗族、僮家各村寨头人所立的"例碑"，叙述少数民族人民被土司奴役的史实。在塘都寨，还发现保存有清王朝为分化瓦解少数民族人民而制作的"忠顺犸团回乡旗"，具有重要民族民俗文物价值。僮家的"榔规"碑，报警用的海螺，苗族和僮家的服饰、蜡染、刺绣、编织、乐器等等，绚丽多彩，很有价值。黄平的少数民族节日集

会共 26 个。解培九已绘制了《黄平少数民族节日集会分布图》，并将集会名称、会期、活动天数、活动内容、赶会人数等列表附于图表下，作为开展民族文物工作的一项内容。

第六节　关于节日博物馆的日记

自始至终参与飞云崖民族节日博物馆建设的文物工作者吴正光，保留有30 多年来关于飞云崖民族节日博物馆从策划到建立、成长的日记：

1982 年 3 月 1 日上午，到文化部文物局文物处汇报工作，申请飞云崖维修费 10 万元。接待我们的朱长翎同志，同意先修建飞云崖围墙。

1982 年 11 月 18 日上午，在黄平招待所听潘县长介绍飞云崖维修工程。他说徐健生同志很关心，来了 6 次。

1983 年 3 月 25 日，与省委宣传部副部长、省文物管理委员会副主任张一凡，省委宣传部宣传处处长张建华，省文化局社会文化处副处长庄嘉如，一早离开贵阳，下午考察飞云崖。

1984 年 5 月 1 日，与省文化出版厅李明厅长前往黄平，筹备"飞云崖四月八活动"。

1984 年 5 月 2 日，下午到飞云崖看《民族节日文物展览》。

1984 年 5 月 8 日，农历四月初八，大队人马前往飞云崖观光活动，参观文物。

1985 年 2 月 24 日上午，与中宣部宣传局、文化部文物局领导同志和民族宫同志，参观飞云崖《民族节日文物展览》。

1985 年 5 月 8 日《贵阳晚报》刊登我的《镇远青龙洞黄平飞云崖游人络绎不绝》

1986 年 2 月 16 日，从贵阳到黄平，看了飞云崖《民族节日文物展览》，晚上在杨会计家吃饭（因为时逢春节放假，馆子尚未开业），饭后与文化局的同志研究飞云崖维修、办民族节日博物馆和征集民族文物问题。

1986 年 8 月 14 日，安排下步工作，重点是青龙洞、飞云崖维修及建立专题民族民俗博物馆。

1987 年 7 月 10 日，与中央民族学院民族学系实习师生参观飞云崖《民族节日文物展览》。

1987 年 12 月 4 日，陪中国历史博物馆两同志参观飞云崖民族节日文物展览后离开黄平。

1988 年 7 月 18 日，与新华社、人民日报社、光明日报社、人民画报社、中国文化报社、中央电视台等 10 位来自北京的记者离开贵阳，前往黄平，考察飞云崖《民族节日文物展览》。

1988 年 8 月 14 日，凌晨起来撰写《飞云崖民族节日博物馆》。

1988 年 8 月 16 日，上午寄出《飞云崖民族节日博物馆》。

1988 年 9 月 24 日，上午到光明日报社，商谈以飞云崖民族节日博物馆的名义办"大家谈"征文事。

1988 年 11 月 24 日，陪全国文物宣传工作座谈会代表前往黔东南考察，中午在黄平吃午饭，饭后参观飞云崖民族节日博物馆。

1989 年 3 月 13 日，上午离开铜仁，中午到达镇远，晚上到黄平，研究举办民族节日汇报展览事。路过飞云崖，看了"配套设施"建筑工地。

1989 年 4 月 16 日，陪同邀请贵州前往美国举办民族节日文化展览的唐·汉米尔顿及其妻子罗娜考察飞云崖民族节日博物馆。

1989 年 7 月 20 日，《贵州文物报》刊登我的《黄平飞云崖民族节日博物馆》。

1989 年 8 月 17 日，与李明老厅长、钱厅长陪文化部的张扬、中国文化报的于文涛等同志前往东线考察，下午到黄平飞云崖，他们认为，"节日文化展览办得可以"。夜宿飞云崖。

1989 年 10 月 23 日，一早离开黄平，到飞云崖民族节日博物馆考察，发现基本没动，令人不快。

1989 年 10 月 28 日，上午在云台山，下午在飞云崖民族节日博物馆研究工作。夜宿飞云崖。

1990 年 3 月 8 日，上午离开贵阳，与胡朝相同志陪同国家文物局博物馆处负责人张羽新等同志前往黄平，午饭后检查飞云崖民族节日博物馆。

1990 年 4 月 5 日《贵州日报》刊登我的《游客如织的飞云崖民族节日博物馆》

1990 年 8 月 8 日，一早离开贵阳，下午到达黄平。饭后考察飞云崖民族节日博物馆。

1991 年 5 月 20 日，离开贵阳，前往黄平飞云崖民族节日博物馆录像。

1991 年 5 月 21 日，白天在飞云崖民族节日博物馆录"四月八"节日活动。适逢一棵大树倒塌，压在"皇经楼"上。

1991 年 7 月 7 日，陪同省文化艺术旅行社接待的美国旅行团前往飞云崖民族节日博物馆参观。

1991 年 7 月 28 日《贵阳晚报》刊登我的《飞云崖民族节日博物馆》。

1993 年 2 月 5 日，上午与胡朝相经黄平前往施秉，在飞云崖民族节日博物馆停了一下，了解博物馆配套设施开放情况。

1993 年 2 月 23 日，下午与胡朝相、费侃如、汤先忠等同志离开镇远前往黄平。晚上，黄平县文化局陆局长与我谈论飞云崖民族节日博物馆提高事及工艺品开发问题。

1993 年 3 月 13 日，下午起草《黄平飞云崖》。

1996 年 1 月 25 日，一早与李嘉琪、胡朝相等离开贵阳前往镇远。中经黄平飞云崖，看了民族节日博物馆。

1996 年 3 月 3 日，上午清理飞云崖民族节日博物馆照片，打算寄给《贵阳晚报》郭千里。

1996 年 3 月 13 日《贵阳晚报》刊登我的《飞云崖民族节日博物馆》。

1997 年 10 月 14 日，上午与侯天佑等同志考察飞云崖民族节日博物馆，国家文物局李晓东同志提出将价值高的文物交省博物馆收藏，展出复制品。

1997 年 11 月 13 日，陪国家文物局的罗伯健、王军同志考察飞云崖民族节日博物馆。

1999 年 4 月 5 日，下午到省委办公厅，《当代贵州》编辑王润深同志约两篇稿子，其中一篇为飞云崖民族节日博物馆。

1999 年 4 月 30 日，上午，到省委办公厅领取《当代贵州》第 4 期。王润深再次约我撰写飞云崖民族节日博物馆稿子。

1999 年 5 月 1 日，上午起草并打印《飞云崖·四月八·节日馆》，3500 字，是应王润深同志之约而写的。

1999 年 5 月 3 日，下午起草、打印《飞云崖民族节日博物馆》，是《贵州商报》记者约我写的。

1999 年 5 月 7 日，下午到省外宣办，接受中央电视台《中国风》采访"龙文化"，顺便将《飞云崖民族节日博物馆》文章及照片交给《贵州风貌》编辑龙菲同志。

1999 年《文化广角》第 6 期刊登我的《飞云崖与节日馆》。

1999 年 6 月 17 日《贵州商报》刊登我的《飞云崖民族节日博物馆》。

2000 年《当代贵州》第 1 期刊登我的《飞云崖·四月八·节日馆》。

2000 年 7 月 4 日，下午与侯天佑、张勇等同志在省军区招待所研究国保申报材料，先排队，后分工。我被分配修改飞云崖等 10 份材料。

2000 年 7 月 9 日，下午修改飞云崖国保申报材料。晚上修改完（差推荐意见）。

2000 年 7 月 10 日，一早撰写飞云崖"推荐意见"。

2000 年 7 月 17 日，上午将飞云崖材料从省军区招待所拿回家校对。上午校对完毕飞云崖国保申报材料。

2000 年 7 月 18 日，上午到办公室，将飞云崖国保申报材料交给侯天佑同志。

2000 年 9 月 7 日，下午起草并打印《节日胜地飞云崖》。晚上校对《节日胜地飞云崖》。

2000 年 9 月 25 日，《贵州日报》刊登我的文章，题为《飞云崖上节日多》，题目改得不好。

2000 年《风景名胜》第 10 期刊登我的《飞云崖四月八节日馆》

2001 年 5 月 10 日，上午补充《节日胜地飞云崖》，拿到街上修改。下午复印，是《贵州党风廉政》杂志约的稿。

2003 年 5 月 9 日，前往黄平，12 点到飞云崖。下午考察飞云崖民族节日博物馆，并拍摄圣果桥，为写《贵州的桥》收集资料。

2003 年 5 月 20 日，今天到文化厅招待所编辑《地图集》半年了。起草《飞云崖》、《圣果桥》、《平播桥》，并拿到街上打印。

2003 年 5 月 25 日，上午修改《飞云崖》。

2003 年 8 月 31 日，下午补写黄平飞云崖的几条摩崖石刻。

2004 年 4 月 10 日，晚上修改《飞云崖的石文化》。

2004 年 5 月 17 日，上午编辑《节日胜地飞云崖》。

2006 年 2 月 10 日，下载有关和珅的资料，弄清乾隆四十五年和珅过"飞云崖"是因为去云南查处云贵总督、大学士李侍尧贪污案。

2006 年 2 月 17 日《贵州日报》刊登我的《黄平抢救飞云崖碑刻》。

2006 年 8 月 12 日，下午再次修改《飞云崖的石文化》。

2008 年 2 月 15 日，下午思考《带你走进博物馆》丛书还可再编《飞云崖民族节日博物馆》。

2010 年 8 月 14 日，下午前往黄平，陪 50 多年前大学时代的同学参观飞云崖民族节日博物馆（图一九）。今年离 1982 年筹划维修飞云崖、建立节日馆，近 30 年了。晚上与杨德、吴天明等同志谈论编写《飞云崖民族节日博物馆》事。

2010 年 8 月 25 日，上午起草《带你走进博物馆·飞云崖民族节日博物馆》写作大纲，9 点半完成。

2011 年 10 月 13 日上午，将《贵州飞云崖节日博物馆》连 14 张照片传给《民族》杂志。

2011 年 11 月 15 日，《民族》杂志第 11 期刊登我的《贵州飞云崖节日博物馆》。

2013 年 12 月 6 日，一早起来编写《建议编辑〈飞云崖民族节日博

图一九　参观飞云崖民族节日博物馆

物馆三十年〉》。之后给黄平杨德同志写信，8点左右发出。

2013年12月15日，下午搜索日记中与"飞云崖"和"节日文化"有关部分。晚上继续。1980年以来，有7.7万多字。

2013年12月16日，一早起来起草《〈飞云崖民族节日博物馆三十年〉写作提纲》。上午9点写完。中午给杨德同志写信，将写作提纲传给他。下午，杨光景同志开车接我前往黄平。晚上7点到达。

2013年12月17日，在黄平县文化局，与杨德等同志研究《〈飞云崖民族节日博物馆三十年〉写作提纲》，并进行分工。

第六章

提高飞云崖民族节日博物馆

第一节　培训文物工作人员*

贵州省文化文物主管部门，十分重视民族文物干部培养工作。时间最长、规模最大的有两次培训，都与中央民族学院有关：一次是 1985～1986 年在北京举办的为期一年的民族文物干部培训班，一次是 1987 年 6～8 月在贵州举办为期 3 个月的民族节日文化学习班。前者 50 人（其中一人因病中途退学），他们是：乌当区的黄玲萍、花溪区的张永吉、都匀县的王金黔、三都县的梁卫民、荔波县的韦都波、瓮安县的胡朝相、独山县的陈黔中、龙里县的韦永林、贵定县的田昭上、福泉县的帅国晖、凯里县的胡远红、榕江县的周年荣、施秉县的吴通光、黄平县的吴天明、从江县的黄孟德、镇远县的杨黔川、岑巩县的晏晓明、剑河县的杨思金、丹寨县的杨健、锦屏县的郑发林、天柱县的萧德成、台江县的张云生、雷山县的唐飞、习水县的禹明先、镇宁县的卢燕、安顺地区的胡康珍、安顺县的杨友维、普定县的李建国、金沙县的范泽刚、黔西县的喻朝凤、赫章县的陈黔灵、毕节地区的刘伟、毕节县的黄国喜、纳雍县的周治平、思南县的刘贵铜、玉屏县的吴钦湘、印江县的杨再荣、松桃县的龙秀贵、石阡县的王家林、江口县的张东、

---

* 第一至四节由巴娄编写。

图一 1986年1月3日贵州民族文物干部培训班全体学员与老师合影

黔西南州的鲜仲文、兴义县的赵明勇、册亨县的吴泽萍、晴隆县的张涛、普安县的王登祥、望谟县的黄信书、安龙县的周晓惠、水城县的胡春文、六盘水地区的陈红风。1985年9月7日上午在京开班，国家民委教育司司长贾春光、国家文物局教育处处长冯萍到场讲话。9月18日《贵州日报》头版《各民族共同繁荣》专栏以《中央民院举民族文物干训班 我有五十名民族干部参加学习》为题进行了报道（图一）。

后者在镇远青龙洞办班。授课的是中央民族学院民族学系知名教授金天明和青年教师祁庆富。1958～1963年，吴正光在中央民族学院历史系读书时，金天明是他的世界民族志老师。金教授在镇远青龙洞为民族节日文化学习班讲课之余，还抽空到台江县的施洞口，为正在那里调查独木龙舟文化的中国人民大学历史系文博专业实习生作辅导，并将一本介绍拉脱维亚如何保护民族文化的中译图书赠送给学生们。

祁庆富老师毕业于北京大学，其后在中央民族学院攻读宋蜀华教授的研究生。宋蜀华（1923～2004年），四川成都人。1946年毕业于燕京大学社会学系，获学士学位。同年考入澳大利亚悉尼大学研究院，师从 A. P. 埃尔金攻读人类学专业，获硕士学位。1949年回国后，任成都华西协和大学考古及民族学博物馆助理研究员。1952年起在中央民族学院从事教学与科研工作，1981～1986年任副院长。1985年被聘为国务院学位委员会学科评议组成员。1988年当选为英国皇家人类学会荣誉会员。1993年受聘为全国博士后管委会专家组成员。曾任中国民族学会会长、名誉会长。1983 年 7 月，出席联合国消除种族歧视委员会第 28 届会议。1984 年当选为该委员会委员，1988年、1992 年两次连选连任，作为专家定期赴会，为《消除一切种族歧视国际公约》的执行做出积极努力。多次深入偏远少数民族地区进行田野工作，撰写调查报告数十万字。长期从事教学工作，培养出一批批民族学和民族史专业人才。师从宋蜀华教授的祁庆富老师除在节日文化培训班上讲授田野民族学知识外，还在节日文化学术研讨会上发表演说，全面阐述在飞云崖开办节日文化博物馆的必要性、可行性：

1987 年 6 月来到贵州，给民族节日文化学习班讲课，住进"入黔第一洞天"青龙洞（图二）。在青龙洞殿堂里陈列的《贵州民族民间建筑文化展览》（图三），展现出贵州多民族绚丽多彩的建筑艺术和文化的生动图景，侗寨鼓楼、苗家村寨、吊脚民居、三合小院、竹桥铁索、庙殿亭台……贵州的古建筑明珠令人赏心悦目，贵州所做的挖掘、保护历史文化遗产的卓有成效的工作更令人钦美折服。我深深感到，贵州在文化方面，具有"超前意识"，这里的实际工作，已走在全国的前面。

贵州民族节日是贵州各民族传统文化中的一颗掩埋在深山遐壤的明珠，我们正在进行的工作——筹建贵州民族节日博物馆，为的是使这颗明珠拂去尘埃，放出耀人眼目的异彩。我们进行的民族节日文物搜集和调查，正是这样一件有意义的工作。

节日属于文化范畴，这是毫无疑问的。它究竟算物质文化？抑或是精神文化？《中国大百科全书》民族卷将节日列入精神文化，我认为不甚科学。节日过程中物质文化内容也是十分丰富的，例如节日中吃好的、穿好的，但有个为什么吃、为什么穿，怎样吃、怎样穿的问题，吃和穿不能算精神文化。又如龙舟节的重要程序是造龙船，这也不能算精神文化。节日是一种综合文化。节日具有文化性、民族性、民俗性，也具有文物性。正因为节日具有文物性，因而，节日民俗文物可以反映节日的风貌，其形式就是举办节日文化博物馆。贵州省文化厅文物处将"民族节日文物展览"列入工作计划，并进行了大量的调查搜集工作。

图二　青龙洞

图三　《贵州民族民间建筑文化展览》

这一个多月，由贵州省文物工作者与中央民族学院民族学系师生组成联合调查组，在全省范围内进行节日调查，搜集节日文物，取得了可喜的成果。在今年内实现省文物处的工作计划已具备充分的条件。贵州民族节日博物馆，将是我国第一个节日民俗文化博物馆，对推动全国节日民俗文化展览、研究，会起到开先河的作用。

　　要办好贵州节日文化博物馆，不仅要全面调查节日状况，搜集大量节日文物，而且，要从宏观角度，探讨和研究贵州节日文化的特点。有关中国节日的研究，目前基本上还是空白领域。虽然，有关节日的小册子、文章出了不少，但真正谈得上深入研究的东西还寥寥无几。中央民族学院民族学系84级学生在来贵州实习之前，编了一本《贵州少数民族书日书目索引》，洋洋数万言，但其中收录的研究性著述实属凤毛麟角。在这方面，还需要探索，需要开拓。

　　贵州在节日研究方面走在全国的前头，贵州省民委和文化厅编印的《贵州省民族节日概况一览表》，奠定了贵州节日研究的基础。这本《一览表》虽然不是研究著作，但研究贵州节日，这是一个起点。吴正光同志写了一篇《贵州高原上的少数民族节日》，既对贵州民族节日的综合介绍，也对贵州节日的特点进行了分探讨，这篇文章，堪称贵州民族节日研究的奠基石。我在给贵州节日文化学习班讲课时，曾对贵州节日特点做了一点探讨性的试析：第一，名目繁多。据统计，节日一年多达上千次，是全国节日最多的一个省份。贵州节日名称不统一现象比较突出，如苗族"祭鼓节"又叫"吃牯脏"，布依族牛王节又称龙王节、牧童节，等等。有的节日在同一民族中有不同的名称，有的同一名称却为不同民族的节日，如三月三、六月六。第二，规模不一。有的节日是整个民族都过的，有的节日是某一局部地区特有的。参加节日活动的人数不等，少的数百人，多则上万人。节日集体活动地点的规模也不一样，多则数县范围，少则一个村寨人口。第三，节令性强。贵州民族节日在时间上覆盖面比较大，全年没有哪一个月无节日，但还是有"旺季"、"淡季"之别。如侗族在三月三前后欢乐五天，三月初六便停止吹芦笙。节日"旺"、"淡"是农时活动季节性决定的。此外，贵州的节日有的时间固定，有的时间不固定。同一时间不同民族过不同节日的情况也很多。第四，择地活动。贵州的节日有全省范围的，有一个民族范围的，也有一个民族部分地域范围的。绝大多数节日都选择固定的地点进行集体活动，而这种地点大多是风景秀丽的名胜之地。像花溪、飞云崖、侗族鼓楼都是节日活动的中心场所。第五，内容丰富、特色突出。各民族传统的文化活动和人际交往形式都在节日期突出表现出来，如对歌、踩笙、唱戏、射弩、斗牛、赛马、摔跤、竞舟、野餐、尝新、游方、行歌坐月……节日活动五彩缤纷，民俗文化绚丽多彩，这是贵州节日最重要的特点，也是节日文化研究的最重要部分。

贵州是一个多民族杂居的省份，节日博物馆选在哪里？是值得研究的。作为贵州节日文化的中心，如博物馆建在贵阳，有全省代表性，但弊大于利。因为节日属民族民俗文化，离开了其赖以生存的土壤，便失去了固有的活力，特色也就淡化了。那么选择一个比较偏僻的、民族特点浓烈的地方行不行？也不好，因为博物馆是让人参观的，地点太偏僻，在客观上博物馆无法发挥应有的作用。因而我认为，既不是通衢闹市，又是旅游胜地，既不是偏僻荒陬，又是民族风情之乡，这才是比较理想的地点。比较而言，黄平飞云崖是最合适的场所。

飞云崖地处入黔交通线上。清人朱定元在《飞云崖志序》中说："黄平之东二十里有崖曰飞云，忽现奇观，适当冲道。卓哉！黔国之咽喉，夷穴之门户也！"这样一个咽喉、门户之地，是入黔之人必经之途。如果把节日博物馆设在这里，无疑占据了贵州对外开放窗口的地利。黄平是个少数民族聚居区。嘉庆《黄平州志》记载，当地居民有佯僙、夭家、仲家、西苗、黑苗、木僚、仡兜、打牙（仡佬）、紫蓝苗等，说明明清时代这里是多民族杂居区。目前，黄平县人口二十八万余人，苗族占52.7%，是苗族人口比例较高的一个县。从民族特点方面看，黄平县有代表性。飞云崖是贵州最著名的名胜古迹之一，古往今来，有多少文人墨客为之倾倒！飞云崖又称飞云洞，清代云贵总督鄂尔泰题额"黔南第一胜景"，乾隆《贵州通志》誉之为"黔中第一奇境"。明代著名学者王守仁写了一篇脍炙人口的《重修月潭寺建公馆记》，文曰："天下之山萃于云贵……而惟至于兹崖之下，则又濒然开豁，心洗目醒，虽庸俦俗侣，素不知有山水之游者，亦皆徘徊顾盼，相与延恋而不忍去，则斯崖之胜盖不言可知矣。"《黄平州志》载："阳明子记飞云崖曰：天下之山聚于云贵，云贵之秀萃于斯崖。"我翻阅《王文成公全书》，不见此语之出处，是否王守仁还另有飞云崖之记。但不管怎么说，阳明先生对飞云崖之推崇不可谓不高。其实，明清时代，对飞云崖倾倒膜拜者何止王阳明一人！明人王训说："若斯崖之美，盖千百而什一也"（《月潭寺记》）。明人吴维岳赞："兹崖之奇又最也"（《飞云崖记》）。清人彭而述感慨："吾行天下多矣！洞之奇未有如此者，抑何偏生此于荒陬蛮裔之乡乎？"福康安评价："飞云洞在黄平道左，数黔中胜概者，必首屈一指焉"（《新葺飞云洞殿阁记》）。尤维熊记阿迷州燕子洞，仍念念不忘"曩尝取道黔中，与江君通文揽飞云崖之胜，共诧为山谷奇观，平生所未见也"。有清一代，"游人入黔者，必侈谈飞云崖之胜"（安嘉相《重建飞云崖圣果桥记》）。这已蔚成风习。大名鼎鼎的禁烟英雄林则徐宦滇途中，驻步飞云崖，留下"天然奇秀，真如金枝玉叶"的赞词（《滇轺纪程》）。明清之际，大有不上飞云崖就等于没去贵州的架势。飞云崖堪谓贵州名胜之代表。对于飞云崖胜景，清人许元仲有一段概括语："山水之胜曰雄、曰奇、曰秀、曰丽，黄平之飞云洞咸备焉。"这是中肯无夸的评价。我觉得今日看飞云崖，不仅雄、奇、秀、丽，还应加上古、情二字。飞云崖不仅是山水名胜，还是黔中少有的文物古迹。月潭寺、圣果亭，足以使访古者流连忘返。说到情，是指民族风情。飞云崖是当地苗族和其他少数民族活动的重要场所，阳明先生在记中写道："附崖之戍卒官吏与凡苗夷仡佬之种连属而居者，岁时令节皆于是厘祝。"可见早在明代，这里便成了当地少数民族节日文化活动中心场所。至今，每年农历四月初八，周围数十里的苗族群众都要来这里欢聚，举行吹芦笙、赛歌、斗雀、赛马等活动，尽享节日之欢乐。飞云崖是见于记载较早的贵州少数民族一个古老的传统节日胜地，我们把贵州节日博物馆建在这里，山水与风情相呼应，真是"得其所哉"！黔东南州民族节日之丰富，冠于贵州，可以说，黔东南节日，又聚于黄平飞云崖。"黄飘芦坪"，见于《黄平县志》，是一处节日古迹。"谷陇九月芦笙会"，规模宏大，参加活动的群众远及台江、凯里、施秉。不论黄飘，还是谷陇，都是贵州少数民族节日活动的重要地点，皆在黄平县境，去飞云崖不远。以飞云崖节日文化博物馆为中心，形成黄平县乃至黔东南州节日文化活动系列，可以说尽占天时、地利、人和的优势。概而言之，贵州节日文化博物馆设在飞云崖，地使之然，情使之然，势使之然，是最理想的地点。

建立节日文化博物馆，是一项开创性的工作，在全国是没有先例的。这个博物馆成功与否的标志应该是能否引人入胜。飞云崖令古人惊叹，博物馆要让今人神往。办到这一点，单纯地陈列照片、实物是不够的，要有一系列配套工程，使来这里的人不仅仅参观展览，还要有切身感受、实际收获，即便不是节日期间，也能听到节日的歌声、看到节日的舞姿、品尝到节日风味食品、带走节日色彩的纪念。同时，还应该加强节日文化研究，使飞云崖真正成为一个节日研究文化中心。不仅搜罗的贵州节日调查资料和文物资料齐全，而且，有关贵州节日文化的历史文献、今人著述也该应有尽用。同时，在条件成熟时，组织力者进行贵州节日文化的综合研究，不仅研究节日的自身文化、历史和民俗，对于与节日相关的岁时历法、自然物产、山水风光也要研究。

上次到飞云崖，最引我注意的是那白色的鸟，即鹭鸶。看见几只鹭，并不值得大惊小怪，引我深思的是陈列文物的那座殿堂正脊中间，有一圆形图徽，中雕一只白鸟，正是堂上振飞的白鹭！可见鹭鸟是飞云崖的吉祥物。《黄平州志》记载，州内名胜有一处名曰"白鹭盈洲"："城北一里芷坊潭沙洲也，白鹭千百为群，翔集其上，旧名沙洲鹭集。"有人还写过一篇《沙洲集鹭说》。那么，鹭鸟和节日，有什么关系？目前，我还说不清楚。在节日歌舞里，鼓是不可缺少的。在贵州，名气最大的是铜鼓。在中国古代典籍中，鹭与鼓的关系最密切，有"鹭鼓"之说，传说夏殷之时就出现这种鼓，名建鼓，以翔鹭为饰，故名"鹭鼓"。贵州是铜鼓故乡，铜鼓上的鸟饰和鸟纹，最多的大概是翔鹭。如果有人有兴趣以黄平的鹭鸟为专题作一番调查研究，也许对民俗学、民族学不无裨益。节日既然是综合文化，我们就应该进行广泛的综合性研究。

贵州的传统文化是迷人的，迷人才能吸引人。贵州的山迷人，水迷人，风情迷人，贵州的文化发掘工作也迷人。贵州正在创建的节日文化博物馆办好了，会使贵州的节日文化更加迷人、吸引人，它将吸引海内的游人光顾，不管是游山逛水的，还是探幽访古的；不管是消遣时光的，还是考察调查的；不管是招揽生意的，还是筹谋实业的，多了一个节日文化博物馆，就打开了一个对外宣传的窗口。不管来的人对节日文化抱多大兴趣，反正旅游者光顾，要吃，要住，要坐车，要花钱，要做许多有利于贵州也有利于他们自己的事情，到那时，节日文化的潜在价值就会被人们真正认识。为此，我们要努力工作，把节日文化博物馆办好，让贵州节日文化之胜，"萃于斯崖"——飞云崖。

第二节　接待高校师生实习

贵州省文化文物主管部门，结合贵州文物工作实际，多次接待高校师生前来实习，共同开展民族文化遗产保护研究工作。前后接待了中央民族学院、中国人民大学、上海同济大学、天津南开大学的本科生、研究生。省文化厅文物处，接待高校师生实习，开展文物工作，尤其是开展民族文物工作，报纸多有报道：

1986 年 8 月 17 日，《贵州日报》以《中央民院学生来我省民族村寨实习》为题，刊登吴正光撰写的报道："应省文物管理委员会办公室和省文化出版厅文物处的邀请，中央民族学院民族学系高年级学生，暑假期间来我省关岭的布依族村寨滑石哨、雷山的苗族村寨郎德寨、从江的侗族村寨高增寨实习，结合教学，为我省调查民族村寨，征集民族文物。"

1986 年 8 月 22 日，《文物报》以《民族学院师生赴黔调查文物》为题，刊登吴正光撰写的报道："中央民族学院民族学系首届毕业班学员应贵州省文物管理部门的邀请，已于七月中旬分组到贵州苗族、布依族、侗族聚居地，配合贵州筹建露天民族博物馆，开展广泛深入做的民俗调查、文物征集和制定保护方案等活动。"

1987年7月24日，《文物报》以《人大文博班贵州实习结束》为题，刊登吴正光撰写的报道："中国人民大学历史系文博班七十二名师生赴贵州实习于六月中旬圆满结束。在为期一个月的考察中，学员们考察了城镇和乡村的一百七十多个文物点，收集整理调查记录和撰写调查报告、毕业论文等九十多篇，四十余万字。拍摄文物照片一千五百多张，绘制图表三百多幅。这个文博班是国家文物局委托中国人民大学历史系开办的。"

1987年8月12日，《光明日报》以《人大文博班赴黔实习 既采集文物又撰写了论文》为题，刊登吴正光撰写的报道："最近，贵州省平坝县下坝乡桃花村棺材洞出土的7件彩色蜡染百褶裙引起专家们的重视，认为其堪称稀世珍品。这些百褶裙是中国人民大学历史系文博班师生近期赴黔实习时采集的，同时采集到的文物还有260余件。该文博班分成考古发掘、历史名城、酒文化及龙舟文化4个队，访问了包括寨老、理老、银匠、木匠、歌师、戏师、巫师等'活文物'在内的各界人士500多人，考察了170多个文物点，又在当地支持下写出了一批有相当水平的论文。这一两全其美之举受到教育界和文物界人士的称赞。"

1987年8月21日，《文物报》以《同济师生赴黔测绘民族建筑》为题，刊登吴正光撰写的报道："上海同济大学师生一行三十余人，应贵州省文管会和文化出版厅的邀请，最近赴黔测绘民族建筑。目前，师生们在苗族聚居的雷山县郎德寨工作，然后将分赴毕节、关岭等地，对彝族、布依族的典型建筑物进行测绘。为做好黄果树附近的布依族村寨滑石哨的保护、开发工作，他们还将为该寨制定保护、发展规划，并为在村寨内修建一座具有民族特色的民族文物陈列室提出设计方案。"

接待大学生实习，以接待中央民族大学次数为最多，总共接待三届本科生、两届研究生。

早在1986年6月19日，吴正光即前往中央民族学院二号楼，与民族学

系金天明老师商谈学生实习问题。金天明教授时为中央民族学院民族学系副主任、中央民族学院民族研究所副所长、中国民族学会理事、中国世界民族研究会常务理事和副秘书长。

图四　1985年6月5日侗族姑娘给金天明喝拦路酒

他曾留学苏联，其研究方向是世界民族志、前苏联民族学和民族学理论，历任《中国大百科全书·民族卷》分科副主编，《民族词典》副主编、分科主编，《辞海》编委、分科主编，《外国风俗词典》主审，《民族学通论》副主编等要职。1985年6月贵州在北京民族文化宫举办《贵州侗族建筑及风情展览》期间，金天明教授于6月5日前来参观（图四），曾与负责展览的吴正光提及实习事。此次见到金老师，他具体说："有25名学生，计划明年到贵州实习，时间一个半月左右。希望贵州结合实际工作，协助安排。"

当时，贵州正在酝酿制定《贵州省"七五"期间文博事业发展规划》、《贵州省文化厅文物处一九八七年工作计划》。《"七五"规划》第四条《大张旗鼓地开展民族文物抢救工作》写道："我省是个多民族的省份，民族文物资源十分丰富。为发展我省文物工作的优势，亟须在社会急剧变化的时刻，大张旗鼓地在全省范围内开展民族文物抢救活动。'七五'期间内，努力把反映我省少数民族社会制度、社会生产、社会生活、风俗习惯的代表性实物比较完整、系统地抢救到手。采取普遍征集与重点抢救相结合、调查征集与陈列展出相结合、专业队伍与业余队伍相结合等方式，有重点地征集几个主要少数民族的生产工具、生活用具和独具特色的蜡染、刺绣、编织、雕塑、乐器、玩具等代表性实物三万件左右。"第七条《加强组织建设》写道："我省突出的问题是博物馆数量太少，品种也很单调。'七五'期间，在努力办好几个老馆的同时，与有关部门配合，大力发展各种类型的专题博物馆，如具有民族特点的建筑博物馆、节日博物馆、蜡染博物馆、刺绣博物馆、乐器博物馆、鼓楼花桥博物馆、民族村寨博物馆、水西彝文化博物馆（奢香墓博物馆）和具有地方特点的酒博物馆、纸博物馆、瀑布博物馆、溶洞博物馆、梵净山博物馆、古桥驿道博物馆、黔北石刻博物馆（杨粲墓博物馆）等等。争取在'七五'期间初步形成本省的博物馆系列和博物馆工作网。发展各种类型的专题博物馆，应充分利用现有文物建筑，同时，也要有计划地在旅游线上修建几个新馆。"第八条《加强人才培养》写道："为适应我省文博事业发展的需要，必须大力培养专业人才。除继续输送出省学习外，还应建立自己的培训基地。'七五'期间，对五十岁以下的基层文博工作人员普遍训练一至二次，每次半年至一年左右，也可结合各项工作任务，进行专题培训，通过脱产培训和工作实践，要求三分之二左右的基层文博工作人员达到中专或中专以上专业水平。"

《贵州省文化厅文物处一九八七年工作计划》，也是以民族文物为重点，统筹兼顾历史文物、革命文物工作。全文如下：

在新的一年里，以《中共中央关于加强社会主义精神文明建设指导方针的决议》和《中共贵州省委关于"七五"期间加强社会主义精神文明建设的意见》为指针，加强横向联系，争取做好以下工作：

（一）充实、完善在镇远青龙洞举办的《贵州古代建筑文化展览》和在黄平飞云崖举办的《民族节日文物展览》，使其成为初具规模的两个专题陈列馆。

（二）与经委、轻工、商业等部门配合，出省举办《贵州酒文化展览》和《贵州蜡染文化展览》，为宣传贵州、振兴贵州做出努力，并为筹建高水平的酒文化博物馆和蜡染博物馆奠定基础。

（三）继续开展抢救民族文物活动，筹办民族民间乐器、民族民间戏剧和剪纸、刺绣部分的《抢救民族文物汇报展览》。

（四）继续做好黄果树附近的布依族村寨滑石哨的保护工作，增建民族文物陈列室，争取年内试行开放。

（五）在黄果树附近的晒甲山筹建露天崖画博物馆，以丰富黄果树瀑布的参观内容。

（六）在黄平飞云崖，建成一个能容纳五六十人学习的文博培训基地，争取下半年开班。

（七）编辑出版《贵州省志·文物志》和《贵州省各级重点文物保护单位简介》、《贵州省文物分布图集》、《历史文化名城——镇远》以及与蜡染、刺绣、民族节日、民族村寨等有关的一套文物资料。

（八）与电视台合办一次文博知识竞赛，借以宣传贵州文物和普及保护文物的法律知识，提高广大干部群众保护文物的积极性。

（九）根据《贵州省文物保护管理办法》的规定和国务院的有关文件精神，报请省政府核定公布第一批省级历史文化名城和省级民族保护村寨。

（十）继续对已列为省级重点文物保护单位的文物古迹和革命遗址进行测绘和录像，进一步完善"四有"资料。

（十一）继续维修、抢救一批文物古迹和革命遗址，特别是旅游线上的文物古迹和革命遗址，并充分利用有条件开放的文物建筑筹办各种类型的陈列馆（室）。

（十二）开展藏品登记工作，为建立全省文物档案中心作前期准备。

（十三）与有关部门配合，协助镇远制定历史文化名城的保护规划和管理条例，争取在文物保护工作上有新的突破。

（十四）以适当方式协助红枫湖管理处修建文物陈列室和民居度假村。

根据《贵州省"七五"期间文博事业发展规划》、《文物处一九八七年工作计划》，贵州省文化厅文物处在邀请中央民族学院民族学系老师为贵州民族节日文化学习班讲课的基础上，安排中央民族学院民族学系25名84年本科生，与受到培训的贵州基层文物工作者混合编组，共同调查民族节日、征集民族文物，以充实、提高"飞云崖民族节日博物馆"为主要任务。

第三节　共同调查征集文物

1987 年 7 月 6 日，中央民族学院民族学系实习师生一行 28 人来到镇远。当晚，贵州省文化厅文物处在青龙洞古建筑群内的"吕祖殿"为远道而来的各族师生接风洗尘。镇远县文化局领导对此非常重视，到处找县领导汇报，希望能来看望客人。因为县长及分管文化工作的副县长都不在家，临时"抓"到一个分管农业的副县长，而且当时他正在陪同客人喝酒。来到"吕祖殿"后，他满脸通红，高举酒杯，向师生敬酒，高声说道："祝贺大家明天一路顺风！"他莫名其妙地把"接风"当成了"饯行"，自然引起一阵欢笑。

中央民族学院民族学系的学生，有的不吃大肉，单独摆了一桌在小房间内，与大队人马保持一定距离。每当有人祝酒，大厅里响起掌声时，与吃清真饮食的同学同桌的祁庆富老师让大伙别鼓掌，当大厅掌声停歇后，则指挥大伙使劲鼓掌，掌声显得格外突出，自然又会引来一阵欢笑，有趣极了。

1987 年 7 月 7 日至 9 日，贵州省文化厅文物处负责同志在镇远青龙洞向中央民族学院民族学系实习师生介绍情况，然后将节日文化学习班的学员与中央民族学院民族学系实习师生混合编组。

1987 年 7 月 10 日，贵州省文化厅文物处组织中央民族学院民族学系实习师生游览潕阳河（图五），经施秉菜花湾，到达黄平，途中参观飞云崖。晚上，黄平县委、县政府、县人大、县政协四大班子设宴招待中央民族学院民族学系实习师生。

1987 年 7 月 11 日，中央民族学院民族学系实习师生在黄平做下去实习的最后准备。他们来自 15 个省区，分属 16 个民族，分别是：们发延（云南人，阿昌族）、王永红（湖南人，女，土家族）、岳红琼（四川人，女，苗族）、戴桂凤（吉林人，女，回族）、任国英（黑龙江人，女，锡伯族）、赵点淑（黑龙江人，女，朝鲜族）、王咏梅（云南人，女，哈尼族）、林小珍（海南人，女，黎族）、陶颖（云南人，女，傣族）、胡燕子（湖北人，女，土家族）、徐畅江（云南人，满族）、吴翠蓉（贵州人，女，苗族）、白金钟

（辽宁人，满族）、韩荣培（贵州人，水族）、丁毓玲（福建人，女，回族）、张晓东（吉林人，满族）、李华（云南人，拉祜族）、姚立文（内蒙古，女，蒙古族）、周异决（广西人，壮族）、叶永奇（四川人，

图五　1987年7月10日中央民院民族学系84级师生在潕阳河游船上

彝族）、马金宝（宁夏人，回族）、陈文德（甘肃人，东乡族）、达列力汗（新疆人，哈萨克族）、保明东（云南人，回族）。受到专业培训与同学们一起下去实习的当地基层文物工作者是：杨健、张永吉、吴通光、陈亮、王舒、杨国勇、金梅、薛宇、彭斌、李建国、吴天明、林升琼、黄东先、罗明珠、梁卫民、杨波、王羽、罗晓文等。两拨实习人员混合编组后，在中央民族学院民族学系教师徐仁瑶（女，系总支书记）、李凤山、石建中（苗族）、祁惠君（女，蒙古族）带领下，分赴铜仁地区、遵义地区、黔南自治州、黔东南自治州、黔西南自治州、安顺地区、六盘水市、毕节地区及贵阳市花溪区进行民族节日调查和民族文物征集工作。

实习结束后，师生们陆续回到贵阳，接下来几天，为举办汇报展览和召开节日文化研讨会，忙得不亦乐乎，吴正光留有当年工作日记：

1987年8月15日，一早起草《急办事》：1. 给北京打电话，询问陈永龄、王辅仁、马启成、祁庆富等老师何时到达贵阳；2. 给黄果树打电话，落实中央民族学院实习师生吃住问题；3. 落实中央民族学院实习师生下去考察车辆问题；4. 确定并复印、打印日程安排和统计表；5. 同省博物馆联系文物复制及举办展览事；6. 给《贵州民族报》、《贵州日报》民族部发邀请信；7. 向省文管会、省文化厅领导秦天真、张一凡、王恒富、潘廷映等汇报节日文化活动有关情况；8. 中饭后前往机场迎接中央民族学院民族学系教师陈永龄、王辅仁、马启成、祁庆富等，旋即游览花溪公园（图六）；9. 抄写开展民族文物工作报道稿。

图六　1987 年 8 月 15 日徐仁瑶（后排左三）祁庆富（前排左一）等在花溪公园

1987 年 8 月 16 日，离开贵阳，陪同中央民族学院民族学系实习师生游览红枫湖（图七）、黄果树。夜宿黄果树。

1987 年 8 月 17 日，离开黄果树，陪

图七　1987 年 8 月 16 日王辅仁（左三）等在红枫湖游船上

同中央民族学院民族学系实习师生前往织金。夜宿织金。

1987 年 8 月 18 日，陪同中央民族学院民族学系实习师生游览织金洞（图八），晚上回到贵阳。

1987 年 8 月 19 日，筹备举办实习汇报展览、召开节日文化研讨会。

1987 年 8 月 20 日，一早起草《急办事》：1. 检查实习汇报展览布展情况；2. 检查、校对参加《贵州民族民族节日文化研讨会》专家学者简介；3. 准备《贵州省民族节日一览表》、《民族文物专集》、《节日

图八　1987年8月18日陈永龄（右一）王辅仁（右二）
等在织金洞

图九　贵州民族节日文化研讨会

资料目录》、《贵州文物》文物考察专集；4. 落实录音、录像、放幻灯事宜；5. 再联系一次开会事；6. 请人。

1987年8月21日，在贵州省文化厅五楼召开《贵州民族民族节日文化研讨会》（图九），中央民族学院民族学系实习师生及秦天真、龚贤永等省领导同志和有关专家学者、新闻记者参加，相当成功。

1987年8月22日，一早起草《急办事》：1. 选几本《贵州文物》及《选题计划》给祁庆富老师；2. 发资料给民族学院学生及参加节日文化学习班的学员；3. 落实编辑录像事宜；4. 考虑小结，主要谈下一步工作。白天继续召开《贵州民族节日文化研讨会》。

第四节　共同研究节日文化

研讨会上，发言踊跃。中央民族学院教师陈永龄作了题为《节日文化、民族传统与博物馆》的发言、王辅仁作了题为《民族学、民族节日文化及其他》的发言、徐仁瑶作了题为《节日文化的思考》的发言、石建中作了题为《谈贵州省民族节日博物馆的建设》的发言、李凤山作了题为《水族的"借端"和"过卯"所反映的水族历史文化遗迹》的发言、祁惠君作了题为《研究节日文化、发掘旅游资源》的发言；贵州民族学院教师张正东作了题为《对研究贵州民族节日文化的认识和建议》的发言、杨昌国作了题为《试论苗族"芦笙场文化"》的发言；贵州民族研究所余宏模作了题为《节日文化、民族传统和现代化》的发言，贵州省文化厅吴正光作了题为《民族节日文化具有开发价值》的发言；《贵州日报》蒙应富作了题为《重视民族节日文化的开发利用》的发言。

陈永龄教授的发言，针对性强，对办好飞云崖民族节日博物馆，至今还很有指导意义，置于本书开篇，当作序言使用（详见本书《代序》）。

王辅仁教授的发言，也很有针对性，他说：

生活与文化是民族学研究的重点，节日文化当然是民族学研究的领域。提出把节日文化作一个专门化的研究，并且筹备建立节日文化博物馆，这个设想很好，很有创见。今天，我们生活在80年代，言必称改革，言必称讲求工作效率。我认为，改革和创新有密切的关系，改革无非是要走出一条新路，开创一个新局面。但是，改革不能脱离开现实条件。根据贵州省民族多，民族节日也多的特点，提出来搞民族节日文化，搞民族节日文化博物馆，这是一个很好的主意。我们还没有听说过国内外哪个地方搞民族节日文化博物馆的报道，这就是一种突破，没有按老规矩、老章法办事，自然是突破，而且又是根据贵州省民族地区的实际情况提出来的，完全符合客观条件的规定。我认为这种开拓性的工作应该大力宣传，使它起到以点带面的作用。

如何看待节日文化？它不只是些一个民族在某月某日过什么节，有什么活动，像记流水账一样，把它如实地记录下来，就算是研究了节日文化。仔细思考一下，节日文化包括了很丰富的内涵。我想先说说节日文化和文物的关系。这里，又出现了一个如何看待民族文物的问题。如果你把文物仅仅看成是一堆死的东西，无非是如何保护它、保管好它，把文物一件件登记在案，时间、地点记得有条不紊，如何使用它也写得一清二楚。这是常规。如何打破常规，把不会讲话、不会动作的文物变活，让它们动起来，起作用，节日文化就能够产生这个效果。比如说在某一个民族节日要穿什么衣服，佩戴什么首饰，使用什么器具，在什么场合进行，这些服饰、器物以及有关联的一切，都和民族文物有密切的关系，本来是一堆死的文物，通过节日活动，都能活灵活现地展现出来；如果通过录音、摄像等手段把节日活动记录下来，回过头来再来研究这些文物，就会出现一番全新的意境，更何况其中还有一个抢救民族传统文化的内容呢！

关于民族节日文化，归纳起来，他谈了以下几点看法：

第一，民族节日文化的研究很重要，这个课题的内容丰富，联系广泛，主要是通过节日看人的活动，可以引申出许多新问题。节日文化博物馆的建立，不仅可行，而且很有必要，我个人很赞赏这样的创举。

第二，节日文化博物馆的内容必须是有选择的，主导思想必须明确，要把具有优秀传统的民族节日文化加以发扬光大，而不能是兼收并蓄，有什么展什么，即不能是瑕瑜互见，好的坏的不加区分。一定要使参观者明确我们的意图，赞扬什么，不赞扬甚至批评什么，要旗帜鲜明。不宜宣传的民族节日文化部分也要搜集，作为历史资料保存起来。不展不等于不收。

第三，节日文化的内容既然是那么丰富，牵涉的范围又是那么广泛，因此，它绝不是单一学科、单一部门能够解决节日文化所包括的全部问题的，必须加强各学科和各部门之间的协作、配合，集思广益，做切切实实的工作。

第四，节日文化博物馆应该重视各民族节日活动的历史变化，今天我们见到的某民族的某个节日，三十年前并不是如此，不论形式和内容，都会发生一定的变化，而且可以肯定，再过若干年，比如再过二十年，到下个世纪初，又会有另外新的变化。节日文化博物馆应该保存有关节日文化的"历史档案"，把它们发展的脉络保存下来，不然，就不成其为节日文化的博物馆，而只是一个时期节日文化的再现。

第五，充分利用现代化科学手段，记录有关民族节日文化的内容。现在国外的人类学有一个新的分支，名为"影视人类学"（Visual Anthropology），也就是借助于电影、电视的声音和图像来研究人类学。国外的许多博物馆，都是在参观完一些实物展览以后，再到一个小型的放映室去看录像。今年2月份，我在加拿大首都渥太华参观一个规模很大的历史和自然界发展进化的博物馆，在看完介绍北极圈附近爱斯基摩人生产和生活的展览以后，立刻看录像，爱斯基摩人怎样在冰天雪地里捕鱼、猎海豹，怎样生吃海豹肉，保存食品，怎样缝制皮衣（他们用针的手法竟然和藏族完全相同），怎样架狗拉雪橇等活动，都可以在录像里看得一清二楚。录像是周而复始，一遍一遍地在那里放映，不论有几个观众，即或没有人看，也照常演，这些做法，都可以作为我们节日文化博物馆的借鉴和参考。

陈永龄、王辅仁两位教授，都是吴正光在中央民族学院历史系读书时的任课老师。50多年过去了，吴正光至今还珍藏着1962～1963学年陈永龄老师讲授"中国少数民族志专题研究"课程为他记载的"优"等分。陈教授是著名的历史学家、民族学学家，中央民族大学民族学与社会学学院教授、博士生导师。1918年11月生于北京，籍贯江苏淮阴。1937年考入燕京大学，初学新闻学，继转入社会学系就读。1941年毕业，同年考入该校研究院社会学部攻读硕士学位。后因太平洋战争爆发辗转至重庆。经吴文藻先生举荐，远赴新疆开拓民族学研究阵地。1942年起在新疆学院任教，1944年8月遭军阀盛世才的迫害被捕入狱。次年初，出狱回到成都，复入燕京大学社会学系，从林耀华先生门下，兼任助教。1947年获硕士学位，次年任燕京大学社会学系讲师，1951年起任燕京大学民族学系副教授，次年调入中央民族学院研究部，任部务秘书。1956年参与组建中央民族学院历史系，先后任民族志研究室主任、系副主任。1979年升任教授。次年，任民族学院民族研究所副所长，以后又担任中央民族学院民族学系、民族学与社会学学院教授、博士生导师，并获国务院颁发的具有突出贡献的专家政府津贴。曾受聘担任加拿大里贾纳大学客座教授、印第安学院特聘讲员、美国达特茅斯学院特聘讲员、斯坦福大学和华盛顿大学富布莱特访问学者。曾多次参加世界社会学会、哈佛大学伊斯兰教国际论坛、印度统计学会等国际学术会议，对中外民族学、人类学的文化交流和学科振兴做出了积极贡献。担任过《影视人类学》（英文）杂志编委，参加《辞海》编纂工作，任编委兼民族分科主编，并担任五种民族问题丛书之《中国少数民族》副主编、《民族词典》主编、《中国大百科全书·民族卷》编委兼民族史分科主编、《简明不列颠百科全书》中国民族条目编审，参与《当代中国的民族概貌和民族政策》以及《新疆现代政治社会史略》等的编撰工作。主要著作有《民族学浅论文集》、《中国民族学史》（英文版）、《二十世纪前期的中国民族学》（合著）、《论中国民族学在新时期面临的新课题》、《新疆现代政治社会史略》（合著）和《我国是各族人民共同缔造的统一的多民族国家》等。

王辅仁，河北滦南县人。1948 年入北平朝阳学院学习，翌年春转入燕京大学社会学系民族组。1952 年毕业后到中央民族学院研究部任教。1956 年调至历史系。1961 年后任历史系研究生导师。1976 年在该院民族研究所任副教授、教授。1990 年起任博士生导师。先后担任中央民族学院民族研究所所长、名誉所长，民族学系主任、名誉主任，民族文化交流研究所顾问，中国藏学中心干事、北京市社会学会副会长，中国民族史学会副会长，中国民族学学会、中国西南民族研究会、西藏佛教研究会、国家哲学社会科学基金民族研究评审组成员、中国少数民族文学艺术基金会学术委员等职。毕生致力于民族学、藏学的教学和研究，参与创建中央民族大学民族学系，是我国藏学学科的创建者之一。注重民族史与民族学相结合的研究。先后参加过中央访问团和民族识别、少数民族社会历史调查等新中国建立后的大规模调查工作，曾到过内蒙古、西藏、云南、四川、黑龙江等少数民族地区进行实际深入的调查。先后应邀到加拿大里贾纳大学印第安学院、萨斯喀彻温省大学、美国加州大学洛杉矶分校、南加州大学、香港中文大学进行学术交流和讲学，担任加拿大里贾纳大学印第安学院客座教授。一生著述丰厚，主要著作有：《西藏佛教史略》、《藏族史要》、《蒙藏民族关系史略》、《西藏社会的飞跃》等。参与《藏汉大辞典》、《西藏社会历史调查》、《西藏社会概况》、《藏族简史》、《藏族简志》、《中国大百科全书》民族卷、历史卷、宗教卷以及《中国民族史》、《中国近现代民族关系史》、《民族词典》等藏学、民族学著作的编写工作。

民族学系总支书记徐仁瑶，毕业于中央民族学院历史系研究生班，为此次实习的带队老师，她带领的那个组，重点在兴义、贞丰、安龙调查。在节日文化研讨会上，她总结，节日文化有以下特点：

一、民族节日有着悠久的历史传统。芦笙舞、踩堂舞是苗族节日活动中必不可少的，早在汉代就有"声如蚊呐，联袂而舞，顿足踏地"的记载。苗族文化生活中最有代表性的芦笙文化至今已有两千多年的历史，这是苗族人民的骄傲。苗族妇女的节日盛装色彩缤纷，竞相媲美，在充分显示苗族妇女聪明才智的挑花、刺绣和蜡染工艺中，古朴典雅的图案花纹，有着深刻的文化内涵。服饰中的三条彩色镶边反映了苗族祖先曾跨过黄河、长江、清水江向西迁徙，蝴蝶纹图案反映了人类起源于枫树和蝴蝶妈妈的传说，鸟纹反映了对鸟的崇拜，因为鸟从天上衔来了棉花种子，人们才得以种棉、纺纱、织布……在美的追求中，用图案花纹记录了民族的神话、传说、迁徙和崇拜，它不仅具有工艺美术的价值，更为重要的是发掘它的内涵意义。

二、民族节日有着广泛的群众性。在黔西南，"查白歌节"、"毛杉树节"和"跳花坡"都是有数万人参加的盛大节日，滇、桂、黔三省（区）的各族人民都来赶赴盛会，节日活动跨越了省界和民族范围，深受群众的喜爱。据说在极"左"路线时，派民兵在各山口堵都堵不住，群众仍然从四面八方涌向歌场对歌。在兴义县每年六月"查白歌节"时，各家各户除备有花米饭、粑粑、豆腐、米酒待客外，老老小小都有一份汤锅钱。传说查白场上的汤锅能去病免灾，百里以外的老人背着小孙子赶查白，就是为了品尝狗肉汤锅。节日里青年人寻求情侣，成年人探亲访友，娃娃们嬉戏作乐，盛大的节日已经成为群众生活中必不可少的一部分，尊重民族节日，也就是尊重少数民族的生活方式。

三、节日文化的渗透性。各民族的节日文化在互相渗透中发展，节日文化不是一成不变的，不仅物质文化在变化，而且娱乐活动的内容和形式也在发展变化。

马启成（图一〇）是吴正光的低一班校友，时为民族学系副主任，宁夏回族人。他在节日文化研讨会上说：

图一〇　2011 年 9 月 14 日马启成（右二）白振声（左一）
　　　　接待吴正光及其刚入中央民族大学的孙女

节日文化这一课题的提出，不仅对加强学科建设颇有意义，而且对加深各兄弟民族之间的了解，加强民族团结，也会产生深远影响。在贵州这样的多民族地区，加强节日文化的研究，对于宣传贵州，发展贵州的旅游业，也不是没有意义。

节日，属人类生活方式的范畴。它又是民族文化习俗的重要内容之一，反映着民族的共同心理素质和外貌特征。正因为如此，世界上没有哪一个民族没有节日，也没有哪一个人不过节日。众所皆知，世界上有两千多个民族，我国有五十六个民族。各民族的文化可谓千差万别，五彩缤纷。但是不管民族之间的文化差别有多大，也不管是几亿人的大民族或几百人的小民族，都有一个共同点，即都有自己的节日。

社会上有那么一种说法，说民族学搞的是"吃喝拉撒睡"，有一定道理，部分也反映了事实。但它没有点出现象的本质。试想世界上谁人不吃饭、谁人不穿衣，然而各个国家，各个民族，吃的方式和规范却不一样。就拿我这次来贵州承蒙关照，享受清真伙食，与众不同不吃猪肉而食牛羊肉来说，里面含有一种文化内涵。原来，不吃猪肉是伊斯兰教发源地阿拉伯半岛原始民族闪米特人的一种固有习俗。是由阿拉伯半岛的地理经济条件所决定。大家都知道，阿拉伯半岛是一个沙漠半沙漠草原地带。农耕很少。这种自然条件决定了阿拉伯民族自古以畜牧业为主，逐水草而居，放牧牛羊和骆驼。猪，这种畜类是农业地区的产物，一般不适合在沙漠草原地带饲养。半岛缺水，天气十分炎热，明显不适合猪的生长，而给了牛羊马以广阔的天地。正是如此，居住阿拉伯半岛的居民自古以来不食猪肉而吃牛羊肉。阿拉伯人把猪视为"秽物"的观念可能有其他原因，但如恩格斯说："经济条件归根结底是有决定意义的"。根据现在所知，不吃猪肉最早是以宗教的形式记录在公元前5世纪产生的犹太教的经典《旧约》之中。过了一千多年以后到公元7世纪初伊斯兰教创立之时，就吸收犹太教的戒律，并沿袭阿拉伯祖先的古老习俗，适应半岛的经济条件，把猪作为一种禁物，作为教规又写进《古兰经》中。《古兰经》是伊斯兰教最根本的经典，是穆斯林道德规范的源泉。所以不食猪肉就成为所有信徒必须遵循的宗教戒律。我国信仰伊斯兰教的民族有回、维吾尔、东乡、哈萨克等10个民族，历史上都是全民族信仰。天长日久，代代相传，随着时间的推移，不食猪肉的宗教戒律，也就逐渐演变为民族的习俗。这个道理不难理解，也不神秘。此例可以看出，民族学探讨的不仅仅是吃与不吃什么，这里面有个文化传承问题。

节日又是一种综合文化，既包括物质文化，也包括精神文化。对节日文化的研究，自然是民族学研究的重要课题。目前，我国正在兴起一个"文化热"，研究探讨文化的著作很多，但迄今为止还没有一本从文化的深度去研究节日的专著。对文化的定义，也没有权威性的让大多数人承认的解释。我个人认为，文化不是天生的，而是人类的社会创造，是人类知识的积聚物，它具有民族性、历史性、时代性和健康性，而节日文化突出地反映出这些特性，这正是此次研讨会的中心议题。

在讨论文化的社会功能的时候，不可否认文化具有双重性，即有积极与消极、先进与落后之分。如历史上，吸鸦片与妇女裹小脚曾在一部分人当中风靡一时，但由于其消极性而被历史发展所淘汰。节日既然属于文化范畴，当然也具有文化的共性。就目前我国各民族节日文化来说，其主流是积极的、健康的，当然也存在着消极和不健康的因素。

这次我院民族学系师生和贵州文化战线上的一些同志相结合，进行节日调查和文物征集，实际就是搞节日文化工作。我认为此举十分有意义。但我感到在社会上，人们对节日和节日文化的研究是不够的，认识上也有差距甚至有分歧。在来贵阳的前两天，我曾看到一篇发表在上海《世界经济导报》上的短文，题目叫《迷人的文化陷阱》，说的是贵州之事。这篇文章所代表的一部分人的观点，值得注意，尤其值得贵州文化战线上的同志们注意。该文大意是：贵州经济落后而"文化却精彩迷人"；"贵州的经济利箭常常却折服于传统文化的盾牌前"。文章中所指的文化"有节日、蜡染、地戏、侗寨鼓楼、苗族四月八……"作者的用意是清楚的，贵州文化战线上正在发掘和保护的民族传统文化，正是导致贵州经济落后的陷阱。我认为这种观点值得商榷。

什么叫"陷阱"？按照通常的解释，陷阱是指捕捉野兽的深坑，用来比喻害人的圈套。按照这种理论逻辑，现在发掘、整理贵州民族传统文化就是在制造陷阱。这种说法违背党的现行文化政策精神。

由于历史上的种种原因，贵州这个多民族地区，长期以来经济比较落后，不能说不是事实，比如地处边远交通不便，商品经济、工业不发达等等。但贵州落后的根本原因在哪里？只要坚持历史唯物主义的科学态度，进行客观分析，是不难找到的。它是由封建制度的腐朽和帝国主义的侵略造成的，决不能归结到因为有了传统的"迷人文化"上去。道理很清楚。经济是文化赖以产生和发展的基础。把经济落后的帽子不加分析地扣到传统文化上面，实际上把问题本来倒置了。

贵州各民族的传统文化内容丰富，各具情趣，也是事实。既然说传统，当然不是现代化的产物，而是长期历史发展的凝聚物。它产生在落后的经济基础之上。贵州少数民族经济落后是历史的产物，绝不是由于传统文化的繁荣而造成的。今天，贵州经济落后的局面还没有彻底改变，也绝不是出于传统文化所束缚，而恰恰是落后的经济没有改变，传统文化赖以生存的土壤还比较牢固。我们都是从事文化工作的，我们所说传统文化"璀璨斑斓"、"精彩迷人"绝没有人想把这种传统文化，固定在历史发展的路标上，更没有人想用传统文化去阻碍现代文化的传播。其实，今天贵州少数民族地区落后，不仅仅是经济落后，在文化上也有相当落后的一面。贵州要脱贫，不仅要脱经济之贫，而且也十分迫切要脱现代文化落后之贫。经济贫穷，现代文化不可能发达；反过来，现代文化贫穷，经济也不能振兴。党中央号召全国各族人民建设高度物质文明的同时，也要建设高度的精神文明，道理也在于此。

提高现代化文化水平，也并不是先把传统文化当做"绊脚石"统统踢开。它是在原有基础上的提高。可以这样认为，贵州现代文化的振兴起源，是传统文化的新生。进入社会主义伟大变革时代的传统文化，必定要受到现代化首先是经济现代化的强烈冲击。有冲击就有矛盾和斗争，传统文化与现代文化的冲突势不可免。众所周知，传统文化中有许多消极的东西；同样节日文化中也有不少不健康、不利于四化建设的内容。这是事实。问题在于如何对待，如何解决。我们并不需要赞扬我国古代文化中任何封建的毒素和有害的东西（相反，对它们我们必须继续加以批判，肃清其遗毒），也不需要排斥外国有益的文化。但是，我们必须尊重自己的历史，尊重自己的文化，而绝不是文化的罪责主义者，不能把传统的东西统统抛掉。应当看到，我国民族传统文化中蕴藏着宝贵的资源和财富，需要我们去发掘，去开拓，去弘扬那些积极的、进步的、有生命力的东西，并在此基础上建设社会主义新文化。令人不解的是《陷阱》的作者所提及的"文化陷阱"，在我们看来恰恰是贵州各民族的文化精华。就以"蜡染"来说，发掘这种文化遗产，不仅有精神价值，而且也会创造经济价值。在《陷阱》作者的眼里，最痛恨的莫过于节日。他说贵州三百六十五天里，天天都有节日。贵州少数民族节日名目繁多，这是事实。但并不是每个人每天都在过节，就好像世界上每分钟都有婴儿出生一样，我们就不能说每个人每天都在生孩子。世界上每天都有结婚的，难道我们能说每个人每天都在结婚吗？《陷阱》的作者还有一个怪论，好像贵州穷就是过节过穷的，似乎穷就不该过节。世上恐怕没有这个道理。《白毛女》里杨白劳负债喝了毒药，在临死前还想着给喜儿买上二尺红头绳，要包一顿饺子哩，难道我们可以说，杨白劳的死是因过年造成的吗？当然不能。

正如前述，节日是一种综合文化，如果只看到节日里的吃喝玩乐，那就目光太短浅了，没有由表及里地看待事物。实际上，越穷困的地区和民族，节日反而过得越隆重、热烈。这似乎是一个普遍现象。因为落后和穷困，文化生活极其贫乏，节日便成为人们医治文化饥渴症的喷泉。世界上离开文化生活的人是无法生存的。贵州少数民族过节消费肯定相当可观，浪费也肯定存在。但贵州少数民族穷、落后，绝不是因为过节过穷的。汉族不是也有很多节日吗？比如春节，从大年三十到正月十五闹元宵，时间不算短，花费很多，但没有人会说，过春节是汉族经济发展之所以赶不上欧美的原因。再拿欧美国家来说，哪个国家没有许多节日？美国每年11月过感恩节，放假就达四五天，家家花费都相当可观；一个月以后，又接着过圣诞节，从12月24日开始，一直要持续到1月6日。在这将近半个月的时间内，每家每户要花费大量钱财。但没有人会说，这两个连续的节日阻碍了美国经济的发展。同时，也没有听说过欧美哪个国家的经济发展，是通过取消什么节日后而取得的。看到少数民族过节中有浪费的一面是对的，但不能夸大其词，本末倒置。对节日文化要研究，研究的目的不是为了迷人，而是为了民族的振兴。如能因势利导，节日文化的发掘会对贵州经济的发展和社会进步，起到积极作用。姑且不说节日风情可以吸引旅游者而发展"无烟工业"，在当前如把节日当做贵州对内搞活、对外开放的窗口，那才是有识之见。在长期闭塞，不知或少知商品经济为何物的天地里，我认为节日是打开封闭，传播信息的重要渠道之一。商品经济观念，现代文明意识，伴随着节日活动，冲击古老的传统观念，能说没有潜在的经济价值吗？

基于这样的认识，贵州民族节日博物馆的建设，是发掘贵州文化宝藏的一项颇有意义的工程，其价值远远要超出节日文化的天地，对贵州民族、民俗文化的发掘、保护和研究工作会起到推动作用。我相信，这不是陷阱，而是多民族地区的一个窗口。我们期望贵州民族节日博物馆办的成功，早日和大家见面。

贵州民族学院教授、贵州省文物保护顾问张正东言简意赅地在研讨会上就研究民族节日文化的意义谈三点看法：

一、民族节日文化研究是贵州省民族工作中的一项重要内容。建国初期，在党中央的关怀指导下，有关部门曾组织力量对各省、自治区少数民族的情况进行过一次系统调查。今年四月，中共中央、国务院批转了中央统战部、国家民族事务委员会《关于民族工作几个重要问题的报告》，要求各地和各有关部门结合实际情况，在今后二三年内对少数民族的现状和今后的发展，进行一次比较系统深入的调查研究。

民族节日文化的内容十分丰富。它既能反映一个民族的特点，又能表现本族成员的心理素质，还可以提供各民族文化交流的生动事例。民族节日博物馆的建立和民族节日文化的研究，对深入了解省内各民族的历史和现状，全面发展少数民族的政治、经济和文化，不断巩固社会主义的民族关系，都有着重要的作用。

二、民族节日文化研究有助于民族政策的宣传和民族教育的实施。贵州是一个多民族的省份，我们有必要在全省各族干部和群众中经常进行加强民族团结的宣传。这项工作如能做得生动、具体，便会使各民族群众潜移默化地接受教育。通过民族节日博物馆里的丰富展品和各种活动，可以增进观众对省内民族情况的了解，提高他们对民族关系的认识，从而收到较好的宣传效果。

与此同时，省内各级各类民族院校和一些大中小学，也可利用民族节日文化的研究成果和民族节日博物馆的文物，进行教学活动，对师生进行民族理论与民族政策、民族学、民族史等方面的教育；有的教学单位还可以把民族博物馆作为"第二课堂"，以参加民族文物的收集、整理、研究和博物馆的其他有关活动作为师生们的教学实习和社会实践。

三、民族节日文化研究可以促进民族研究的全面发展。贵州少数民族种类多，各民族的社会历史发展不平衡，经济、文化的现状也各不相同。因此，贵州民族研究的项目多、任务重。新中国成立以来我省的民族研究虽取得巨大成绩，但有的著作内容尚待充实（如各民族的《简史》各自治州、县的《概况》），有的任务尚未完成（如族别问题研究）。加强民族节日文化研究，可促进我省民族研究的全面发展；通过学术交，流和旅游服务，我省的民族节日文化研究和民族节日博物馆的活动，还可以产生一定的国内、国际影响。

如何进一步办好飞云崖民族节日博物馆，他提出三项项建议：

一、制订工作规划。在组织专家对筹建省民族节日博物馆进行可行性论证之后，建议省文管会、省文化厅同有关部门进一步磋商，并再召开几次专题论证会，随即制订建立贵州省民族节日博物馆和开展贵州民族节日文化研究的规划，以便按部就班地进行各项工作。

二、开展宣传活动。根据贵州省的现实情况，有必要利用报刊、广播，电视等舆论工具，宣传我省少数民族的历史和现状，宣传开展民族节日文化研究的意义和作用，宣传建立民族节日博物馆的必要性和可行性，以争取省内外各方面的关注和赞助。

三、实行互助协作。建立贵州省民族节日博物馆和开展民族节日文化研究特别需要同各级民委机构．有关科研单位和各地民族院校建立经常的、密切的互助协作关系。这样做的理由无须多加阐述，过去几年的实践已经证明这项合作的必要性。这种协作关系对双方都有好处。应该使之形成制度，以发挥更大的社会效益和经济效益。

贵州省民族研究所所长余宏模（彝族）研究员，在研讨会上说：

贵州的民族节日文化，可以说是盛开在多民族省份的贵州高原上的灿烂的百花园。但是，迄今为止，是否可以认为：遍布贵州高原鲜艳夺目的万紫千红，仍然是植根于古老的自然经济基础土壤内的传统文化。然而，时代在变化，历史在前进。我们今天正处在一个新的历史时期，迅速发展社会生产力，尽快实现社会主义四个现代化，已是全国各族人民的共同意愿和伟大实践。边远民族山乡的封闭状态正在被打破，先进的科学技术文化逐渐在输入，世代延续的自然经济正在解体，商品经济逐渐兴起和不断发展。处在这样一个变革的时代，开放和改革已经成为当今时代的潮流。因此，"节日文化、民族传统和现代化"这个课题，值得我们认真探索、研究。

他很有远见地以日本为例，阐述研究"节日文化、民族传统和现代化"的重要性：

日本从19世纪60年代开始实施现代化政策，才从长期锁国中解放出来，面向世界开放，输入西欧的现代文化。在这个过程中，也出现过盲目崇拜，过高估价西欧文化的倾向，把传统的日本文化作为因袭的东西而置于很低的地位，甚至出现被否定的倾向。日本的民俗学会在研究方向上是跟西欧的文化绝对的对立，认为研究以人民传统生活为源泉的文化，探讨它的价值，是有助于推进现代化的，主张"自省"的立场。

日本的现代化，推进农村人口向城市转移。据统计表明；1960年城市人口占总人口的43.7%；1970年就超过了50%；1985年全国一亿二千万人中80%成为城市的消费者，农业人口由原来的一千三百一十二万下降到六百九十七万，减少了一半。农村人口相对疏而引起城市人口过密。原来以水稻农业作基础的生活方式的人不断地减少，传统社会形式的农业所流传下来的价值已发生变他，漫长历史流传下来的民间风俗，随着社会变化正在逐渐消失。随着现代化的推进，离开农村流入城市的人口增多，他们传统的风俗习惯一般只能靠一年一度的旧历新年和盂兰盆会回到故乡的一段时间去体验了。因此，在日本从事民俗学的研究者，特别强调必须尽快抢救、尽早调查，记录那些已经变化、消亡着的民俗资料。另外，作为即将变化或消失的民俗事象中，无论衣、食、行和生产用具等有形的东西，或是祭礼、艺术、口头文学等无形的东西，都有保护的必要。对历史上有学术价值的民俗文物，应采取各种措施加以保护。

日本民俗的研究，以往是以农村及其民俗的变化为对象。现在已提出要适应情况的变化。迄今为止，包括调查、记录、保存、展示和地方民俗志的研究，按照不同地区，不同问题，比较分析日本国内的民间风俗，从多方面研究日本民俗的独特性为方向，仍然是日本民俗学研究的主流。另有一种研究动向，则是以民俗志研究的资料和成果为基础，找出日本国内民俗地区差异和类型差异，说明不是单一文化的一元论发展的结果，而是从建立多元的复合论的观点进行研究，并已取得民族学乃至文化人类学等学科的研究成果。如由中尾佐助教授提出，佐佐木高明教授加以充实和发展的照叶树林文化论的提出，对日本民俗学的研究就产生很大的影响。日本的民族学界把从印度东北部的阿萨姆邦、东南亚北部山地，我国云贵高原和长江南岸的山地到日本西部的广大地区的不同民族的文化都统统纳入其照叶树林文化的理论框架来进行比较研究，在当前仍较为流行，具有相当的影响。我们并不赞同照叶树林文化论的理论观点。同时，我国社会主义现代化和日本资本主义现代化有着本质的区别，在各自的国情和现代化过程中所遇到的问题和解决途径也不完全相同。但是，日本传统文化在现代化过程中所面临的问题和日本民俗学研究动向的历史借鉴，以下的几个方面是可供我们去思索和探讨的：

第一，在我国当前实行对外开放的新形势下，我们不仅要引进外国先进的科学技术，对外国的优秀的健康的文化也应采取吸收借鉴，为我所用的态度。但是不能采取盲目崇拜外来文化，轻视和否定民族传统文化的立场。

第二，在我国实现社会主义现代化的过程中，随着社会生产力的提高，商品经济的发展，植根于自然经济土壤的民族传统文化，将会逐渐变化，或已在变化之中，也面临一个抢救民族传统文化资料的问题。尽早组织人力对有研究价值的一切有形的、无形的民族传统文化资料，进行调查、收集、记录、整理、采取各种措施加以保护，不仅十分必要，而且十分迫切。

因此，我对省文会和文化厅，组织人力、物力对我省民族传统文化的节日文化、酒文化、蜡染文化、建筑文化等等，进行调查、收集、整理、展示和研究做出的努力和贡献，表示积极的拥护和支持。

第三，在我国当前开放和改革的新潮流下，长期封闭、停滞、落后的民族地区，也要急起直追，跟上时代的步伐。民族文化的优秀传统需要继承和发扬；消极和落后的方面，也要自觉地改革和扬弃。但这是不能依靠脱离群众的行政手段去解决。需要深入地调查、认真地研究、具体地分析、细致地工作。这也是我们互相共勉，应尽的责任。

第五节　回忆当年实习生活*

当年到贵州实习的中央民族学院 84 级学生，有两位是贵州人，其中一位叫吴翠蓉，女，凯里苗族人，出生于天柱。1988 年从中央民族学院民族学系毕业后，曾在贵州省文化厅文物处帮助工作一段时间，考察许多文物古迹（图一一）。之后在黔南州博物馆工作 8 年，多次前往民族村寨征集文物。1999 年从中央民族大学民族学研究院文博研究生班结业，2000 年调入福建省泉州市华侨历史博物馆（现任馆长，研究馆员）。至今，她在文博战线工作了 27 年。她认为，贵州省实习，调查节日文化并征集节日文物，为日后从事博物馆工作打下了良好基础，对其事业产生了极大的影响。她深情回忆道：

图一一　1989 年 1 月 19 日吴翠蓉（左一）等考查全国重点文物保护单位天台山伍龙寺

1987 年暑假，传来一个喜人的消息：我们 84 级全班同学要到贵州实习，我能回家了。7 月初，全班 24 名同学与带队的老师从北京乘火车，经过 40 多个小时行程的旅途颠簸，来到历史名城镇远。大家被安

---

* 本节由吴翠蓉撰写。

排到著名的风景名胜——青龙洞下榻。来到一个新的地方，一切都被这里的风物所感动，忘记了疲惫和旅途的劳累，无比激动兴奋。

第二天上午参观青龙洞，下午听省文化厅文物处负责人介绍民族节日文化，安排贵州省节日文化学习班的学员与我们混合编组。傍晚，天气炎热，我与几位女同学跑到青龙洞下的潕阳河游泳解暑，难得的轻松，伴着潕阳河的水声，夕阳的余晖，一片欢声笑语。

第三天，我们乘船游览风景秀美的潕阳河。这是我第一次乘船，难免心里有些紧张，小心翼翼地踏上船板，生怕掉到河里。来自北方的锡伯族姑娘任国英上船时差点掉入河中，虚惊一场。先是沿着相见河道顺流而行，进入潕阳河，而后逆水而上，两岸风光让人心旷神怡。水边的鸳鸯悠然游动，山峦起伏的倒影映在清澈的河中，远处的山谷寂静神秘，犹如仙境。20 多年后，同学们提起这段经历，唏嘘不已美好的感觉，远去的风景，远去的时光。

离开镇远，经施秉、黄平，抵达黔东南州府凯里市，在那又休整了一天。全班 24 人与当地节日文化学习班的学员混合被分成 9 个小组，分赴 9 个地州市。我与来自云南的蒙古族同学徐畅江被编排到黔东南的 7 人小组，队长是剑河县文管所的杨波。我们一路乘坐公共汽车。我从小就晕车。想到这漫长的一个月实习时间，要走上这么多县，行程几百公里，内心不免有些担心。7 月中旬，天气闷热，天蒙蒙亮，就从凯里乘坐长途公共汽车前往榕江县。车在雷公山崎岖山路盘山而行，曲折的弯路对我来说就像坐过山车一样，晕得一塌糊涂，五脏六腑被乾坤颠倒，随之而来的就是呕吐不止。不知行驶了多长时间，摇摇晃晃，迷迷糊糊来到了榕江县乐里乡。经过这次漫长的炼狱般的颠簸，神奇的是，从此我没晕车，可以说，这是我此次实习的收获之一。

当晚住乐里，第二天就开始考察、访谈、征集文物。乐里地处榕江县西北部，人口 2.1 万，侗、苗等民族占 91.9%，是著名"七十二侗寨"，保留了浓厚的民族文化。"侗年"是最隆重的传统节日，在农历十一月的十九至二十二之间，逢辰、戌日过节，延续三天。主要活动有祭祖、吃团圆饭、请客、踩歌堂、吹芦笙、斗牛等。姑娘们穿上漂亮盛装、佩戴银饰，进行三天的踩歌堂活动，不仅展示美丽，也是男女相亲的好时机。

从乐里出来，前往从江县贯洞区龙图乡，调查宰门寨的侗族节日。该寨有197户，990人，几乎全是侗族，其传统节日主要有春节、秧节、新米节（吃新节）和鼓藏节。我们到达时，正是农历七月中旬，遇上当地的吃新节，被热情好客的侗族老乡们邀请到家过节。据说该地吃新节，是当时梁姓祖先从远方迁徙到此后，由于生活艰苦，只得外出乞讨谋生。时值七月的收获季节，谷子基本黄熟，外出讨饭的人开始返回家乡。于是，寨老们商量将农历七月初十、十一两天定为吃新节，男女老幼齐聚一起吃新米饭。七月初十早上，每人先吃一碗糯米掺入瓜豆的咸稀饭，以示不忘过去的艰苦生活。初十一整天只吃鱼。十一开始吃荤，烹饪丰富的食物和菜肴，包括侗家名菜红肉、牛瘪、羊瘪、腌鱼等。这一天，我第一次品尝到牛瘪，其独特的食材和做法让我终生难忘。这道菜是取自牛胃中的瘪（侗语音，即胃里还未消化的食物），用纱布或丝瓜瓤过滤，挤出汁液，再将其加茶油煮沸，待其冷却后，将汤汁倒入焙熟的牛肉中，然后加放生姜丝、辣椒粉、花椒、木姜子、橘子皮、葱花等。我从当地人得知，由于牛遍尝百草，有许多中药，人吃了牛胃中的液汁，对身体有一定的保健效果，因此牛瘪是侗族请客的上等佳肴。

在调查节日时，同时征集文物，包括侗族女子服饰、芦笙、牛腿琴等生活用品和乐器。文物征集也是田野考察的重要内容。我们乘坐公共汽车，一路经过黎平、锦屏、天柱、三穗等县，将征集的衣物、家什放置在车顶，乘客看到非常奇怪，问是不是演出团队，我们点头大笑不止。在这次实习中，有辛苦，有汗水，有惊喜，也有沮丧，更多的是汗水带来的成绩和收获带来的欢乐。

8月中旬，我们全班同学和老师在贵阳会合，虽然仅仅离开一个月，但好像经过了漫长的岁月，同学相聚时感慨不已。确实调查非常辛苦，特别是北方同学来到南方，水土不服，有的同学病倒了。回族同学因在山区吃不上牛羊肉，只好天天吃土豆。经过这次实习考察，身为贵州人，为自己家乡的贫穷落后而担忧，也为民族文化的保护和传承感到任重而道远。

回到贵阳，贵州省文化厅文物处与中央民族学院民族学系联合举办实习征集文物汇报展，同时召开节日文化研讨会。民族学系的陈永龄、王辅仁、马启成等教授被邀请到贵阳参加会议，几位同学代表在会上宣读了论文。会后，将调查报告及论文集结为《贵州节日文化》一书，由中央民族学院出版社出版。这次学术会议，开启了我的学术生涯，发表了此生第一篇论文，感到无比兴奋。贵州的实习经历，为我从事博物馆工作打下了基础，对我以后的工作产生了深远的影响。

第六节　补充征集节日文物[*]

1987～2009 年 20 余年中，由于经费短缺，一度中止了文物征集工作，基本陈列主要依靠 1986～1987 年间征集的部分民俗文物及一些图片支撑。2009 年 12 月，飞云崖民族节日博物馆被国家财政部、国家文物局列入免费开放博物馆后，重新启动了文物征集工作。

"吃鼓藏"，是苗族同胞最隆重的祭祀性节日之一。活动中使用的"鼓藏幡"和男子穿戴的"百鸟服"（图一二），是飞云崖民族节日博物馆缺少的实物。为了充实博物馆藏品，2010 年 5 月，杨德、杨光景与榕江县文化馆杨远松、梅承刚一同到兴华乡摆贝村潘正平家征集到"百鸟服"一套（3件）、苗族内衣一套（2件）、鼓藏幡 4 幅。

苗族"刻道"即"刻木"，亦称"歌棒"，是婚礼上唱歌时使用的物件，以符号形式刻于圆形竹木之上，故有此称谓。"刻道"是国家级非物质文化遗产代表作名录。2010 年 5 月，陈兴夫、罗朝凤、杨光景等在重安镇马鸡屯村省级非物质文化遗产代表性传承人雷安显处，征集到清代木质、竹质"刻道" 4 件，其他形式"刻道" 2 件，在重安镇黄岭坳杨光珍处征集到清末方形木质"刻道" 1 件。

<small>* 本节由陈兴夫撰写。</small>

僼家自称"哥蒙"（僼语），汉称"僼兜"，苗称"嘎斗"，现有人口5万余人，黄平县境内2.1万人，占全国僼家人口的43.2%。僼家服饰男简女繁，尤以妇女盛装服饰奇特鲜艳而成为僼家服饰的主要代表。传统的僼家服饰是纯手工制作，所用布料、线料等都是妇女们通过自种、自养、自纺、自织、自染和十几道手工工艺流程一针一线制成。随着现代化进程的加快，

图一二　月亮山区的百鸟服

作为制作僼家盛装的僼家蜡染、僼家刺绣纯手工技艺产品正在逐步被机器替代，珍贵的历史信息逐渐缺失。为了弥补馆藏空缺，2010～2013年，分别在重兴乡瓦角村兰启凤处、野洞河乡小杨僼寨杨再昌处征集了僼家少女服饰、男子服饰、妇女盛装及腰带等配饰共3套（42件）。

"东家人"，自称"嘎孟"，是世居贵州的畲族人，分布在都匀市、福泉市、凯里市、麻江县。从历史来源、迁徙、婚丧嫁娶、生命礼仪、民间信仰、建筑、服饰等方面来看，"东家人"与周边民族及居住其他省份的畲族有较明显区别。20世纪80年代征集民族文物时遗漏了对"东家人"服饰的征集。2012年9月，杨光景、朱润满到麻江县，在县文物局聂凯华陪同下，到杏山镇六堡村征集到整

图一三　泥哨艺人吴国清

套（6件）"东家人"服饰。同时还征集馆藏没有的麻江仫佬族服饰一套（4件）、麻江瑶族少女装、男童装、妇女装，各一套（共13件）。

六枝特区梭嘎是"长角苗"的故乡，头饰、服饰极具特色。2010年11月，飞云崖民族节日博物馆到梭嘎生态博物馆交流，在当地苗族居民家中征集到"长角苗"女裙、鞋子、头饰共4件，补充了馆藏的不足。

最近几年，飞云崖民族节日博物馆通过广泛征集，馆藏文物数量逐渐增多，同时收到捐赠文物37件。其中，黄平县文化局原局长陆祥华捐赠吴国清（图一三）制作的泥哨34件，旧州文物管理所李先海捐赠傩戏面具3件。

第七节　修改陈列多年展览

20世纪80年代筹建的飞云崖民族节日博物馆，基本陈列为《贵州民族节日文化展览》，分为节日概况、节日活动、节日服饰、节日饮食四个部分，展线长100米。节日概况陈列于大佛殿南厢房，有贵州民族分居图（模型）、贵州民族节日分布图及图片30余幅。其中有苗族鼓社节、跳花坡，仫佬吃新节，布依族查白歌节、赶盘江桥，飞云崖四月八节，侗族春节，彝族火把节，水族过端，苗族姊妹节等。节日活动图片和节日服饰陈列于正殿，歌、舞、乐、戏、体育，依序陈列。此外，不同民族节日使用的乐器和道具有箫、笙、口弦、葫芦、琴、牛腿琴、泡木筒、莽筒、唢呐、铜鼓、木鼓、皮鼓、弓、龙船、马鞍、鸟笼、舞狮皮以及地戏、彝戏、傩戏面具和相关活动图片。节日服饰按头饰、银饰、盛装、服饰等顺序陈列，展示了贵州各少数民族的节日盛装、便装、童装等物品及相关图片。节日饮食陈列于北厢房，展示不同民族的节日饮食习俗图片、绘画和器物。以酒具中的嵌花牛角杯、壶、羊角杯、雕花木饭盒、藤编饭盒等较有特色。《贵州民族节日文化展览》曾应邀至西安、北京、深圳、广州等地展出，获国内外观众极高评价。随展进行节日歌舞表演的队员，还应邀到美国参加中、苏、日、西德四国艺术节。

长期以来，由于办馆经费短缺、技术力量薄弱等原因1987～2009年博

图一四　改陈后的展厅一角

物馆没有进行过改陈。22 年间，飞云崖民族节日博物馆逐渐由一个再现贵州
丰富多彩民族节日文化的专题馆演变成为飞云崖景区的附属，靠景区微薄收
入勉强支撑。2009 年，飞云崖民族节日博物馆被列入第二批免费开放博物馆
后，参观人数急剧上升，展览模式已不能满足公众需求，完善公共服务设施
和提高展陈水平已成为博物馆的当务之急。

2010 年 5 月，飞云崖民族节日博物馆完成了改陈布展工作（图一四）。
展陈分为"多彩贵州　百节之乡"、"多姿多彩的民族节日"、"节日文化与
习俗"三个部分。

首先列出《贵州少数民族主要节日表》和《黄平民族节日表》，然后按
照"节日名称"、"节日时间"、"节日地点"，展出苗族"六月六"、水族
"六月六"、布依族"六月六"、苗族"跳场"、水族"过端"、苗族"吃鼓
藏"、苗族"跳花坡"、"侗年"、苗族"四月八"、布依族"浪哨"等 10 个
民族节日。

贵州民族节日内容繁多，呈现出多元的性质。同一节日包含多种元素，

很难对某一个节日精确定性。为了使观众对贵州众多的节日有一个清晰的了解，这次改陈，据其主体性质，分为年节类、纪念类、生产类、社交类以及节日与传说等。

年节类主要有苗年、侗族过年"抬官人"、土家族过赶年、水族过年。

纪念类主要有贵阳苗族"四月八"、布依族查白歌节。

祭祀类主要有飞云崖苗族"四月八"、苗族鼓社节、僳家哈冲节、侗族萨玛节、苗族祭桥节、土家族祭风神。

生产类主要有彝族火把节、杀鱼节、吃新节、谷陇九月芦笙会。

社交类主要有苗族姊妹节、水城苗族跳花坡、黔中苗族跳花节、镇远报京侗族三月三。

节日与传说包含黔西南布依族的毛杉树节、施洞龙船节。

节日文化与习俗，从节日中的五彩霓裳、寻偶交友、节日歌舞戏剧、节日娱乐四个方面展示。内容包括各族节日盛装、跳芦笙、讨花带、丢花包、讨糯米饭、对歌、跳芦笙舞、跳铜鼓舞、演傩戏、演地戏、演侗戏、演布依戏、跳花灯、唱大歌、唱山歌、斗牛、赛马、斗鸟，以及各种传统体育活动。

通过对飞云崖民族节日博物馆陈列展览的修改和补充，特别是融入节日文化"活态展示"内容之后，专业性、学术性与观赏性、趣味性有机结合，使观众在被动观看过程中得到互动，体会到贵州民族节日文化的深层内涵。

第七章

宣传飞云崖民族节日博物馆*

第一节　邀请专家考察民族节日

为宣传贵州民族节日，进而宣传飞云崖民族节日博物馆，贵州省文化文物主管部门，多次邀请专家学者深入民族村寨考察民族节日。规模最大的一次考察活动是邀请中宣部宣传局、文化部文物局领导到侗族村寨过大年。从陪同考察的省文化厅文物处处长吴正光留下的日记，可以看出当时的热烈场面：

1985 年 2 月 19 日（除夕）

白天，陪同中宣部宣传局、文化部文物局领导同志等和北京民族文化宫的同志到从江县高增考察鼓楼、花桥、民居，正好有人举行结婚仪

图一　婚礼队伍

* 本章由巴娄编写。

式，众亲友肩挑糍粑、猪肉、米酒前来送礼，气氛热烈（图一）。糍粑很大个儿，染成了红色，分外喜庆，录像效果特别好。在一间房子里的墙壁上，有个鼓楼"则样"，相当于"图纸"，侗族工匠凭它修建鼓楼。晚上，在从江过大年。

1985 年 2 月 20 日（初一）

白天，与中宣部宣传局、文化部文物局领导同志等和民族宫同志，渡过都柳江，前往龙图考察，与侗族村民"踩歌堂"。一早，村民男女老少身着节日盛装，在"萨玛祠"举行祭祀仪式，祭司从"萨玛祠"内的常青树上摘下绿枝，插在姑娘头上。之后，数百名小伙子肩扛猎枪，从鼓楼坪上出发，朝田间走去。到了田间，分散站在田坎上，朝天鸣枪。孩子们放鞭炮。众人欢呼，庆祝胜利。据说是将入侵村寨的敌人打跑了。有的青年枪手，从田里挖出一株水稻桩子，挂在枪口上，意为"斩获"了敌人的首级。孩子们盛放鞭炮的口袋，上面绣有一个"胜"子，称为"胜袋"，是战胜敌人的标志。晚上，回到从江。夜宿从江。

1985 年 2 月 21 日（初二）

白天，与中宣部宣传局、文化部文物局领导同志和北京民族文化宫的同志，到黎平县的地坪、肇兴考察。在肇兴，又一次碰到迎亲、送亲的队伍，参与人员更多，场面更为壮观。五彩缤纷的队伍，走在水塘边上，倒影在水中移动，录像人员王勇同志一边录像一边说："效果好极了！好极了！"。我们一直跟着娶亲的队伍走。有男有女，男的用一棵木棍当扁担，挑着两扇猪肉走在前，一扇就是半边猪。必须要有猪尾巴，没有不行。婚姻是大好事，怎能够有头无"尾"呢？后面跟着肩挑糍粑、喜酒的送礼人，一队总有四五十人。彩色糍粑，大小不一，大的放在底部，小的放在上面，依次按照大小顺序，叠放在精心编织的竹筐、竹篮里。喜酒盛在坛坛罐罐内，外面用篾条或藤条为坛坛罐罐量身编织保护罩，罩子上张贴红纸，喜气洋洋。送礼队伍到了"打发姑娘"或者"娶儿媳妇"的家门口，要放鞭炮、点铁铳，唱拦路歌，喝拦路酒。然后，主人家才从送礼人肩膀上把扁担移到自己的肩膀上。其间，所有礼品不能着地。喜事办完后，主人家把客人送礼时盛装礼品的竹筐、竹篮、酒坛、酒罐，退还给客人。不能只退还空空的筐、空空的篮、空空的罐、空空的坛，里边多少得留一些作"回礼"。

今天天气很冷，村民照例"哆耶"（踩歌堂）、演戏。有一台戏，在一家人的楼上演出，办法是将板壁撤掉，使其成为"戏台"。演员演得投入，观众看得专心，忘了寒冷。北京民族文化宫的高进丽同志，搞摄影的，年轻瘦小，脂肪单薄，穿得很有风度，可惜欠缺温度，冷得受不了，钻入汽车里保暖，还不断瑟瑟发抖，口中念念有词。问她"你怎么了？"她自嘲道："我在演'冻戏'。"

傍晚，前往黎平。快到县城，路已结冰，艰难前行。特别是望城坡那一段，汽车多次打滑，只好人下车，用手推。到黎平，天黑了，好在安全到达，正如路上标语所说："晚到总比不到好。"

1985 年 2 月 22 日（初三）

因为凝冻，黎平至锦屏道路不通，与中宣部宣传局、文化部文物局和北京民族文化宫同志等，经湖南靖县，取道天柱、三穗，前往镇远，晚上很晚了才到达。

1985 年 2 月 23 日（初四）

陪同中宣部宣传局、文化部文物局领导同志和民族宫同志，上午考察镇远城内的文物古迹，下午游览潕阳河。夜宿黄平。

1985 年 2 月 24 日（初五）

上午，陪同中宣部宣传局、文化部文物局领导同志和民族宫同志，考察黄平飞云崖，下午回到贵阳。

1985 年 2 月 25 日（初六）

陪同中宣部宣传局、文化部文物局领导同志等和民族宫同志，考察安顺文庙、王若飞故居、平坝天台山等文物，游览黄果树瀑布。当天回到贵阳。

1985 年 2 月 26 日（初七）

上午，陪同中宣部宣传局、文化部文物局领导同志和民族宫同志参观省博物馆。下午在云岩宾馆座谈。

文化部文物局局长吕济民（图二）说：

这次我们到贵州黔东南的雷山、榕江、从江、黎平、镇远、黄平等地过春节，还到了好几个村寨，行程1500多公里，看到了很

图二　1985年5月31日吕济民（左一）在"侗展"记者会上

多丰富多彩的文化活动，看到了很多灿烂光辉的文物，看到了以前没有看到过的东西，给我们的印象很深刻。我觉得贵州的文物很丰富，特别是民族文物非常丰富。侗寨的鼓楼，我确实很欣赏，很感兴趣。侗寨鼓楼如果光从文字上看，从语言上听，理解和认识只能早片面的。因为平常一提鼓楼，很自然地联想到汉族地区的钟楼和鼓楼。这我们很常见，"鼓楼"两字便能概括。简言之，就是存放鼓和击鼓的地方。然而侗寨鼓楼，不是这两字能概括的。从形式上讲，它是古建筑，而且是比较好的古建筑，是古建筑当中一个新的种类。当然不是指时间上的概念。我们一讲古建筑便是楼、台、亭、阁、宫殿等等。古建筑在于它的造型，即形状的美观。还有一个特点，就是斗栱，从斗拱就可看出建筑本身的历史价值与艺术价值，就可看它是什么时候的，也看它是什么民族和什么地区的。侗寨鼓楼的斗拱很有特点。从鼓楼的作用来看，不是单一的，它是综合性的社会活动场所，其中包括政治活动，文化活动。当地群众对鼓楼的感情，跟一般的东西不一样，在他们心目中有相当于图腾崇拜的意义和作用。肇兴有五座鼓楼，真可谓"鼓楼林立"，我们看后很有兴致，也很开眼界。花桥，我认为它是桥，也不是桥，不能用"桥"这一个字来概括。桥是作为交通用的。花桥不仅是交通用。作为一种建筑艺术，它有它的特点，可以休息，有凳子可坐，是一种社会活

动场所。我们讲"路边文化"，花桥，就是"路边文化"的一种。

贵州的博物馆事业很有前途。目前来说数量不多，但我看希望很大，古服饰，古乐器，古代的生产、生活工具，特别是用水作动力的生产、生活工具。如水碓、水车、水磨等等，到处都有。把这些文物保护好、管理好，适当地调整、集中一下，本身就是一个好的博物馆。我看了十几个国家的博物馆，如荷兰阿姆斯特丹附近的一个博物馆，一个用水力作的风车，还有一个草房，范围很小，就两人管理。凡外宾来都去参观。贵州的民族服装，金银首饰等等，有很多是带有礼器的性质。服饰不光是为了装饰，漂亮，还是富贵的象征。这些东西要好好保存起来。发展博物馆，一定要根据贵州自己的特点，不要千篇一律。

贵州的文物保护管理工作做得比较好。镇远青龙洞，黄平飞云崖，维修工作搞得好。钱用得很得当，没有白花。另外就是普查工作搞得好，做得扎实。从目前来讲，你们心中有数，底细摸清楚了，成绩很大。还有宣传工作，特别是文字资料的整理，各方面的材料都搞得比较好。

我认为贵州文物工作的潜力很大。贵州给我们的印象是自然资源很丰富，气候宜人，水、洞很多，冬天不冷，夏天不热，这些好的条件发挥起来，在致富的道路上会有一个腾飞。因此贵州的文物工作会有更大的发展。贵州文物工作领导力量强，省文管会领导班子力量强，各级党和政府包括地方对这项工作都很支持。基层工作的同志非常认真，扎实。贵州的文物工作一定会有很大的进展。

中宣部宣传局局长王树人（图三）说：

这次我们过了一个美好的、愉快的、丰富多彩的春节。行程1500多公里。"三千里路云和月"。到了苗乡侗寨，跟他们一起过节，看了鼓楼、花桥，确实丰富多彩。有歌有舞，如"抬官人"、"踩歌堂"等等，从没见过，美不胜收。当时作了一首诗：

风雨桥前芦笙扬，鼓楼坪上踩歌堂。

欢声笑语满山寨，春色宜人是侗乡。

当时确实有这种感受。一路上不仅看到了兄弟民族的一些生活，也具体体会到三中全会以后，经济政策、民族政策的落实。没有三中全会，鼓楼、花桥也新修不起来。没有三中全会以来的政

图三　1985年2月19日（除夕）王树人（前排左四）等在侗寨

策，不会有欣欣向荣的局面。

鼓楼、花桥是侗族人民政治、文化及社会活动的中心。据说侗族同胞在过去为了沿途行人的需要，准备了一些水，还挂一些草鞋在鼓楼里、花桥上，甚至还起"拾物招领"的作用，丢了的东西就挂在上面。所以，它不仅是建筑艺术的问题，还是侗族人民纯朴、善良的象征。这些都是我们需要继承和发扬的。还应从民族学、民俗学上看待这种建筑。到北京去办展览，题目定得很好，把侗族的民情风俗也表现出来了。我想，到北京去展出，定能使侗族人民好的民情风俗得到传播。

贵州省文物工作的领导力量很强。文管会把各方面的力量组织起来搞文物工作，确实不一般。这样做的省在全国不多。另外，从事文物工作的同志事业心很强，把文物工作当做事业来搞，指导思想也很明确。所以，工作开展得比较好，普查、保护、利用、宣传都做了大量工作。我看了一些材料，你们的指导思想是正确的，目的既是为了保护文物，也是为了通过做好文物工作为开发贵州、振兴贵州服务，为两个文明建设服务。当然，文物工作是一项综合性的工作，需要有各方面的知识，如建筑、美术、音乐等等，这些除文物工作者本身以外，还需要更好地

组织各方面的力量来做。我们那天在一个侗族同志家里吃饭，得知他在搞县志。我想，还需要广泛地吸收少数民族中的积极分子来从事这个工作。要动员各方面的力量来做文物保护工作。

我对蜡染、百褶裙等比较感兴趣。有些好的技艺，可在今天的社会主义现代化建设中发挥作用。如何将这些好的技艺发掘出来、继承下来，以至运用到我们现在的生产中去，这很重要。相信今后这些工作会做得更好。

保护民族村寨的指导思想也很对，既保持、发扬民族特色，又跟现代文明结合起来，跟建设文明村寨结合起来。文物保护单位的保护也是一样，比如青龙洞、飞云崖的修复，都可使群众在劳动之余有很好的文化活动场所。这些修复后的文物古迹是我们今天文明城市建设的一部分。怎样使文博工作为两个文明建设服务，更好地将贵州的经济、文化发展起来？民族地区经济不发展，跟文化比较落后有关系。将来鼓楼附近能否进行些教育活动？在教歌的过程当中将识字结合起来？这个工作需要我们文化、教育部门共同来做。希望民族地区的经济、文化更快地繁荣、发展起来。

通过这次侗族村寨节日文化考察，大大扩大了贵州民族节日文化的影响，吸引中外观众、游客联袂前来贵州考察民族节日。但是，要到贵州考察民族节日，毕竟受到交通、时间方面的局限。为了让更多的观众、游客领略贵州民族节日风情，贵州省文化文物主管部门决定在省外、国外举办《贵州民族节日文化展览》。

第二节　在国内外巡回举办展览

《贵州民族节日文化展览》，先后在古都西安、首都北京、改革开放前沿阵地广东深圳和美国华盛顿州斯波坎市举办。

为什么首站展览选在西安？与 1987 年中国人民大学历史系文博班在贵州实习有关。那年，贵州省文化厅文物处先后接待了三所大学的高年级学生来贵州实习，从各自的专业出发，结合贵州文物工作，与贵州当地的基层文物工作者，开展民族村寨调查、民族节日调查、民族建筑测绘、民族文物征集，在完成毕业论文写作的过程中，为发展贵州的专题民族民俗博物馆积累文物和资料。

这三所大学分别是上海同济大学、中国人民大学、中央民族学院。上海同济大学来的是城市规划学院，30多人。中国人民大学来的是历史系文博班（图四）。这个班，是受国家文物局的委托举办的，学生六七十人，来自首都北京和全国各地的博物馆，全是业务骨干。其中来自陕西洛川博物馆的段双印、西安半坡遗址博物馆的孙宵和王月华、首都博物馆的钟慧和纪平、中国对外文物展览公司的樊申炎等6位同学分在龙舟文化组（图五），在苗族聚居的黔东南苗族侗族自治州台江县施洞口专门调查苗族独木龙舟

图四　1987年5月25日中国人民大学部分师生在镇远石屏山

图五　1987年6月22日龙舟文化组在施洞口码头

活动一个多月，并观赏了在清水江上举办的独木龙舟竞赛活动。他们6人，写出了一份很有价值的调查报告，并提出"独木龙舟文化圈"的学术观念，为提高节日文化的学术价值做出了贡献。毕业后，1988年初，西安半坡遗址博物馆的业务骨干孙宵、王月华，受博物馆领导的委托，给吴正光写信，邀请到西安举办《贵州民族节日文化展览》。吴正光于1988年2月6日中午从北京飞往西安。次日上午先后到陕西省文物局副局长张廷浩同志处和省博物馆。2月8日，在半坡遗址博物馆参观，下午与半坡遗址博物馆领导商谈举办《贵州民族节日文化展览》事。双方同意：贵州提供展品，半坡提供场地；随展举办表演，半坡为办展及表演人员提供食宿方便；门票收入，五五分成。为了确保展览及表演如期在西安进行，半坡遗址博物馆于春节过后派业务人员前往贵州考察。

1988年3月中旬，曾在台江调查龙舟文化的半坡遗址博物馆宣传部主任王月华来到贵州。之所以选派她来贵州，不仅因为她是宣传部主任，还因为她全懂贵州话。原来，她父亲是军人，文化大革命中在贵州遵义高坪"支左"，十来岁的她，随父亲在贵州生活了许多年，能讲一口流利的贵州话，沟通无语言障碍。更为重要的是，她对贵州怀有深厚感情，很想为曾经养育过她的贵州办点事。到了贵阳，她不仅看了节日歌舞表演，还兴致勃勃前往黄平，专程参观飞云崖民族节日博物馆，商量办展细节，为下一步的合作打下了基础。

经过几个月的准备，吴正光携带着《贵州民族节日文化展览》照片以及《贵州节日文化》、《贵州节日歌舞》册页文稿，于1988年5月7日晚上9点半坐飞机前往西安。次日与王月华同志研究节日文化展览报道问题和表演问题。确定5月20日开幕式。为了确保按时开幕，工作进程有如战斗一般。其紧张程度，从吴正光的日记可见一斑：

> 5月9日上午，与王月华同志先后到陕西省文物局、物价局联系门票票价问题及在大宾馆演出问题。下午联系印刷《贵州节日文化》册页问题。
>
> 5月10日上午，到《贵州民族节日文化展览》展厅，之后写《贵

州民族节日文化展览》说明。下午原定与半坡遗址博物馆领导交换意见，因故改时。晚上在展厅，与先前来到西安布置节日文化展览的黄平县文化局刘必强、赖家邦、吴天明等同志研究决定，在展厅门口建一"门楼"。

5月11日，校对《贵州节日文化》册页，然后与半坡遗址博物馆领导交换意见，确定有关问题。下午写《贵州民族节日文化展览》展览说明，并与王月华同志交换意见。

5月12日6点过起床，补写昨天与半坡遗址博物馆领导交换意见纪要——《关于同半坡遗址博物馆联合办展的几个问题》。上午11点，从城里回到半坡。下午在展厅。晚上撰写节日文化有关资料。

5月13日，凌晨5点起床，撰写节日文化有关资料，初稿完成。下午在展厅。后到印刷厂、物价局。晚上抄写节日文化背景资料，并考虑利用民族学资料研究半坡遗物。

5月14日，上午到碑林博物馆参观。下午校对《贵州节日文化》、《贵州节日歌舞》册页。与半坡遗址博物馆副馆长王志俊同志、宣传部主任王月华同志研究办展诸问题。晚上在展厅，11点过在王月华同志住处做宵夜，筹展人员皆大欢喜。

5月15日，上午，成维忠等5同志到，中午在王月华同志住处做饭给他们吃。下午与王月华同志研究《贵州民族节日文化展览》请柬、讲解问题，并讨论用民族学资料研究半坡遗物事。晚上又在王月华同志住处做饭，是傅老八他们做的菜。

5月16日，凌晨4点起床，清理进京举办《贵州民族节日文化展览》照片。上午与王月华同志到空军印刷厂联系印刷请柬事，并与厂方签订印刷《贵州节日歌舞》册页合同。下午再次与半坡遗址博物馆领导研究展览诸事。昨天开始拉肚子，今日尤甚，未吃晚饭。晚上在展厅写照片说明。

5月17日，昨晚一夜未睡好，6点过才起床，洗过衣服，写了几封信，即上班。上午清理展厅和照片。突然，节日文化表演队到，由于后勤跟不上，一片混乱。下午接褚振民、张一凡、胥子英等领导同志，仍然由于后勤未落实，花了一两个小时，跑了四五个饭店才安顿下来。晚上为表演队铺床，并继续清理展厅，最后统计展品：实物 390 件（文体 178 件，服饰 168 件，餐具 44 件），照片 68 幅，绘画 13 幅，共计 471 件。由于今天拉了 5 次肚子，感到很累。

5 月 18 日，由于拉肚子，起床很早，没有精神，得告诉所有同志，千万要注意身体。上午先是向全体同志介绍情况，后到印刷厂。下午到宾馆向褚振民、张一凡、胥子英等领导同志汇报，然后到陕西省文物局。晚上带领半坡遗址博物馆领导同志看望褚振民、张一凡、胥子英等领导同志。回到半坡，看表演队排练。9 点半到 11 点，陕西省文物局常局长，来到半坡遗址博物馆开会。

5 月 19 日，一早起草《今日拟办如下诸事》，共 10 项。上午，先是校对几份节日文化资料，然后到陕西省文物局送请柬，到街上寄照片。下午在展厅给王月华同志介绍节日文物。晚上与半坡遗址博物馆联欢。散会后，研究招待会、开幕式程序。深夜与刘致民、成维忠等同志研究明天表演和将来去宾馆表演问题以及文物商店经营问题。

5 月 20 日，一早起草《待办事》，共 6 项。上午开招待会，主要是陕西新闻单位和旅游部门同志参加，陕西省政府、物价局的同志也参加。《陕西日报》来一位副总编、一位部主任、一位记者，当即索要照片，明确表示明天见报，并表示要出专版。会后，唐城宾馆、陕西新华分社单独又谈了一阵。下午到《陕西日报》送照片。吃饭时，同《贵州日报》罗马和苏丹同志、《贵阳晚报》彭石麟同志、贵州人民广播电台赵建科同志等本省记者交谈宣传报道事。晚上先后同表演队、炊事员座谈。打算给每位表演队员买两件汗衫，一双拖鞋，并买两台黑白电视机，分别给男女队员看电视。汗衫设计跳芦笙图案，并印"贵州节日文化展览"字样。

5 月 21 日上午，《贵州民族节日文化展览》展览举行开幕式（图六），陕西省副省长孙达人、政协副主席胡景通、军区司令员王希彬以及省文物局副局长陈全芳、张廷皓、常守洲等参加。贵州省文管会副主

图六　1988年5月21日贵州民族节日文化展览部分人员在西安半坡博物馆

任褚振民、张一凡以及委员脊子英等同志参加。中午，《陕西日报》深入采访。傍晚，陕西省文物局在"德发长"宴请贵州省文管会领导及表演队代表吃饺子宴。晚上，陕西电台两次播放《贵州节日文化展览》招待会实况，陕西广播电台、西安广播电台播发消息，《西安晚报》见报。深夜到化工厂洗澡，与炊事员交谈办好伙食事。

5月22日，昨日《贵州节日文化展览》开幕式今日《陕西日报》见报。全天在半坡遗址博物馆。大概因为游客时间仓促，观众不多。中午请布展人员吃饭。下午接到庄嘉如同志电话。晚上全体工作人员、贵州新闻记者会餐。

5月23日上午，到陕西省文物局联系去东线、西线参观事。中午郭处长等同志到半坡遗址博物馆办事，顺便安排他们吃饭。傍晚请半坡遗址博物馆中层以上负责同志吃饭。

5月24日，早上校对《贵州节日歌舞》册页。上午到秦俑博物馆参观，并在那里表演节日歌舞（图七）。秦俑博物馆招待午餐。晚上为守卫半坡遗址博物馆的武警三支队表演节日歌舞。陕西省文物局局长王文清来看表演。

5月25日，一早起草《待办事》，共10项。白天陪同办展人员到茂陵（图八）、乾陵参观，并到咸阳西藏民族学院联系联欢事。

5月26日，上午再次校对《贵州节日歌舞》册页，修改刘致民同志撰写的节日歌舞简介。下午与半坡遗址博物馆副馆长王志俊同志交换意见，十分投机。

图七　1988年5月24日苗族青年在秦兵马俑一号坑大厅前表演花鼓舞

图八　1988年5月25日贵州民族节日文化展览表演队在陕西茂陵博物馆

图九　1988 年 5 月罗马（右四）在西安报道《贵州民族节日文化展览》期间的留影

　　5 月 27 日，上午与展览工作人员交换意见，决定重点抓好宣传演出以扩大影响，稳定队伍，增加收入。《贵州日报》罗马（图九）、《贵阳晚报》彭石麟，完成报道任务启程回贵州。

　　5 月 28 日上午，庄嘉如、秦季余、钟光源先后到西安。下午到铁路文化宫、陕西省艺术研究所联系工作。省财政厅井绪江二同志返回贵州。

　　5 月 29 日，今日展览门票降为 4 角，观众剧增，从每天一二百人增至七八百人。晚上撰写《运用民俗学资料研究半坡遗物》。黔西南州文化局黄理中同志到，打算让他负责《节日文化》展览。

　　5 月 30 日上午开党员会、干部会，然后进城办事。下午在食堂宴请陕西省文物局领导及各处室负责同志。陈全芳、常守洲等同志到场。

　　5 月 31 日上午，陕西省美术家协会的方鄂秦等同志来参观展览和表演，邀请到他们的画廊那里去办展览。下午到美术家画廊看场地。晚上，半坡遗址博物馆在食堂宴请我们，饭后在印刷一厂看演出。省广播电台记者赵建科、《贵州日报》记者苏丹回贵州。

6月1日，凌晨2时许，印刷厂送来《贵州节日歌舞》册页200份。6点起床，6点半离开半坡遗址博物馆，7点到机场，10点到北京。

……

6月18日，中国博物馆学会就贵州酒文化、蜡染文化"两展"召开学术讨论会，先后发言的有罗歌、王玉贵、杨华、杜仙洲、史树青、宋兆麟、夏桐郁、于坚、朱希元、郭子升、孙轶青、杨伯达等。下午与中国革命博物馆杨华同志飞往西安，他将为在北京举办展览担任形式设计。

6月19日，上午到火车站、飞机场、人民大厦，找美国专家杜朴。晚上到人民大厦与美国学者杜朴见面，约定明天上午在半坡遗址博物馆看《贵州民族节日文化展览》和表演。

6月20日，上午，杜朴带领20多位美国新闻记者到半坡遗址博物馆看《贵州民族节日文化展览》和表演。

6月21日，上午到美术家画廊。下午接待台湾客人徐政夫，他邀请我们今年去台湾办民族服饰展览。

6月22日，台湾客人徐政夫再来半坡遗址博物馆看《贵州民族节日文化展览》和表演，进一步谈去台湾办民族服饰展览事。中午与深圳博物馆通电话，洽谈去深圳举办《贵州民族节日文化展览》和表演。下午与有关同志小结一个月来的展览和表演工作。

6月23日，上午与几个同志商量，天气太热，拟于7月中旬撤除表演队。下午与杨华同志飞回北京。

在西安举办的展览，一直延续到8月上旬。因为天气太热，表演队于7月中旬撤回贵阳。表演队领队是刘致民，1965年毕业于中央音乐学院。副领队兼演员是唐飞（苗族，雷山县文管所所长）。苗族表演人员是毛家芬、陈亚往、陈候里、陈勇金、陆胜芝、万正文、张文清、杨治学、唐翁久、唐汪报、潘家美、潘梅英、龙七英、吴香凤、龙世碧、祝兴荣、祝兴智、陈化龙、陈光文。布依族表演人员是罗学春、王启之、罗正莲、韦一龙、王国华、岑桃、蒙跃兰、罗光琼、罗光芬、王光艳。侗族表演人员是吴定辉、吴定伟、吴永兰、吴美芝、陆婢爱、陆红梅、陆银梦。彝族表演人员是禄梅、禄敏。僳家表演人员是罗登英、罗学英。

《贵州民族节日文化展览》经过修改，移师北京，从9月15日起在故宫端门东朝房展出一个多月（图一〇）。9月28日，文化部副部长王济夫前来参观展览并与展览、表演人员联欢（图一一）。苗族青年在武英殿前表演《箐鸡舞》（图一二）。9月30日，国家文物局原局长任质斌前来参观并观看表演（图一三），又与办展及表演人员合影留念（图一四）。

当年贵州在北京举办《贵州民族节日文化展览》，辅之于民族节日歌舞表演，办展人员、表演人员二三十人。为了节省开支，自行解决食宿问题，只需接待单位提供相应条件即可。但在故宫端门举办展览和表演，没有食堂可资利用，只好求助于出国文展，在其食堂做饭。出国文展，当年在故宫西

图一〇　1988年9月15日贵州民族节日文化展览人员在故宫端门东朝房展览大厅前合影

图一一　1988 年 9 月 28 日王济夫（中）与部分展演人员合影

图一二　1988 年 9 月 28 日苗族青年在故宫武英殿前表演箐鸡舞

图一三　1988 年 9 月 30 日国家文物局原局长任质斌（前排中）看节日文化表演

图一四　1988 年 9 月 30 日任质斌（第二排左四）与贵州民族节日文化展览人员合影

部的武英殿，进出必须通过西华门。为此，负责举办展览的吴正光，找故宫博物院党委书记马自树。马书记在中共中央宣传部工作时，就与吴正光认识，而且在担任中宣部宣传局综合处处长时，应邀到贵州考察，参观了飞云崖古建筑群和设在古建筑群内的民族节日博物馆，还观看了在博物馆内进行的节日歌舞表演，对贵州民族节日文化表现出浓厚的兴趣。因此，当吴正光说明来意后，马书记说："于公于私都要解决"。他当即打电话叫故宫博物院保卫部门负责人到他办公室，要他为展览及表演人员办理出入西华门的通行证。马书记一句话，为在端门举办《贵州民族节日文化展览》和进行民族节日歌舞表演的各族人员解决了大问题。他们既吃得好、吃得饱，还省了开支。后来，出国文展的厨师，只做主食不炒菜。大家都吃"贵州菜"，几乎离不开从贵阳带来的油辣椒。国庆前夕，竟然在出国文展食堂"设宴"招待前来参观展览、观看表演的文化部副部长王济夫。国家文物局文物处处长郭旃、博物馆处处长胡骏，故宫博物院、历史博物馆的领导同志，与办展、表演人员举杯同饮，其乐融融。

图一五　1988 年 11 月 1 日贵州民族节日文化展览部分人员在深圳博物馆

1988 年 11 月 1 日上午 10 时，深圳博物馆举行开馆仪式，《贵州民族节日文化展览》同时展出，并表演节日歌舞，为开馆仪式增光添彩（图一五）。在北京和深圳展览的内容设计是吴正光，形式设计是中国革命博物馆的杨华。前后参加举办《贵州民族节日文化展览》的人员主要有：刘必强、黄理中、吴天明、赖家邦、庄嘉如、赵明勇、张德仁等。在深圳表演时，人员做了调整，增加布依族姑娘何仕霞。后勤人员主要有成维忠、周德海、柴天丽、杨戈、马启发等。省文物商店随展销售民族民间工艺品，受到观众欢迎。

正在深圳展出时，广州市博物馆负责同志前来邀请到广州办展。广州展出之后，又到顺德展出，可谓应接不暇。在国内巡回展览正酣之际，出国办展工作在紧锣密鼓进行中，目标是美国华盛顿州斯波坎市（办展盛况，详见附录）。

第三节　在报纸杂志上广为宣传

为了扩大飞云崖民族节日博物馆的知名度，不仅在省内的《贵州日报》、《贵阳晚报》、《苗岭》杂志、《贵州青年》、《贵州文化》、《贵州文物》以及省外的《民族》杂志、《风景名胜》、《文物工作》、《中国文物报》、《中国文化报》、《中国旅游报》、《中国财贸报》、《人民日报海外版》、《中外文化交流》等报纸杂志上刊登文章，还在《光明日报》开设专栏，宣传报道贵州民族节日保护工作，按照先后顺序，择要选录如下：

贵州自筹四百余万元对全省文物古迹和革命遗址进行保护性维修

庄嘉如　吴正光

本报讯　贵州省采取国家拨款、集体赞助、个人募捐的办法，共筹集文物维修费四百多万元，对全省九十多处文物古迹和革命遗址进行保护性维修。目前，全省各地利用这笔经费将贵阳甲秀楼、黔灵山弘福寺、龙里冠山、安龙招堤、黎平地坪风雨桥、从江信地鼓楼、安顺王若飞故居、遵义红军总政治部旧址等三十多处文物古迹和革命遗址业已修复。贵阳文昌阁、黄平飞云崖、沿河"黔东特区"革命委员会旧址等三十多处文物古迹和革命遗址正在抢修中。还有三十多处即将动工维修。（1983年11月6日《光明日报》）

贵州可建立各种具有地方和民族特色的博物馆
戴宣长

编辑部：

　　中年文博工作者吴正光、庄嘉如最近在贵州省文化出版厅召开的论证会上提出，在贵州建立各种具有地方特色和民族风格的博物馆，具有较好的基础和广阔的前景，他们的建议受到专家们的称赞。中国历史博物馆的一位民族文物专家赞扬说："此举是民族学研究和民族博物馆事业发展的新趋势、新尝试，一定会引起国内外学者和旅游家的极大兴趣。"

　　他们向记者详细地阐明了自己的看法，他们的建议主要包括以下几个方面的内容。

　　一、利用文物保护单位开办博物馆。如石雕精湛的全国重点文物保护单位杨粲墓，可办一个反映黔北石刻艺术的博物馆，使之成为收藏、展出和研究黔北石刻艺术的中心。青龙洞是贵州最大的古建筑群，在此办一个建筑博物馆，陈列全省各地具有地方特色和民族风格的古建筑模型、沙盘、图纸、照片等。

　　二、建立一批具有民族特色的专题博物馆。贵州各族人民一年中有各种民族节日集会一千多次（处），人民在节日穿的服饰、吃的饮食、玩的乐器、唱的歌曲、跳的舞蹈等，被称为社会发展的"活化石"。在风景优美的黄平飞云崖建个民族博物馆，将民族节日的文物、资料和录像陈列展出，每逢节日，各族人民欢聚在此，载歌载舞，别有情趣。在"刺绣之乡"台江县文昌宫办个刺绣博物馆，在"蜡染之乡"安顺建个蜡染博物馆，将全省少数民族传统工艺的精华——蜡染和刺绣在博物馆展出，对保护民族文化遗产、发展民族经济定有好处。

　　三、建立一批具有地方特色的专题博物馆。贵州酿酒闻名于世。举办一次酒的文物展览，在此基础上办个酒博物馆，将全省有关酒的文物，包括出土文物、传世文物、过去和现在的各种酿酒工具、盛酒器皿以及反映各地区、各民族有关饮酒的风俗和礼仪的文物陈列出来，必将受到国内外观众欢迎。（1986 年 6 月 17 日《光明日报》）

首都文博专家学者在我省实地考察后建议

保护民族文物办好专题博物馆

本报讯　首都文博专家、学者经过实地考察，建议我省扬长避短，发挥民族文物资源十分丰富的优势，做好古建筑等文物古迹、革命遗址的维修、保护、利用和民族文物的抢救工作，办好各种类型的专题博物馆，使贵州文博事业有一个大的发展，为振兴贵州经济服务。

应聘担任贵州文物保护顾问的十四名专家学者来我省考察了镇远、黄平、施秉、福泉、平坝、安顺、普定、大方、织金、金沙、遵义等二十二县（市）国家、省、县三级重点文物保护单位三十四处、五个风景区，参观了《贵州古代建筑文化展览》、《黄平民族节日文物展览》、《水西彝族文物图片展览》、《遵义酒文化展览》、《贵州省抢救民族文物汇报展览（蜡染部分）》，历时十五天。十一月二十五日回到贵阳后，又作了《发挥贵州的文博优势，发扬中华民族文化传统》、《贵州古建筑与少数民族文化的保护》等文物考察报告。对我省古建筑的维修、保护以及我省文博事业的发展，规划进行了论证并提出了宝贵的意见。（本报记者汤先忠　1986 年 12 月 3 日《贵州日报》报道）

我省在旅游线上举办专题文物展览

本报讯　在十一月十一日至二十五日这段时间里，《贵州古代建筑文化展览》、《黄平民族节日文物展览》、《遵义酒文化展览》和《贵州省抢救民族文物汇报展览（蜡染部分）》，相继在黔东南的镇远青龙洞、黄平飞云崖，黔北的遵义和省会贵阳开展，这是我省为配合旅游筹办的具有地方特色和民族风格的小型展览。

我省是个多民族的省份，民族文物资源十分丰富多彩，配合旅游，发展一批民族民俗博物馆，具有得天独厚的条件。近年来，省文物主管部门在努力做好旅游线上文物古迹抢救维修的同时，在全省范围内大张旗鼓地开展抢救民族文物活动，为举办多种类型的展览作了充分的准备。

　　应邀担任我省文物保护顾问的文博专家单士元、张开济、杜仙洲、祁英涛、于坚、罗歌、苏东海、施力行、索文清、祝大震等观看了上述展览，并为进一步办好展览，使其转化为专题博物馆交换了意见。（吴正光　1986年12月13日《贵阳晚报》报道）

贵州省初步形成民族文物工作网

　　本报讯　记者戴宣长报道："贵州民族文物具有独特的风格，全省民族文物工作成就居全国前列。"这是9月上旬出席贵州省文物考古工作会议的国家文物局顾问，文物管理专家谢辰生对贵州民族文物工作的一个评价。

　　近几年来，贵州文物主管部门与民族工作部门通力协作，广泛开展民族文物普查，摸清了文物资源"家底"。在黔东南苗族侗族自治州、黔南布依族苗族自治州、黔西南布依族苗族自治州和10个自治县，组织了400多人参加的民族文物普查队伍，调查不可移动的民族文物2500多处，征集流散在民间的民族民俗文物1万多件，拍摄民族文物及民族风情照片1万多张，积累民族文物资料1500多万字。同时，对8个民族的30多个典型村寨进行重点调查，编写了近百万字的调查报告，绘制100多幅民族建筑实测图，为筹建各种类型的民族民俗博物馆（陈列馆）做了必要的准备。

　　在深入进行文物普查的基础上，全省各级人民政府先后公布1200多处各级重点文物保护单位，其中半数以上是民族文物和与少数民族有关的文物。为保护好这些文物，各地文化部门通过多种渠道，采取多种形式筹集民族文物维修经费700多万元，对50多处民族文物古迹进行了抢救维修。文物主管部门还编辑出版了《贵州侗寨鼓楼风雨桥》、

《贵州民族节日概况一览表》、《贵州古建筑》、《贵州省文物分布图》等民族文物图书资料100多万字，同时与北京民族文化宫和贵州电视台合作，录制播放了《侗寨风情录》、《"侗展"在北京》等宣传贵州民族文物的专题录像片，并举办了《贵州侗族建筑及风情展览》、《贵州省抢救民族文物汇报展览》、《贵州民族节日文物汇报展览》、《侗寨鼓楼图片展览》等专题民族民俗文物展览。这些活动对宣传、保护民族民俗文物起到很好的作用。

目前，全省有一支苗、布依、侗、彝、水、回、壮、土家、满等10个民族的干部所组成的民族文物工作队伍，并在民族自治地方建立了15个文物管理委员会，23个文物保护管理所，发展了一批基层业余文物保护员，全省初步形成了民族文物工作网。这些土生土长的民族文物工作者和业余文物保护员，生气勃勃地活跃在侗乡苗寨。（1987年10月30日《光明日报》）

民族地区发展文博事业的一条新路

刘宝明

我国广大民族地区有着许许多多的文物资源，这些文物资源是我国民族文化宝库中十分珍贵的一部分。但是，民族地区的文物保护和博物馆建设事业始终处于落后状态，不少珍贵文物因没有受到切实的保护而遭破坏，这种情况确实应该引起有关部门的高度重视。那么，民族地区走什么样的道路才能加快文物保护和博物馆建设事业的发展步伐呢？我认为，贵州省这些年来所采取的一些办法很值得借鉴。他们的做法主要有以下几点。

一、利用某些文物保护单位创办与之相宜博物馆。例如，在以石雕艺术著称的全国重点文物保护单位之一的杨粲墓，就地建几栋古式建筑，再将杨粲墓周围的摩崖、碑碣、石刻、拓片和照片等都集中在一起，建成一个反映黔北石雕艺术的博物馆，使其成为一个收藏、展出、研究黔北石雕艺术的中

二、利用丰富多彩的民族文物资源，创办具有民族特色的各种专题

博物馆。贵州是一个多民族的省份，民族文物几乎遍及整个贵州高原，在已经公布的129处省级文保护单位中，少数民族文物就有43处，占省级文物保护单位的三分之一强。利用这些文物创办具有民族特色的各种专题博物馆，不仅是可行的，而且是必要的。例如，贵州的少数民族一年之中的各种节日活动就有1000多次（处），与民族节日有关的服饰、玩具、饮食以及音乐舞蹈等，都是有形无形的文物。因此，他们选择了黄平飞云崖，作为创办贵州民族节日博物馆的地点，把与贵州各少数民族的主要节日有关的各种文物都集中于此陈列展出。同时借助录像手段随时向参观者展现各民族节日的实况，参观者还可以在这里购买到各民族的节日礼品，并且可以在这里品尝到各民族节日的饮食风味。另外，贵州的布依、苗等民族的蜡染工艺品在国内外都负有盛名，历史也非常悠久，所以他们正准备办一个蜡染艺术博物馆，使之成为一个收藏、展出和研究这些民族蜡染艺术的中心。

三、利用某些典型的民族村寨创办露天博物馆。例如，以石头建筑为特点的布依族村寨，以吊脚木楼为特点的苗族村寨，以鼓楼、风雨桥、凉亭为特点的侗族村寨等，把这些具有典型民族特色的民族村寨开辟为露天博物馆，这在我国博物馆史上还是个新创。

四、发挥地方优势，创办具有地方特色的专题博物馆。例如，贵州具有"酒乡"的美称，在贵州创办一个酒文化博物馆是非常适合的，也是必要的。在酒文化博物馆收藏的文物包括各民族酿酒的工具、盛酒的器皿、各种样式的酒瓶和酒杯、各种酒的商标以及各民族饮酒的方式和礼仪等，使之成为研究酒文化的中心。另外，贵州还准备建的具有地方特色的专题博物馆有瀑布博物馆、溶洞博物馆、古建筑博物馆、梵净山博物馆等。

这样办博物馆，具有小型多样化的特点。我认为这样办博物馆至少有以下几点好处：一是能节省资金；二则能够使文物保护与博物馆建设有机地结合起来，两者既集中（指同类文物）又分散（指博物馆），改变了以往那种单纯地在大城市建博物馆，再从下面征集文物的既花钱，又不利于文物保护的旧办法；三则由于各种博物馆有计划地分布在全省的一些中小城市（镇），这就增加了这些中小城市（镇）的文化设施。同时扩大了旅游网点，促进了民族地区旅游业的发展。我认为民族地区在资金等条件有限的情况下，不宜建大型综合博物馆，而比较适合于发展小型多样化的博物馆。这样做才能加快民族地区文博事业的发展步伐。而各地区具体怎么搞，要从各地的实际出发，贵州省的做法很值得借鉴。(1988年3月25日《中国文物报》)

我省表演队为首都国庆助兴

本报北京10月2日电（吴正光）　国庆期间，天安门内游人如织，正在端门东朝房举办的《贵州民族节日文化展览》也吸引了潮水般的观众。据统计，昨日参观展览、观看节日歌舞表演及节日录像的中外观众1万多人次。连日来，我省节日文化表演队还在紫禁城、颐和园、西苑饭店等旅游热点演出，并同文化部、国家文物局、故宫博物院、中国历史博物馆、中国对外文物展览公司的领导同志以及武警某部干警联欢，给国际旅游年的首都文化活动增添了光彩。(1988年10月3日《贵州日报》)

风自西南来

本报记者　冷　涛

《贵州民族节日文化展览》在古城西安引起了轰动，三个月时间观众络绎不绝，收到了良好的社会效益和经济效益；记者也曾在北京参观过《贵州蜡染文化展览》和《贵州酒文化展览》，这两个展览带着云贵高原泥土的芬芳，以其绚丽多姿的风物民情，给首都文化圈注入清新的空气；进而，有人将贵州同时推出的这三个各具特色的展览，称之为文博界刮起的一股"西南风"，不无道理。正值前一个展览移师北京故宫端门之际，我采访了这组展览的组织者——贵州省文化厅文物处处长、民俗专家吴正光。

老吴是苗族，原籍湘西凤凰，1963年中央民族学院毕业，在贵州苗岭、布依族山寨少数民族地区跑了二十多年。他常说，贵州经济比较落后，但文化财富十分丰富，贵州虽然没有兵马俑，也少画像石，可也有别人没有的民族、民俗文物。

以己之长、补己之短：抓民俗文物的收集、整理、展览，补考古发掘之欠缺。几年来，他们把抢救民俗文物作为工作重点，观点在于地下文物不去动它便不会损坏，而民间民俗文物不尽快抢救便有损失的危险。文物抢救了，为使其发挥作用，就要办展览，有了展览就需要陈列展出的地方，需要有个馆。因此，他们便把建博物馆提到议事日程，作为突破口，从而大大推动了全省文物工作的全面发展，取得了引人注目的成绩。全省博物馆由十一届三中全会以前的两个，发展到现在的十几个。在这么短的时间，上这么多的博物馆，奥妙何在？老吴会意地笑了笑说，我们采取的办法是——

借鸡孵蛋

建一座博物馆，说起来容易，干起来难。从定方案、写报告、要钱、基建、陈列设计，以至对外开放，一步一步，循序渐进。快者一二年，慢则需要七八年。对此，老吴自有他的一套："逆时针"，打破常规，反其道而行之。先征集文物，办展览，然后借别人的地方，或送到省外博物馆展出。有了一定的影响，自然会引起领导的重视，有关部门也会前来要求合作。这样一来，经费、建馆等问题也就好办得多了。镇远民族建筑陈列室便是在举办《贵州古代建筑文化展览》的基础上建立起来的；黄平飞云崖民族节日博物馆也是在先举办展览之后，正式建立起博物馆的。最近，当他们推出《贵州酒文化展览》后，遵义市委便向他们提出要求，把酒文化博物馆放在遵义，并且先拿出 300 万元，用以改建馆址。

他们正是把展览这个"蛋"借他人博物馆这只"鸡"去孵化，去完善，去提高，"蛋"孵成"小鸡"之后，再给自己的"小鸡"找个"窝"。在回顾走过的路程，总结近一段工作时，老吴感慨地说，"借鸡孵"好处多，省钱、省力、速度快、效果好，也可以说是"多快好省"吧。

我们中华民族本只有一部历史，可通史陈列却是许多博物馆追求的目标，建博物馆就要大而全。老吴不这么干，他提出少搞综合性博物馆，多搞专题馆，小型多样，他们叫它——

小儿科

大而全的博物馆，一需财力，二要人力。这两点贵州都不大具备。于是，他们便汇聚全省的人、财、物，突击办一个展览，先构筑起框架，然后精雕细刻，补充完善。展览办成了，办好了，博物馆的雏形也有了。

1984 年，他们集中了省、地、县三方力量，组织起一套班子，筹办《黄平民族节日文物展览》，从征集文物、拍摄照片到陈列设计，实行"多兵团多兵种联合作战"，很快，一个多彩多姿的展览诞生了。展出后受到各界的好评，接着他们便着手在该展览的主办县黄平筹建博物馆。今年元月，黄平飞云崖民族节日博物馆正式建成开放。

老吴顿了顿，接着说，我们有些馆、室的确很小，有的只有几间房，但由于内容专一、重点突出、特点鲜明，很受欢迎，如镇远青龙洞民族建筑陈列室，去年观众达 10 多万人次。一个专题馆，就是一部教科书，不光学者、研究人员愿意看，就连一般观众也很感兴趣。事情恐怕就是如此，单一、单纯的东西容易理解、接受，庞大、复杂的东西，认识起来则困难一些。

通过办展览可以使人们了解贵州的历史、文化、风土民情。我们常说，文化属于全人类。展望未来，老吴不无自信地说，我们的目标是——

面向全国　走向世界

在我采访老吴时，《贵州蜡染文化展览》和《贵州酒文化展览》正在山东巡展。老吴告诉我，《贵州民族节日文化展览》在北京展出结束之后，将转到深圳，参加 11 月 1 日深圳博物馆落成庆典展览。与此同时，许多博物馆来电、来函，要求引进我们的展览。言语间可以看出，老吴对目前工作情况是满意的。

他端起杯子，呷了一口茶说，这些年，我们通过办展览征集了一大批藏品，建立起一批专题博物馆、陈列室，出版了一批专著，培养了一批专业人员。此外，我们还结交了一批朋友，他们当中有文博界、史学界、民族学界、新闻界。我们取得的每一点成绩都与他们的帮助分不开。同时，我们决不能满足现状，要勇于进取。在当前来说，要不断修改、完善、提高展览内容和水平，要让更多的人看到我们的展览，不仅在国内巡展，还要争取送到国外，要让更多的外国人了解贵州的人民，贵州的文化，这是我们文物工作者的使命和职责。

最后，我想请老吴谈谈经验体会，他谦和地笑了笑说，也没啥子体会，如果说有的话，那就是——

走出去　请进来

贵州不仅经济落后，人才也缺乏。对此，他们提出的口号是："走出去，请进来。"前者已经谈了一些，这后一点也许更为重要。几年来，他们在全国范围内聘请了贵州文物保护顾问，请他们来贵州考察，从宏观到微观，对贵州文物工作的发展进行深入细致的研究和探讨，并提出许多可行性方案；他们把人大文博班师生请到贵州实习，实习中调查了大批文物点，拍摄、拓制了大批照片和拓片，搞起了几个陈列提纲，并编写出几百万字的调查报告，这些工作凭自身的力量，短时间内是无法完成的；此外，他们还请首都十家新闻单位的记者到贵州采访，帮助出谋划策，宣传贵州。

众人拾柴火焰高。工作是大家干的，老吴是个组织者。这话一点也不假。正是靠着内内外外的力量，群策群力，才使得贵州的文物工作有了突飞猛进的发展，老吴领导的文物处也以其出色的组织工作，在1986年被评为全国文物博物馆系统的先进集体。

记者接触了几个去过贵州的同志，说起贵州滔滔不绝，侃侃而谈。他们说，贵州是块磁铁，有吸引力。对老吴，则异口同声：脑子活，敢想敢干。

想是干的前提，干是想的实施。敢想敢干，有时也许要担一点风险。改革开放、四化建设需要更多敢想敢干的实干家，文博战线需要这样的开拓者。(1988年10月21日《中国文物报》)

节日盛会集于斯

——贵州飞云崖民族节日博物馆巡礼

本报记者　戴宣长　韩小蕙

　　都知道贵州少数民族节日多，什么"赶歌节"、"火把节"、"龙船节"等等，据说一年里，各民族的节日集会有一千多次（处）。这些节日，继承着民族悠久的历史传统，反映出各自民族的生活方式、思维方式、伦理道德、观念形态等，因而可以说是一种高度凝炼了的综合文化。保存和研究这些宝贵的民族文化，实在是一件极其有意义的事。

　　为此，贵州省文化厅在贵州黄平县飞云崖筹建了"民族节日博物馆"。飞云崖是贵州最著名的名胜古迹之一。因有崖，状若飞云，故得此名。这是一处依山势而修建的书院式庭院，有几进院落，因其地势不同而建有亭、台、楼、阁。放眼看去，这些建筑皆为汉文化产物，雕梁画栋。但细细看去，又明显带有黔东南地区少数民族文化色彩，比如院落的布局，就不是成对称性的中轴分布，而是以一山一河为依傍的偏体式结构。最精彩之处，是整个景点的最高处，即最本色意义的飞云崖。这里又称飞云洞，是一个半山洞半露天的宽阔"大厅"。坐在石砌的围栏上，抬眼欣赏崖上历代名士镌刻的题字，别有一番意境。这里从明朝正统年间始修，以后清代又多次维修，有明清不少著名人士留下墨迹。如王阳明的《重修月潭寺建公馆记》，林则徐的"天然奇秀，真如金枝玉叶"的赞词，还有人把这里称为"黔南第一胜景"。

　　飞云崖不仅是名胜地，不仅以文物古迹著称，更是当地苗族和少数民族活动的重要场所。因为这里交通方便，四通八达，每年的重要节日里，周围数十里的苗族群众都要来这里欢聚，举行吹芦笙、赛歌、斗雀、赛马等活动。说起来，这里还有一段有趣的传说：很久以前，是潘姓苗族在这里居住，有一年因火焰太高压不住而搬至他乡。外人就占据了这里。多少年后，苗家人又想重新搬回来，外人不肯，官司打到官府。官府便问双方的证据。外人拿不出，苗族却拿了出来——房梁上画着葡萄藤，这是苗家特有的图画。

博物馆的主体部分是飞云崖建筑群落之中最大的一幢建筑。这里，向人们展示苗、布依、侗、彝、水、回、仡佬、壮、瑶等少数民族的节日、节日活动和节日文化特点。（1988 年 10 月 30 日《光明日报》）

贵州美酒令人醉　侗歌苗舞更醉人
——《贵州民族节日文化展览》在京纪实之一
吴正光

今年是北京国际旅游年。九月是北京旅游的黄金季节。在这旅游旺季里，紫禁城内游人如织。故宫的游人，常被来自端门东朝房的鼓声吸引。人们涌向东朝房，被三道关卡拦住了去路。第一道，苗族青年设置的拦路鼓；第二道，侗族青年设置的拦路歌；第三道，各族青年设置的拦路酒。来自侗村苗寨的男女青年用阻拦客人进"寨"的特殊方式，将中外客人迎进《贵州民族节日文化展览》大厅。厅内数十个身着节日盛装的模特儿与数百件节日文化用品及节日器具，组成一个壮观的场面，将贵州高原上的民族节日文化活动，典型地展现在观众面前。厅内陈列的铜鼓可以敲，芦笙可以吹，与其他文化展览大不相同。中外游人看了这个别开生面的展览，一个个被巧夺天工的节日盛装、琳琅满目的节日活动、风味独特的节日饮食所陶醉。有位观众题词："迷人的节日风情，动人的节日歌舞，诱人的节日饮食，醉人的节日文化。"另一位观众则认为："贵州美酒令人醉，侗歌苗舞更醉人。"（1988 年 10 月 30 日《贵阳晚报》）

黔中歌舞动京城　域内域外传美名
——《贵州民族节日文化展览》在京纪实之二
吴正光

9 月 27 日是国际旅游日，首都各大宾馆、饭店举行盛大庆祝活动。《贵州民族节日文化展览》表演队被邀请到西苑饭店参加联欢。同时被邀请的还有著名歌唱家董文华。是夜，西苑饭店大院内，火树银花，热闹非凡。在贵州民族节日文化展览表演队演出之前，先由某中学"钢鼓队"表演。孩子们的精彩表演作了很好的铺垫。晚上八点整，"钢鼓队"演出结束，正在收拾东西，观众欲走之际，铜鼓芦笙响起来了。顿时观众驻足，游人骤增，将身着节日盛装的贵州民族节日文化表演队包围得水泄不通。演出开始了，由松桃县的苗族青年表演花鼓舞，那惊心动魄的鼓声，令人眼花缭乱的舞姿，不时博得阵阵掌声。其后接着表演苗族铜鼓舞、木鼓舞、芦笙舞、板凳舞以及侗族大歌、牛腿琴歌、僮家民歌、苗族飞歌等十几个歌舞节目。当一群姑娘手持酒杯演唱敬酒歌时，一个个迈着山民特有的步伐走向人群，向观众敬酒，从未见过这种场面的中外游人被这突如其来的举动惊呆了，拍手、喝酒、欢呼照相，忙得不亦乐乎。人们挤进演出队，要求留影纪念，唯恐丧失良机。本来只演一场，结果演了三场，比其他几个演出点，晚散场一个多钟头。事后，著名诗人朱子奇在《北京晚报》上写了一篇特写，随文发表了一首诗，内中有句：黔中歌舞动京城，域内域外传美名。(1988 年 10 月 31 日《贵阳晚报》)

紫禁城内度佳节　乡音乡情最撩人
——《贵州民族节日文化展览》在京纪实之三

吴正光

《贵州民族节日文化展览》在京展出期间，适逢中秋节和国庆节。

图一六　1988 年 10 月 2 日周林（右一）韩念龙（右二）参观
贵州民族节日文化展览

对民族文化颇有研究的著名民族学家林耀华、陈永龄及文化名人林默涵等兴致勃勃地来到天安门，节中看"节展"，他们从民族学、文化学，社会学等各个方面高度评价这个展览，一致认为，贵州民

图一七　1988 年 10 月 2 日吴向必（中）在故宫端门与参加举办
贵州民族节日文化展览的苗族同胞合影

图一八　1988 年 10 月 2 日贵州民族节日文化展览部分人员与贵州省
原省委书记周林（第二排左五）等在北京端门

族节日文化颇有开发、研究价值。过中秋节时，全国政协副主席程思远专程前来参观，并与办展人员合影留念，共颂民族团结。文化部副部长王济夫偕国家文物局、历史博物馆、故宫博物院、中国对外文物展览公司的领导同志前来参观展览，并与办展人员联欢，大家在紫禁城内，武英殿前度过了一个愉快的团圆节。

中秋过后，国庆来临。贵州籍老同志周林、韩念龙（图一六）和吴向必（图一七）等相邀来到端门，与家乡子弟共庆佳节（图一八）。他们看到家乡子弟如此热情而有成效地宣传贵州，十分激动。他们仔细地观观赏了每一件展品，并就如何使古老的贵州民族文化打出去发表了许多很好的意见。一些在京工作和学习的贵州同志看了展览也十分兴奋。有位在京学习的贞丰同志在留言簿上写道：能在北京城看到家乡的民族歌舞及文化展览，真是一件值得自豪的事。观看中，我的思绪回到了故乡，希望继续做好贵州民族文化的宣传工作，使全国乃至全世界都能真正认识贵州、了解贵州。(1988 年 11 月 1 日《贵阳晚报》)

贵州开展民族文物工作成绩斐然
本报记者

本报讯　近年来，贵州省各级文物部门，因地制宜、扬长避短，大力开展民族文物工作，取得了显著成绩，受到了各有关方面的称赞。

这个省为摸清全省民族文物的家底，在三个自治州、十个自治县组织了 400 多人参加的文物普查队伍，调查不可移动的民族文物 2500 多处，征集流散在民间的民族民俗文物 10000 多件，拍摄民族文物及民族风情照片 10000 多张，积累民族文物资 150 万字。并对八个民族的 30 多个典型村寨进行重点调查，编写近百万字的调查报告，绘制了 100 多幅民族建筑实测图。在普查的基础上，又公布了 1200 处文物保护单位名单。各地文物部门还通过多种渠道筹集经费 700 多万元，对 50 多处民族文物古迹和革命遗址进行抢救维修，并将能够参观游览的及时向群众开放。

为充分发挥民族文物的宣传教育作用，这个省的文物主管部门编辑出版了《贵州侗寨鼓楼风雨桥》、《侗寨鼓楼研究》、《贵州文物古迹传说选》、《贵州省民族节日概况一览表》、《贵州节日文化》、《贵州酒文化》、《贵州蜡染文化》、《贵州古建筑》、《贵州文物概况一览表》、《贵州文物分布图》等文物图书资料200多万字。同时，与北京民族文化宫和贵州电视台合作，录制并播放了《侗寨风情录》、《"侗展"在北京》、《邀来远客话贵州》等宣传贵州民族文物的专题录像；并在北京、西安、天津、南京、济南、青岛、无锡、深圳等地举办《贵州侗族建筑及风情展览》、《贵州苗族风情展览》、《贵州酒文化展览》、《贵州蜡染文化展览》、《贵州民族节日文化展览》；还积极筹办《贵州民族服饰展览》、《贵州建筑文化展览》、《贵州族族龙舟展览》、《贵州民族乐器及戏剧文物展览》等专题民族民俗文物展览，为建立各种类型民族民俗博物馆（陈列室）做准备。

目前，这个省已初步形成厂民族文物工作网。在民族自治地方，建立了15个文物管理委员会，23个文物管理所，培训了一支包括苗、布依、侗、彝、水、回、仡佬、土家、壮、满族等十多个少数民族干部在内的民族文物工作队伍。(1989年1月13日《中国文物报》)

贵州省正在建设专题博物馆系列博物馆

本报讯（记者宋合意）在两三年的时间内，贵州省的风景名胜区和民族地区，将出一个个完整的博物馆系列。贵州省文化厅文物处处长吴正光说：贵州的历史和现状，使它不可能建设大型的综合性历史博物馆，因此，应把精力放在建设有特点的小型专题博物馆上。

这一据称要在两三年内搞成的博物馆系列，以贵阳为中心，分别沿交通线、旅游热线向东、北，西三个方向辐射。

在从贵阳到历史文化名城镇远的东线少数民族风情旅游线上，每近百里就设计有一座博物馆。仅从贵阳到福泉，100来公里的距离内，就有龙里冠山民族文物陈列室、贵定乡规民约碑陈列室、福泉古城垣博物馆。

从福泉到镇远，100多公里的范围内，将要分布有9个博物馆：黄平重安江古桥驿道博物馆、黄平飞云崖民族节日博物馆、施秉菜花湾历史与民族文物陈列室、镇远青龙洞民族建筑博物馆、镇远和平村文物陈列室、台江施洞口龙舟博物馆、台江文昌宫刺绣博物馆、雷山郎德寨民族村寨博物馆、凯里黔东南州民族博物馆。

吴正光告诉记者，在贵州北部有阳明洞张学良居室陈列室、息烽集中营旧址，遵义则在积极争取建酒文化博物馆。

在西部风景旅游线，红枫湖、黄果树、天台山、安顺龙宫、织金打鸡洞等，文化部门也都投入了力量，或建博物馆，或建陈列室，或树起了雕塑。

吴正光说，这一专题博物馆系列，多是利用原有的古建筑，藏品（陈列品）的来源也相当丰富，因而投资少，贵州特点浓郁，能与日益兴旺的旅游业相辅相成，还能起到宣传贵州的作用。其陈列内容，如民族建筑展、节日文化展、酒文化展，曾走出贵州，在北京、西安、深圳等地都很受欢迎。从已经建成开放的几个博物馆的情况看，效果都不错。

从这些陈列中，既可以发现古代贵州境内各民族——汉族、苗族、侗族、布依族等的政治、经济、军事、文化等各方面的发展轨迹，又可以从建筑、服饰、风俗民情等方面展示现在贵州各民族中间的活文化。

(1989 年 4 月 26 日《中国文化报》)

苗家儿女载誉归

吴正光

8 月中旬，在贵州省举行的首届民族民间艺术节上，有个引人注目的展览——"中国贵州民族文化代表团赴美参加四园艺术节汇报展览"。许多观众交口称赞这个以苗族青年农民为主组成的民族文化代表团，在大洋彼岸展示具有悠久历史的苗族文化所取得的惊人成就。

这个代表团一行 13 人，从 1989 年 6 月 28 日至 7 月 21 日在斯波坎为纪念华盛顿州建州 100 周年而举办的四国艺术节上，活动了 24 天。他们除举办琳琅满目的"中国贵州苗族节日盛装展览"外，还配合展览表演了蜡染、刺绣、挑花、织带等制作民族服装的传统工艺；演出苗族飞歌、酒歌、情歌及花鼓舞、木鼓舞、铜鼓舞、芦笙舞等民族节日歌舞节目20多场，以及开展各种友好活动。汇报展览中有件特殊的展品是艺术节总裁尚·黑根斯写给中国文化部领导的封感谢信。信中说，这些展览和演出使四国艺术节达到了高潮。中华人民共和贵州省应为拥有这样优秀的民族文化代表团而感到骄傲。我非常希望今后能有机会再次同他们合作。

为精美的苗族服装所倾倒

在四国艺术节上举办展览的除中国、苏联、日本、联邦德国外，还有美国，一共5个展厅。中国展厅分为古代中国、今日中国及苗族节日盛装3个展室。在苗装展室中，共展出苗寨风光、苗族节日、节日盛装等彩照70多幅，盛装18套，披肩、背扇、裙子、围腰、花带、荷包、袖片等服装部件90多件。这些精湛的苗族节日盛装及其部件，多角度、多层次地反映出苗族同胞的社会生产、社会生活、风俗习惯及高超的手工技艺，是苗族历史文化的重要组成部分，堪称用针线"写"在纺织物上的历史书。这些展品一到展厅，就把在艺术节上布置展览的各国朋友迷住了。一群美国工作人员，情不自禁地放下手头的活路帮助我们布置展厅，就连艺术节总裁尚·黑根斯的夫人和女儿也自愿加班为我们熨烫和悬挂展品。她们说："我们从来没有见过这样美丽的服装，我们为能参加布置这样精彩的展览、首先看到这样精彩的服装而高兴。"黑根斯的女儿很想穿苗族盛装照个相，但因担心这些展品是"文物"而不便启齿，后来她向一位苗族表演人员借了一套服装，高高兴兴地照了一张相，并风趣地说："我也快成'文物'了"。当地一些苗族朋友看了展览，兴奋不已。他们激动地说："美国观众为精美的苗族服装所倾倒，我们感到很光彩。"

苗族青年是唱着歌长大的

贵州民族文化代表团在四国艺术节上共演出了20多场，场场观众爆满，有的观众只好站着看或者坐在地上看。不少观众提前一个多钟头来到表演厅等候。观众来自美国各地。有位来自芝加哥的老工人，特意买了一张季票来看演出，除开幕式那天的两场演出未赶上外，一连看了13 天 17 场。当他得知我代表团只按计划演出两周时，十分惋惜地说："我是打算看三个月的，可惜你们就要走了，将来我一定要到贵州苗寨去做客。"许多美国朋友也表示了同样的愿望。

美国观众对苗族青年具有如此高超的歌舞技艺感到难以理解。他们不仅热情地向我表示祝贺，还好奇地询问"你们是不是经过专门训练？""你们是怎么组织起来的？"当告知是临时从农村抽来的时，他们惊叹不已。有位女记者为弄清苗族青年能歌善舞的奥秘，兴致勃勃地来我团进行了详细的采访，并在报上写了一篇热情介绍苗族文化的章，题目是：《在中国，苗族青年是唱着歌长大的》。这样的譬喻，是何等准确而形象啊！

"我们的故乡在中国贵州"

中国贵州民族文化代表团的成员或能歌善舞，或能编会织，或对苗族文化有所研究，因此，在国外开展各种民间友好交往具有许多有利条件。许多友好组织及人士多次热情地邀请代表团去座谈、联欢，饶有兴致地向代表团询问苗族的各个方面。我们有问必答，有求必应，并辅之有趣的即兴歌舞表演，使美国朋友得到极大的满足。有个叫银靴钉舞蹈团的民间组织，邀请代表团到妇女俱乐部联欢，互教互学传统民间舞蹈，彼此十分融洽。

邀请代表团去做客的美国朋友中有上层社会人士、也有普通市民，特别值得一提的是，当地有 300 多名自称为"蒙"的苗人，他们的语言及风俗习惯与中国苗族极为相似。他们讲的苗语我们几乎都能听懂。这些苗族人据说是十多年前从印度支那迁来美国的。他们对代表团的到来极为高兴，天天都有人来看展览和表演，并多次邀请代表团到他们的住地去赴宴和联欢，用苗族饭菜和礼节接待代表团。他们当中的青年人身着节日盛装与我们同台表演苗族芦笙舞及苗族民歌。他们多次对代表团说："我们的故乡在中国贵州，我们很想到贵州去看看。"

"亲不亲，故乡人"。他乡遇故知，怎不格外亲！欢迎朋友来苗寨，交杯共欢饮。(1989 年 9 月 6 日《中国文化报》)

用之可以尊中国

——贵州省专题博物馆巡礼

刘德伟

百闻不如一见。在黔东南采访7天，印象最深的是全国闻名的专题博物馆。千里路程走完，十多个各具特色的博物馆依然历历在目，留下无数耐人寻味的问题。

古城屯堡博物馆：培养人们的文物意识

筑城贵阳是贵州省的几何中心。从贵阳出发，贵州的旅游线路分成东、西、北三条。我们沿东线采访，第一站是距贵阳100多公里的福泉县古城屯堡博物馆。福泉有保存完好的古城垣，是全国闻名的古代军事设施。把全省古城屯堡的资料、实物集中于此，可突出福泉特色。中午时分，我们在少见的烈日下来到古城面前。初看大失所望。整座建筑的作用就是把一眼泉水用城墙护住，以保证战时城内的供水。绕城一周，不禁令人产生"这是文物吗"的疑问，看过资料，才知道把护水、排水、御敌等功能集于一身的城堡式军事设施，全国仅此一家。又看过博物馆里毫无动人之处的各类古代军事设施图片之后，"文物意识"开始树立起来。

民族节日博物馆：选址的学问

在通往黄平县飞云崖——民族节日博物馆所在地的路上我们了解到一些惊人的数字：贵州省每年有各种民族节日集会1046次，仅苗族就有651次，从数量上可以估计民族节日分布之广。民族节日博物馆设在何处？来到飞云崖下，知此处位于黄平县城东10公里，湘黔公路从身旁穿过。明代学者王阳明在此处留下了"天下之山聚于云贵，云贵之秀萃于斯崖"的名句。飞云崖自古便是当地各族人民举行节日活动的场所。我们没有赶上节日，飞云崖下的月潭寺内外一片寂静。走进正殿，民族服饰、节日饮食、音乐舞蹈、祖先崇拜、山神祭祀，令人眼花缭乱的内容通过实物、模型、照片、图表栩栩如生地展现在眼前，使人如身临其境，体会到节日是一个民族物质和精神文明的荟萃之地。飞云崖民族节日博物馆只有三个正式工作人员，却已经成为贵州省民族节日文化的收藏、展览和研究中心。原因何在？地使之然、情使之然，势使之然。

龙舟博物馆：民族文化的"活化石"

黔东南秀丽的清水江施洞渡口两岸，一座座盛放独木龙舟的木棚格外迷人。这就是龙舟博物馆的露天组成部分。龙舟竞渡，在苗族历史上曾盛极一时，导引出对歌、斗牛、赛马、斗雀、踩鼓等活动，犹如巨幅风情画卷，展示出苗族人民经济、文化等广阔的社会生活图景。近年，这种规模浩大、耗时费资的传统文化活动萎缩了。龙舟博物馆则把龙船节的内容全面保留起来。在船廊旁，我们详细地听取了龙船节的介绍。最有意思的是苗族龙舟竞渡决定胜负的方法——不以快慢决胜负，而以收取礼物的多少定输赢。这大概是由龙船节实质上是一种祭祀活动，兼有联谊、交友的意义而决定的。龙船节反映出一系列复杂的社会习俗、文化观念，极具研究价值。尽管完全仿古式的龙船节不复举行了，龙舟博物馆却能让人生动地感受到它的存在。

返回贵阳后，我们了解到，在贵州的3条旅游线上，正在建设和拟建设的还有古建筑、古桥驿道、民族戏剧，露天崖画、民俗文物等几十个专题博物馆。它们对文化建设、经济开发、科学研究等方面的作用，

用一句古诗来评价大概不过分——"用之可以尊中国"。(1989年9月24日《中国文化报》)

贵州抢救民族文物

据新华社贵阳3月2日电（记者章传根） "七五"期间，贵州省"抢救民族文物"工作取得突破性进展，全省86个县市区都有重点文物。

在抢救民族文物活动中，这个省采取普遍征集与重点抢救相结合、调查征集与陈列展出相结合、专业队伍与业余队伍相结合的方式，先后组织800多人的文物普查队伍，广泛征集了苗，布依、侗、彝、水、瑶等10多个少数民族的生产工具、生活用具和独具特色的蜡染、刺绣，

挑花、编织，酒具，酒器、玩具、乐器等代表性实物 2 万多件，积累和整理文物资料 4800 多份、共计 3000 多万字，并编辑出版了《贵州省民族文物概况一览表》、《贵州省文物分布图》、《贵州古建筑》10 余种文物书籍近 10 万册。这些文物资料对全省民族文物的分布、历史、现状及其价值进行了全面系统的收集整理，并在此基础上按国家有关规定，分级上报核定，由各级政府公布了一批重点文物保护单位．到目前为止，全省有国家级重点文物保护单位 8 处，省级重点文物保护单位 237 处，地州县市级重点文物保护单位 1200 多处。

各级重点文物保护单位公布后，贵州省本着因地制宜、从实际出发的原则，通过财政拨款、群众集资、社会赞助等多种渠道筹集维修经费 2000 多万元，分别轻重缓急，对 200 多处文物古迹和革命遗址进行保护维修。他们采取边保护维修、边建立与之相宜的民族民俗博物馆，边举办与之有关的专题文物展览。到目前为止，全省已建及在建的 30 个专题博物馆中，有 22 个是民族民俗专题博物馆，以苗族村寨为依托而建立的雷山县上郎德露天民族民俗博物馆，自 1986 年对外试开放以来，已接待中外游客 2 万多人次。

与此同时，贵州省有关部门还利用征集到的民族文物和图片资料等，先后在北京、深圳和美国、法国等国家和地区巡回举办了《贵州民族节日文化展览》、《贵州蜡染文化展览》、《贵州苗族节日盛装展览》等，增进了各民族的文化交流和民族团结。(1991 年 3 月 4 日《人民日报》)

贵州系列博物馆礼赞

本报记者　吕延涛

人们很难看到有关民族文化的立体相。10 月，贵州百人民族文化展示团前来北京参加中国民族文化博览会，向人们展示了一个多彩的天地。在红墙金瓦的劳动人民文化宫，贵州民族民俗系列博物馆展览和真正的民间演员的表演，带给都市人一种浓烈隽永的高原风格。

贵州高原是个独特的地方，生活在这片土地上的多个民族延续、承继着各自的文化，其饮食烹饪、婚嫁丧葬、繁衍生息、着衣装饰等等，都自成妙相。这种山地文化具有其特殊的魅力，几千年来自生自灭，明珠不彰。

因此，贵州在全国开风气之先，以远见卓识筹建系列博物馆，是对民族文化的系列化抢救。像傩戏，被称为"戏剧活化石"，南北方诸省均有，在贵州保存相对完整。贵州铜仁东山傩戏博物馆收集了许许多多的傩戏资料和文物，展出了傩祭、傩仪、傩戏等各种道具，并查明了傩文化的分布。在安顺和蔡官一地，距离黄果树大瀑布不远，有个地戏博物馆，专家认为它保存了傩在后期发展的风貌，同样难得。

蜡染在贵州有千年历史，是高原文化的艳丽鲜花，安顺府文庙蜡染文化博物馆，集中展示了蜡染艺术的全貌，而蜡染作为一种文化浸染，已帮助国内外许多人了解这片高原和它的民众。贵州有刺绣、挑花，有驰誉全球的系列名酒，于是便有酒文化博物馆、民族刺绣博物馆，后者收集了布依、苗、侗、水等族不同风格的刺绣品、挑花品。而飞云崖民族节日文化博物馆，则是国内第一处系统展示节日文化风采的所在（图一九）。

看贵州的民族文化百人团表演，最使人击节而叹的在于它的天然。吹芦笙的布依小伙子、大歌班的侗族男女、上刀梯的壮年人和苗族婚礼上唱歌祝酒的人，都是地地道道的农民。他们像平常一样的欢快、轻松或庄严、沉重，没有修饰和附加，这是一种真实的文化。

图一九　1991 年 10 月 4 日贵州民族节日博物馆在首届中国民族文化博览会上

贵州的民族民俗系列博物馆的价值正在这里。进京展览的场面固然很迷人，但真正认识这种文化，当然得去它的原生地。贵州先于全国其他地区的民俗村等，早在1986年便将雷山县郎德苗寨辟为露天博物馆。由于它完整地保存了苗族的传统生活，素有"苗岭桃花源"之称。寨子里，吊脚楼上安装着苗族独有的"美人靠"，寨内尽以石板铺路，百姓皆是苗人装饰，民风民习天然无雕饰，但这里又确是苗寨博物馆。

仅仅从博物馆本身来说，这种立体的文化形式也是个重要的突破，它既不是模仿，也不是复制，更突破了传统博物馆的平面与静止的形式。中央民族学院的专家教授和博物馆学的专家们称这是一种大有前途的新格式。况且，博物馆所展示的内容，更是先前所没有或被忽略了的，因此当芦笙、蜡染、傩戏、大歌，当吊脚楼、鼓楼、风雨桥作为一种文化集中出现的时候，人们被引领到一片新的视野，新的意境。

在贵州省雷山县"露天民族村寨博物馆"——郎德苗寨，世居当地的群众将来客邀至村寨中央的铜鼓坪奏乐起舞。（1991年11月2日《光明日报》）

特别值得一提的是，《光明日报》以"飞云崖民族节日博物馆"为图标，举办"大家谈"征文活动。1989年1月31日《光明日报》第一版对此作了报道：

本报"大家谈"有奖征文评选揭晓

本报讯　由贵州飞云崖民族节日博物馆协办的本报"大家谈"有奖征文，自去年10月10日开始，至今年1月17日结束。征文期间，共收到应征稿件7800多件，发表作品40篇。许多作者、读者还来信或附函，对这次征文提出了宝贵意见。本次征文，经过评委的认真审阅，最后评选出10篇获奖作品。

第四节　利用图书音像进行宣传

　　除了在报纸杂志上宣传飞云崖古建筑群和飞云崖民族节日博物馆外，还利用出版图书、拍摄录像等手段进行宣传。曾先后邀请北京民族文化宫、贵

图二〇　《贵州节日文化》册页　　　　　图二一　《贵州节日歌舞》册页

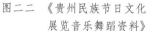

图二二 《贵州民族节日文化
展览音乐舞蹈资料》

图二三 《贵州节日文化》

州电视台、文物出版社、中国文物保护研究所、中国国际文化交流中心、青年电影制片厂等专业影视人员录制并放映《侗寨风情录》、《"侗展"在北京》、《邀来远客话贵州》、《夜郎遗风拾零》、《贵州节日文化》、《贵州节日歌舞》、《贵州民族文化百人团饮誉京华》等等。

在巡回举办《贵州民族节日文化展览》期间，还出版了《侗族音乐》图书、《贵州节日文化》册页（图二〇）、《贵州节日歌舞》册页（图二一），编印了《贵州民族节日文化展览音乐舞蹈资料》（图二二）。在1987年"节日文化研讨会"的基础上，贵州省文管会办公室、文化厅文物处和中央民族学院民族学系、民族研究所，合作编著了《贵州节日文化》一书（图二三），于1988年8月在中央民族学院出版社出版。书的目录是：

贵州高原上的少数民族节日 ………………………… 吴正光（1）
贵州节日文化刍议 ……………………………………… 祁庆富（11）

1995年6月出版的《中国博物馆志》（图二四），收录了飞云崖民族节
日博物馆，内容如下：

图二四　《中国博物馆志》

飞云崖，是一处别具特色的古刹，四周为古木清泉，奇崖怪洞。始建于明正统八年（1443 年），为贵州境内名胜古迹之一。长期以来，这里成了苗族"四月八"集会活动场所。届时，数万少数民族从四面八方涌来，吹笙、斗雀、对歌、赛马，聚会三天，尽兴而散。

该馆以大佛殿和两侧配殿为展厅，推出《贵州民族节日文化展览》，内容分五个部分，布展文物及图片300 余件。

第一部分，集中反映省内各民族重大节日盛况。如：苗族的"铜鼓芦笙会"、"过苗年"、"跳花"、"吃姊妹饭"；布依族的"赶查白"、"赶表节"；侗族的"七月十二"、"祭祖母"、"赶歌节"；水族的"过端"、"瓜节"；彝族的"火把节"、"歌节"；回族的"古太节"、"古尔邦节"；仡佬族的"偷青节"、"牛王节"；土家族的"阳灯节"、"抬甩神"；瑶族的"陀螺节"、"盘王节"；毛南族的"野游节"、"火把节"；僮家的"踩亲节"、"哈戎节"；东家的"等郎会"、"跳月节"；木佬人的"礼社节"；绕家的"闹鱼家"、"吃新节"等。此外还有几个民族的共同节日，如："四月八"、"七月半"等。

第二部分，介绍各种不同的芦笙、芒筒、姊妹箫、三眼箫、勒尤、勒浪、唢呐、口弦琴、牛腿琴、琵琶、泡木筒、木鼓、铜鼓、傩戏面具、弩、射牌、花包、绣球、手毽、篾鸡蛋、陀螺、斗牛旗架、刻道（苗族酒歌符号木棒）狮皮、龙舟模型等。

第三部分，介绍各民族男女青年及儿童的节日盛装。有挑花盛装、绣花盛装、蜡染盛装、织锦盛装。银饰有花冠帽、银角帽、锦鸡帽、项链、项圈、项牌、响铃项链、手镯、戒指、耳环、发簪等。

第四部分，介绍节日工艺品，有绣花片、蜡染、织锦、编织花带、少女花帽、儿童花帽（龙头帽、凤头帽、狮头帽、虎头帽、猫头帽、冬瓜帽、太阳帽）、绣花鞋及鞋垫、挑绣花背扇、蜡染背扇、织锦背扇、编织背扇、泥哨等。

第五部分，介绍饮食器皿，如牛角酒壶、葫芦酒壶、竹编酒壶、竹筒酒壶、木酒壶、陶瓷酒壶、牛角酒壶、羊角酒杯、牛眼酒杯、蚌壳酒杯、田螺酒杯、泥哨酒杯、陶酒海、木酒海、藤酒海、哑酒杯、甜酒桶、木饭盒、篾饭卤、篾饭篮、篾饭盒、篾碗、竹碗、木碗、木瓢、木勺、牛角勺等。为了提高节日文化展览的社会效益，还聘用少数民族青年男女多人，经过专业培训，为远道而来的嘉宾表演精彩的民族歌舞、奉献风味独特的民族节日饮食。该馆共收藏民族节日文物1000多件。

该馆开放时间为上午8：00～下午18：00。平均每年接待观众70000人次。主要出版物有《贵州节日文化》（册页）、《贵州节日歌舞》（册页）。

该馆附设有餐厅、会议厅、招待所、接待室、小卖部、民间工艺美术开发部（生产挑花、刺绣、蜡染、泥哨等）、花卉盆景等。

第八章

回眸贵州传统民族节日文化[*]

飞云崖民族节日博物馆诞生至今，30 年了，回顾其酝酿、筹备、建立、充实、发展、完善、提高的全过程，给人留下许多难以忘怀的记忆。回眸贵州传统民族节日文化，让人对"飞云崖民族节日博物馆"等系列专题博物馆在贵州高原上雨后春笋般地出现，充满敬意。

第一节　著名民族、文物、博物馆学家的回忆

一　林耀华的回忆

林耀华，中央民族学院教授，著名民族学家，1991 年在北京劳动人民文化宫举办首届中国民族文化博览会，他兴致勃勃地参观了贵州省文化代表团举办的节日文化、建筑文化、村寨文化、婚恋文化、酒文化、傩文化等一系列专题民族民俗文化展览后，在中央民族学院民族学系举办的座谈会上（图一）说：

> 20 世纪 80 年代，贵州省的文物博物馆事业异军突起，刮起了一股强劲的"西南风"，令学术界刮目相看。贵州文化事业的发展，对于宣传贵州，让世人了解贵州，重新认识贵州，起了良好的推动作用。贵州文物工作者，以其远见卓识的胆略和艰苦扎实的创业精神，充当改革开放的弄潮儿，开拓出一条在发掘贵州文化文物宝藏的新路子。贵州是个

---

* 本章由巴娄编写。

图一　1991 年 10 月 5 日林耀华在座谈首届中国民族文化博览会上发言

多民族聚居的地方，民族文化绚丽多彩，美不胜收。把文物遗产和文化财富有机地结合起来，在民族节日博物馆、民族建筑博物馆、民族村寨博物馆等系列专题博物馆展示中寻找到恰如其分的结合点，使文物与民族文化相映生辉，这是贵州文化工作者的一个有历史意义的创举，开辟了一条具有中国特色的民族文物博物馆的新路。贵州的同志们的意识是超前的，眼力是敏锐的，精神是实干的，成绩自然是有目共睹的。

今天，贵州大地上的系列博物馆已经名副其实，仅民族民俗类型就有 14 个。从建筑到饮食，从服饰到节日，只要去发掘，就成为一个大放异彩的明珠。贵州文物工作者付出的艰辛可想而知。在发掘民族文化方面，贵州走在全国的前列，树立了一个值得学习的样板。如果将建立贵州式的系列博物馆的办法推广到全国去，一定会带来中国民族文物博物馆的满园春色。

今日贵州民族文物博物馆工作硕果累累，人们不会忘记那些有敬业精神、苦干实干的创业者们。1986 年，贵州文物工作者吴正光同志等人就提出建立各种具有地方特点和民族特色博物馆的长远目标。吴正光同志是苗家子弟，毕业于中央民族学院。他对民族文化怀着执著的爱，"客串"进入文物博物馆领域，几十年如一日，孜孜以求，艰苦奋斗，事业有成。作为中央民族学院的老教员，我感到十分欣慰。

二 吕济民的回忆

吕济民，文化部文物局局长、中国博物馆学会理事长，多次来到贵州，并在侗族村寨同侗族村民过大年。他回忆道：

> 我在文物局工作期间，有机会多次到贵州的一些地方参观考察，看到很多光辉灿烂的文物古迹，看到不少具有鲜明地方特色的博物馆，给我的印象非常深刻。1985年春节期间，我同中共中央宣传部的王树人、陆宁及文物局的黄景略、胡骏、彭卿云等，到贵州黔东南的雷山、榕江、从江、黎平、镇远和黄平6个县考察，大年初一在村寨参加文化活动。此次行程1500多公里，看到了丰富多彩的民间文化活动，看到了各种形式的古建筑，还看到了具有重要意义的古遗址和革命纪念地，看到了很多以前没有看到过的东西。后来我在北京民族文化宫参观了《贵州侗族建筑及风情展览》，看后写了篇文章，称之为"深山侗寨藏瑰宝"。侗族鼓楼和花桥具有很高的历史价值和艺术价值，具有鲜明的地方特点和民族特色。侗族鼓楼在建筑艺术上和实际用途上，都与汉族地区的鼓楼不同，形似塔，有层次，每层每檐都有塑画彩绘，是我国古建筑的独特品种。肇兴侗寨有5座鼓楼，真可谓"鼓楼林立"。侗族花桥，也称风雨桥，桥上有顶，顶下有廊，廊有彩绘，有独特的建筑艺术，也是一种"路边文化"。我在侗乡的鼓楼坪前和花桥檐下，看到过姑娘们穿着百褶裙，戴着银凤冠，小伙子们吹着芦笙，敲着锣鼓，有唱有跳，生动风趣。当时我曾联想，这些景物，这种活动，不就是一座小型露天博物馆吗？我的联想没错，和贵州的同行们想到一块了。时隔不久，贵州兴办了一大批多种多样的、民族民俗的、小型多彩的博物馆。1991年在北京劳动人民文化宫，我看到了贵州举办的包括民族节日、民族建筑、民族村寨、民族婚俗等内容在内的展览，有实物，有模型，有照片，有彩图，光彩夺目，有浓厚的地方特点和民族特色，把美如诗画的景观展现

在人们面前内容极为丰富，已初步自成体系，而且还会继续发展。

三 宋兆麟的回忆

宋兆麟，著名文物专家，长期关注贵州民族文物工作，他回忆道：

贵州省的博物馆及陈列室，包括历史文化、革命遗址和民族民俗三类，是一座座发展民族文化的丰碑。说实在的，地下的文物是可以有计划地发掘，把它留给后人发掘，既无损于文物，又可用越来越先进的科学方法发掘与保护。但民族文物多为有机质，皆暴露在地表，时刻受到破坏，特别是社会主义建设一日千里，许多民族文物逐渐被淘汰了，有些民族工艺也很快失传。就社会发展而言，这是历史的进步，是社会发展的规律，是国家、民族前进的标志之一。但从民族文物保护来说，却是不利的，也是刻不容缓的，必须抢救，否则再失良机，将是一种损失，是文化工作的失误。

当一般人对民族文物被破坏无动于衷时，贵州省文化厅及有关文化部门，独具慧眼，狠狠抓住民族文物博物馆这一武器，并将其与保护地上文物、经济建设、开发旅游业结合起来，在贵州高原几条主要交通线上，建立了一系列别开生面的民族节日、民族建筑、民族村寨、民族戏剧、民族婚俗、蜡染刺绣等专题民族博物馆，把它们作为文化窗口，展示贵州高原的悠久历史，众多的民族文化。

贵州专题民族博物馆的新开拓，是有经验可借鉴的，主要有四条：第一，领导重视。贵州省是多民族省份之一，有着丰富的民族文化资源。但是，像贵州这样的民族省区在国内不是少数，唯有贵州省高度重视专题民族博物馆的建设，不仅数量多，而且种类新颖，这是同当地文化部门的重视分不开的。第二，专家指导。贵州省多次邀请全国的专家考察本省的民族文物资源，对发展民族博物馆作了战略部署，博物馆的种类、地理布局、陈列手法等，都是建立在科学研究的基础上。这是尊重知识、尊重人才的必然结果。第三，扬长避短。从文物资源来说，贵州虽然历史文物丰富而又有特色，但是民族文物更胜一筹，文化部门决策人在重视历史文物的前提下，把重点放在发展民族博物馆事业上，扬长避短，"牵牛鼻子"，从而带动了全省文博事业的发展。此外，着力开放。该省办的博物馆，没有集中在省会，而是分散在各个旅游点上，使文博工作与旅游业结合起来。民族节日博物馆还走出省门，展示在北京，"黔中歌舞动京城，域内域外传美名"，在国内外引进了很大反响，为弘扬民族文化做出了重大贡献。

四 苏东海的回忆

苏东海，著名博物馆学家，他多次到贵州民族村寨考察，在回忆中写道：

20世纪70年代，贵州只有三四座博物馆，从全国来看，当时贵州是落后的省份之一。十一届三中全会以后，贵州省的领导和文物博物馆主管部门的同志们，发宏愿要赶上去，让贵州的文博事业后来居上。经过"六五"、"七五"、"八五"三个五年计划，在贵州大地上建立起50多座极具贵州特色的博物馆、陈列室，令人目不暇接。20世纪90年代，贵州的文博事业没有因成就而却步，而是再接再厉，继续攀登。贵州的节日博物馆、建筑博物馆、村寨博物馆、生态博物馆、婚俗博物馆，加上作为龙头的贵州省博物馆和众多的贵州人物纪念馆、历史文化纪念馆等等，已经构成了相当丰富的、具有浓烈贵州特色的博物馆群体。贵州的文博事业正在起飞，贵州的文博事业正在后来居上。

五 索文清的回忆

索文清（图二），中央民族学院教授，作为访问学者，曾在日本教学。他实地考察了飞云崖民族节日博物馆后，对从贵州的实际出发，建立各种类型的博物馆深表赞同，并提出了一些建议。他回忆道：

我赞赏贵州从实际出发，建立各种类型的博物馆。比如民族村寨博物馆、民族节日博物馆、酒文化博物馆，还有水西彝族文化博物馆。这些博物馆的特点，在我看来，它是一种微型的，轻便小型的，特点突出，易于建立，可以少花时间，少花钱财，人力也可以节省。这些小型的，具有民族特点的博物馆可以就地取材。打个比喻，如果说大的博物馆是文博战线上的一个重要武器，那么各种类型的博物馆就是轻骑兵，匕首投枪，也同样能发挥它的作用。它与大型的博物馆是互为补充的。这点，贵州省的文博工作者是有创见的。我们到黄平，看了民族节日博物馆，我觉得很有创见，因为黄平是民族节

图二　1986年11月13日索文清（右一）马自树（右四）等在苗寨考察

日集中地，但我觉得陈列还远远不够。民族节日是一种文化，它包括的范围非常广泛，一个节日当中体现了这个民族的发展，婚姻习俗及男女社交的关系，还有宗教信仰、饮食文化、歌舞艺术等等，都在民族节日里有所体现。所以，要想把节日博物馆办得丰富多彩，对这些方面都要有所了解，并且充实到博物馆当中来。打个比方，博物馆展出的东西是一桶水，但搜集的东西应该是八桶水、十桶水。只有这样丰富，才能站得住，才能有吸引力。看了这样一个节日的博物馆，或者叫陈列馆吧，与其叫它节日博物馆，还不如作服装、乐器展览，因为还有许多属于节日方面的内容没有体现。另外，它还是平面的，民族节日的博物馆应该是立体的，给人一种立体感，是活灵活现的。这就应千方百计研究，究竟应该上些什么东西。整个设计都应进行考虑。我很赞赏的一点，就是已经迈出了第一步。关键的问题是需要完善。

六　马自树的回忆

1986年，马自树同志任中宣部宣传局综合处处长，与首都一批著名文博专家应邀前来贵州考察。1991年，他在国家文物局担任副局长，在接受《贵州日报》和贵州人民广播电台记者采访时回忆道：

　　那年考察贵州，从镇远开始，跑了不少地方，看了文物古迹、民族村寨、各民族的生产生活用具，还参观了飞云崖民族节日博物馆，观看

了民族节日文化表演，参与了讨论制定贵州文物工作"七五"规划，对贵州省党政领导和秦天真等老同志重视文物工作印象很深。贵州的文物工作，包括历史文物、民族文物、革命文物三个方面。根据贵州是边远省，又是多民族省份，民族文化丰富的特点，文物工作的侧重点应放在民族文物上。贵州的一些工作值得肯定，如在北京、西安、深圳等地举办了贵州酒文化展览、贵州蜡染文化展览、贵州民族节日文化展览等，效果不错，反映良好，应该肯定。这些展览突出了民族地区特点，不仅弘扬了民族文化，也宣传了贵州，扩大了贵州的知名度。贵州文物管理部门开办了 10 多个专题博物馆和一些文物陈列室，方向是对的，很有前途。从全国来看，发展的重点不是大而全的博物馆，而是专题或专业博物馆，这也是世界博物馆事业的发展趋势。

七　黄景略的回忆

黄景略（图三），著名考古学家，1985 年在侗族村寨过春节，事后他回忆道：

图三　1985 年 2 月 24 日黄景略（左一）彭卿云（左二）等在飞云崖

我是搞考古的，这次到侗族村寨过春节，看到鼓楼文化活动，给我一个启发，侗寨鼓楼除了代表一种民族特征、建筑上有特点以外，在历史研究上对探讨原始社会考古中的大房子很有帮助。肇兴有五座鼓楼，也可能是五个民族或五个部落，那么，肇兴也许是个部落联盟。鼓楼好像是个象征。所以，在这点上，我学到一点东西。另外，在雷山苗寨看到了铜鼓。铜鼓在考古或历史研究上也是一个比较敏感的问题。我们跟越南之间有争论。越南认为是从他们那里发展起来的。根据他们断定的年代，好像比我们中国早一些，但年代不大可靠。我们认为铜鼓产生于中国云南、广西一带。现在南方几省区联合搞了个铜鼓研究学会，专门探讨这个问题。关于铜鼓问题，是我们中国研究中的一个薄弱环节。要解决这个问题，恐怕有大量的工作需要靠考古方面来做。民族节日文化活动，对考古学研究很有帮助。

八　彭卿云的回忆

彭卿云，著名文物专家，1985年在侗族村寨过春节，他回忆道：

1985年春节，本人作为文化部文物局代表团成员，应邀进入侗族村寨考察文物，并与侗族同胞欢度春节，来去共10日之久。所历情景，30年后仍然历历在目，宛如昨日。所留下诗文，亦有助于"温故知新"。

村舍身临碧水，杉楼脚踏青山。

金丝玉线绣田园，片片春风裁剪。

满寨人潮歌海，当行尽是红颜。

酒阑人醉舞翩跹，风展花枝烂漫。

这首《西江月》，就是当时侗寨春节风景。"善舞善歌还善酒，多才多艺更多情，最美侗乡人"。整个考察期间，所到之处，都沉浸在酒、歌、舞之海，陶醉在青山、绿水、美人之乡。返京后，心底激情，耳边余响，久久不能平息。如此侗乡之旅，印象之美，欢乐之盛，教益之深，终生难忘！

贵州，作为众多少数民族文化之乡，文物、非遗，浩如烟海，发掘、保护、研究，任重道远。努力保护包括民族节日在内的这些文化遗产，见证各民族生存、进击、发展历程，上承宗祖，下惠子孙，事关根本，无可懈怠。《飞云崖民族节日博物馆三十年》，收入了关于民族节日文化的许多珍贵资料，自然是节日文化中的精粹所在，其意义当视为民族文化史书，民俗风情实录，值得推崇，值得称赞，值得鼓呼！

第二节 资深记者、著名作家的回忆

一 何东平的回忆

何东平，《光明日报》总编辑（图四）。30 年前的 1984 年，以记者身份受邀深入贵州省东南角的侗族村寨考察侗族建筑及风情。回到北京，以《贵州每年有多少传统的民族节日集会？普查表明：有一千多次（处）》为题，在《光明日报》发表消息回忆道：

图四 1987 年 10 月 1 日何东平在镇远青龙洞

最近随一些民族文物专家到贵州考察采访，了解到该省经过普查的民族节日集会每年达一千多次（处）。专家们说："光过节就如此丰富多样，令人叹为观止！"

在民族学中，节日民俗通常归入信仰类。从贵州省民族事务委员会和文化出版厅组织调查的情况看来，该省的民族节日反映了比信仰更为丰富的社会生产和生活内容，为研究者们提出了许多新的课题。党的十一届三中全会以来，该省民族、文化、文物工作者四百多人深入少数民族集镇、村寨，大体摸清了省内十多个民族的传统节日集会的时间、地点、规模和活动内容。他们发现，不同民族有不同的节日，即使同一民族，地域不同，节日亦不同。至于过节的时间和方式，更是同中见异，异中见同，色彩纷呈。从节日名称看，有斗牛节、吃新节、对歌节、火把节、赛马节、摔跤节、射花节、跳月节、龙灯节、会亲节、翻鼓节、爬坡节、芦笙节、敬桥节、敬山节、求婚节、开秧节等等；从时间上看，正月到十二月，月月都有异地同时、同地异时的节日；从参加者看，多的三五万，少的数百人；活动内容，许多节日名称本身便可看出，如：斗牛、吃新、对歌、赛马、摔跤、射花、会亲等。最有意思的是台江县苗族村寨正月初二的敬桥节，活动内容是架桥、祭桥、祭树、祭岩，曲折地体现了远古以来人与自然的密切关系。

普查的同时，该省收集了许多与节日活动有关的民族文物。黄平县举办了《民族节日文物展览》，一天之内便有上万名各族群众前往参观，引起了人们的极大兴趣。该省文化部门拟在当地建立民族节日活动、研究和观光中心。（原载 1985 年 1 月 13 日《光明日报》）

1988 年秋，何东平参观了在故宫端门举办的《贵州民族节日文化展览》和配合展览举办的民族节日歌舞表演，撰文回忆道：

今天的紫禁城端门内出现了歌台舞榭，贵州省几个少数民族的节日景象同时展现在游人面前。这是一次展览，但更像一次学术研讨活动。专家们观看乃至参与节日歌舞表演，为其中的文化学含义议论不休。

"贵州是全国民族节日最富之地。"一位研究西南民族的专家这样说。本报曾就贵州一年之中有不同的节日 1000 多次（处）作过报道，但引起了误解。有人觉得那里的人过节太多了。贵州省文化厅文物处等单位对贵州的节日作了大量的调查研究，其结果表明：当地少数民族在大区域上是杂居，小范围内为聚居，由此造成了节日的丰富性，具体到每一聚居地过节并不多。至于节日的功能，苗族人民为抗议官府取缔节日而刻的一座古碑足以说明："窃维吹笙跳月，乃我苗族数千年来盛传之正当娱乐……更为我苗族自由婚配之佳期，其意义之大良有也！"这些研究成果和资料已形成一批学术著作，并以"贵州省民族节日文化博物馆"的形式在贵州黄平飞云崖作永久展览，在京展出的成果只是其中一部分。（原载 1988 年 9 月 16 日《光明日报》）

二 孙书柱的回忆

孙书柱，资深外交官，长期在德语国家担任文化参赞，翻译多部德文书籍。担任《中外文化交流》杂志主编（图五）期间，专程到郎德上寨考察，撰文回忆道：

图五 孙书柱（左二）与《中外文化交流》杂志的部分编辑和作者

我是被高亢的雄鸡叫声唤醒的，醒来后才觉察到整个山寨都已沉浸在此起彼伏、远近交替、高低错落的雄鸡音乐会里。我的心被震撼了，因为我觉得这阵势好像来自几个世纪以前，因为我已久久没有听到清晨的鸡鸣了——而且不受一点污染的清亮、不受一点干扰的自在。

同伴都还在梦中，可能是他们在昨天晚上的歌声中喝得太多了。昨晚为我们一行设的晚宴让我领略了苗家的盛情，单说那两位苗家少女以歌劝酒就让人难以却情。一位姑娘告诉我，她唱的歌"还不够100首"。幸好有老支书保护我，每次我只是沾沾嘴唇而已，就像进入寨门之前一样，否则，早在10分钟之内就会"玉山倾倒"了。但我的同伴们，特别是施秉县的吴局长和州里的杨科长两位又是苗族人，他们可喝了个痛快。那情那景，令人难忘。

施秉县的吴局长在路上就告诉我，酒在苗寨的生活中、习俗中都占据很重要的位置；他们用酒表达自己的情感。在这之前，民族文化学者、贵州省博物馆馆长吴正光教授也给我介绍过许多这方面和常识，他还十分详尽地描绘了喝拦路酒的情景，打趣地嘱咐我切不可贪杯。这拦路酒，昨天在寨门外我就领教了：

车子一停，老支书就走过来，他和我们握手表示欢迎。随后他说，贵客进入村寨要闯12道"拦路酒"关。此刻，在通往寨门的小道上，盛装的苗族少女已经把盏等候多时了。少女微笑着高高举起酒盏，那情景，真的让你不得不一饮而尽。虽然我按着朋友的指点，双手反剪于身后，伸长脖子，咬牙动唇，"点到为止"，但12道关闯下来，踏进村寨门时我还是感到了心跳脸热，因为曾经有一次我被劝酒的人群里一个六七岁小孩男的神态深深打动，启齿大喝了一口。

走下吊脚楼，站在铜鼓坪中央，我回想起昨天欢迎我们的欢腾场面，全寨的男女老少穿着节日盛装聚集在这里载歌载舞。老支书说，这样的庆典，按苗家的习俗12年才有一次。我当时曾长时间端详那面相传来自汉代的铜鼓，心头涌起无限感慨。现在，清晨我又站在寨子中间，除了听到那悦耳醉心的雄鸡鸣唱之外，周围是那样的静谧。鸡鸣使山寨显得格外安宁，而安宁使得鸡鸣格外响亮。

我沿着寨子中的石板小路向山坡上走去。当我驻足回头一望时，不禁呆住了：一缕缕白色炊烟在晨霭中袅袅上升，给吊脚楼瓦屋顶和山腰缠上一片片飘动的纱巾。在鸡鸣的间歇里，我仿佛听到那缕缕炊烟发出丝丝的声响……

村长昨晚告诉我，全寨现有86%的家庭有自行车（有的人家还有二或三辆）；70%的家庭有电视机，国家为寨子安装了电视插转台；门前有公共汽车去县城、去州里。他们下一步考虑的是尽快通电话。村长的话勾起我许多联想。苗寨多是依山而建，偏僻且交通不便。我们现在所在的郎德上寨距离自治州政府所在地凯里市27公里；在没有公路的过去，村民出山实乃不易，但是历代王朝都不曾因此稍为减少对苗族村民的欺压盘剥，对他们动辄进行血腥的屠杀。清朝咸丰同治年间，郎德寨出了一位反清民族英雄杨大六，他与其他反清领袖一道领导起义斗争近20年。当起义被镇压后，郎德上寨被血洗得只剩下4户人家……

望着雄鸡高唱、炊烟袅袅的山寨，在一派宁谧中我感到花草在勃发、木石在运力。苗族兄弟用难以置信的辛劳把贫瘠的山地改造成肥沃的良田，把荒僻的山沟打扮成秀丽的家园，把净化人心灵的优良道德传统和凝聚人心的风习保持下来，为中华民族文化的大画卷抹上了独具特色的一笔。

老支书昨晚在酒桌旁不无得意地告诉我，他已把担子交给了新支书和村长，他们会干得更好。是的，他们都曾滔滔不绝地向我介绍过他们的计划和想法。从他们身上我已经感觉到郎德寨会越来越美，并将走出去，向世界炫耀它的魅力。

这时村长走来，问我要不要到溪水边洗洗脸。溪水极清澈，不由得我猜疑其中是否有鱼。村长说，有鱼，甲鱼、娃娃鱼。他说："杨大六故居展室挂着的大角螺就是从这小溪里拣来的。"他不说，我还真以为是从东南沿海什么地方弄来的。

洗完脸返回寨子，下田的农民也陆续回来了。当我们互相打招呼时，我认出来，他们就是昨天在铜鼓坪上欢歌乐舞的人们。（原载1997年《中外文化交流》第4期）

三　何光渝的回忆

何光渝，著名作家，贵州省文联副主席，多次到民族村寨考察民族节日。从雷山县郎德上寨考察回来后，他以《芦笙场遐想》为题，撰文回忆道：

站在这个芦笙场的中心处，我感到一种来自遥远时空的神秘情感，正抚慰着我，簇拥着我，激荡着我，淹没着我……

我不知道同行的朋友们是否同感；我也不知道他们是否发觉了我的异样。但我十分清楚的是，当我一走进这个林木幽深、鸟鸣蝶舞的山间时，当我一眼看见小河中那几具古老的水车正咿呀着缓缓旋转时，当我从刻有"杨大六"字样的木牌坊下拾级而上时……那来自遥远时空的神秘情感，就开始悄悄地在我身边萦绕、弥漫。而此刻，当我终于站到了这个芦笙场中心处时，这一切也终于达到了高潮，达到了极致，达到了出神入化的境界！

这是五月里一个平常的早晨。周围静悄悄，苗家木楼上举着袅袅轻烟，墨绿的杉树梢上挂着丝丝薄雾。引我们走向这个芦笙场的青石小路，曲曲弯弯消失在一幢幢木楼间。在见过了著名的舟溪甘囊香的、施秉白洗的、谷陇的芦笙会，那漫山遍野万千人头攒动的芦笙场之后，我几乎不敢相信，这寂静如斯的小小所在，竟然也是芦笙场！

这是一个局促于木楼间的小院坝，长不过七八丈，宽不过五六丈。场地上铺砌若干鹅卵石。乍一看，并无任何足以引人注目之处，就在这中心之处，我的身旁，肃立着一个巨大的青石磨盘，那盘上的道道刻痕，已被岁月剥蚀，残留着无数浅浅的螺旋纹样，图腾般注释着苗家古老的神话和传说。磨心处，一只深深的孔眼，默默地看着我，看着我头顶上的白云蓝天，看着隔河相望的干育山，看着百年前飘扬山中的杨大六的反清义旗，和那远处山山相连如巨大石阶盘旋而升的山的屏障……这时，我蓦然发现，自己正身居于一个巨大的旋涡之中，站立在一面巨大的铜鼓鼓面之上！铜鼓中心那巨大的太阳纹，正在闪射着耀眼的光芒！

再重新审看周围——那些刚才看似杂乱无序的满坝鹅卵石，此刻已经显现出它们的真实形态：环绕着那中心的太阳纹，它们组合成一个个同心圆，如铜鼓擂响时漾起的波浪，一浪追一浪地向远方扩展；又如一个硕大无朋的螺旋纹样，以它那与生俱来的迷幻形式，勾起人们对它的无穷遐想……

螺旋纹样！螺旋纹样！这远古时代的遗物，这几乎拙现在世界所有民族生活中的装饰形态；这我们随时随地举目可见——从长长的羊角、从蜗牛的外壳、从搅动的牛奶、从湍流的水涡、从卷起的旋风、从轮回的四季或周而复始的日月星空……中早已熟知了的自然现象；这曾经出现于仰韶文化彩陶上、出现于埃及和爱琴文化器物上、出现于麦罗斯岛的房形石器上、出现于爱尔兰和法国的远古巨石上，出现在匈牙利安佛拉陶壶上、出现于苏门答腊巴它库族或美洲玛雅人印加人的木竹雕刻、织物和纹身图案上的、被若干专家称为"最不可思议、最迷人的形式"的螺旋纹样——是如此突兀地出现在这小小的芦笙场上！该如何去理解其中的文化内涵，理解它的象征意义和内在结构，理解这种装饰形式与苗家笙歌曼舞的节奏旋律的关系，理解它与这一方地这一隅社会这一段历史发展的联系……

　　阳光透过寨后的杉树林，斑斑驳驳地洒在木楼的玻璃窗上，如同翻卷的螺旋在闪动。我站立在这螺旋纹样的中心之处，俯首细看脚下这巨大而神秘的螺旋时，如同仰望星空，观赏着我们地球母亲置于其间的银河——宇宙中一个平凡而伟大的螺旋星云时一样，仿佛我的身体正随着这芦笙场上的螺旋一起，在缓缓地旋转，正随着那旋涡状的银河系一起，在广阔无垠的天宇中缓缓地旋转，沿着自己的轨道运行着，无止无休，无始无终。这种感觉竟如此强烈，如此真切，以致使我下意识地分开发两腿，调整了重心，以平衡似乎倾斜了的感觉。

　　我并不十分明白芦笙场或者"芦笙场文化"的全部含义。虽然，我知道，在这种以芦笙为载体所引导出来的舞蹈、对歌、摆古、寻偶、斗牛、赛马等活动，以及因此而产生的服饰、工艺和心态等等，使"芦笙场文化"作为苗族特有的一种民俗文化形态而闻名遐迩；虽然，我也知道，不少苗族文化研究者认为，"芦笙场文化"呈现着十分明显的血缘性和地缘性色彩；可是，此刻，当我站立在这个小小芦笙场中，站立在这个跨越时空、无所不在、古老神秘而又现实得可触可感、用鹅卵石砌就的螺旋纹样之间时，我分明感悟到，这里，这个小而偏远的苗寨，与山外的世界，与海外的世界，的确有着某种无法切断的、血缘般的、水乳交融的联系。这联系，是源自远古？还是始于今朝？

　　于是，我忽然想到了这么一种判断：无论是时间的延续还是空间的距离，在极为漫长和遥远的文化之间，都存在着不容忽视的亲密关系——否则，该怎样的解释这芦笙场中螺旋纹样与仰韶彩陶上，或与毛利人饰物上螺旋纹样的如此相似呢？

　　世界原本很小很小。它为何会变得很大很大，让人感到如此陌生？

　　我说的这个用鹅卵石砌成螺旋绞样的小小芦笙场，就在贵州的雷山县，一个名叫郎德上寨的小山村中。（原载 1992 年 4 月 4 日《贵州日报》）

四　梁永琳的回忆

梁永琳，《人民日报》资深记者，与新华社、《人民日报》、《光明日报》、中央电视台等新闻单位的 10 位记者访问郎德上寨后，撰文回忆道：

　　我们一行十人都是第一次来贵州，处处觉得新奇。第一次听人提起"拦路酒"，大伙儿忙细问究竟。主人老周笑着说："你们要想进苗寨，就得先喝拦路酒，不喝就进不了寨。""他们的酒厉害吗？""不厉害，挺好喝，可你一多喝就糟了，一醉可就很难醒了。""那进寨得喝多少？""有好几道拦路，最隆重是十二道。最后一道是牛角酒，一双牛角装两三斤酒。"众人咋舌。老周更加来了兴趣，"人家端酒给你喝，你赶快伸手去接，这一接可麻烦了，不管酒有多少你都得喝完，不喝完就得打官司，打到省府你也赢不了！"老周嘿嘿地笑着。大伙儿想起老周说过的话："苗家觉得客人醉了不是出丑的事，倒是觉得自己脸上光彩。你醉了吐了，他们叫几个姑娘给你洗三天三夜……"

　　苗家酒这般厉害，想起几天后将去苗寨郎德寨做客，心中无法释然，就像悬着一道未解的谜，有一种又惊又喜的期待。

　　不料未进郎德寨，在贵阳市就领略了与"拦路酒"差不多的滋味。我们住在省文化厅招待所，恰逢少数民族节日表演队从西安等地演出归来，也住此地。晚饭时，他们知道我们是来自远方的客人，就到我们饭桌前来劝酒。这些青年男女都是农民，有苗族、侗族、布依族，他们各按自己的民族习惯来劝酒。几位姑娘端着盛满白酒的杯子唱了起来，高亢清亮的歌声霎时布满整个餐厅："请问你是哪山的太阳，请问你是哪山的月亮，告诉我姓名，回去好传扬……"他们当众唱歌，绝不忸怩作态，流露的是发自心中的一份热情。客人不由受到感染，脱却虚饰与矜持，不再坚辞，都把杯中之物喝尽。一曲终了，又见两位小伙子端着盛酒的杯子，边歌边舞，奇的是杯中酒不溢出半滴。歌舞毕，他们举杯敬酒。我们喝过酒，忙转身问表演队的领队，小伙子唱的什么？领队答道："这是劝酒歌，普通话的意思是：小乖乖，敬你老人一杯酒……"话没说完，就被大伙儿的笑声打断。虽然大家明白歌中的"老人"一词只是敬语，但总觉得这敬语用在这几位女记者身上实在给了过高的礼遇。

接着几位姑娘又轮番过来，频频唱歌劝酒，大伙儿渐渐抵挡不住了，有的设法溜去邻桌避难，竟遭围追堵截，只好乖乖地把酒喝下去。劝酒的姑娘小伙终于去邻桌劝酒，大家这才如释重负，虽是"绝处逢生"，但有的伙伴已是步履摇摇，语言迟钝了。饮罢，大家对这种劝说方式感慨了一番，又彼此取笑了一阵子，各自回房休息。睡意蒙眬中，依稀能觉出午夜和清晨时分，有姑娘在唱歌说笑。噢，这些少数民族同胞，以他们的灵性，在平凡的生活中，创造出一个歌舞世界。

汽车猛地刹住。"到了！"有人喊了起来。只见进郎德寨的小路上，依次摆着十二张迎客桌，桌上赫然摆着一碗碗拦路酒，盛装的姑娘们正在桌前斟酒。同行的摄影记者急忙从包里取出相机。只听远处鞭炮声噼噼啪啪地响了起来，一群小伙子吹起了悠扬的芦笙，全村的男女老少簇拥在小路两旁，一派节日喜庆的景象。

我们一齐朝迎客桌前走去，苗家姑娘端起了酒杯……噢，这是他们家酿的酒，一点也不厉害。我们逐一地走过每张迎客桌，喝完一道道"拦路酒"，最后喝过牛角酒，进了寨子。此刻我才了解老周的幽默之处，忽然想到，苗家酒不浓烈，大约是不想麻醉自己，麻醉中透出的是百无聊赖，而这苗家酒，是给健康的生命以激情，抛弃生活的单调平板，让人生更为浓烈多彩。此刻铜鼓坪上男女老少跳起了铜鼓舞，多像喜气洋洋、汪洋恣肆的狂欢节！这是苗家在"过苗年"跳的舞蹈——用牛角盛满酒，向铜鼓敬过酒之后，大家绕圆坛跳了起来。在里圈，小伙子跳起了热情奔放的芦笙舞，外圈是妇女儿童，由佩戴银牛角的老人引导，盛装的在前，没有打扮的在后。那铜鼓声咚咚地敲起来，深沉而悠扬，仿佛在唤起生命的冲动。这真是生命的舞蹈。随着铜鼓有节奏地敲击，男女老少极有韵律地跳起《铜鼓舞》，其中还有牙牙学语的小孩呢！我们这些客人也身不由己地加入了跳舞者的行列，人人脸上洋溢着笑意，尽情地欢舞，仿佛破题儿第一遭，活得如此无拘无束！

当夜幕降临，全村寨被昏黑的夜色包围时，与白天相比，显得沉寂清冷，唯有铜鼓坪上方一盏电灯闪射出微弱的灯光。可是不一会儿，吃过晚饭的村民又来到铜鼓坪，好像不让生命的每一瞬间留下过多的缝隙，要以热烈的歌舞来填补。几位苗家姑娘唱起了热情洋溢的飞歌，欢迎远道而来的客人。接着，小伙子一边吹着悠扬的芦笙一边跳起奔放有节奏的舞蹈，姑娘们则一边跳着欢快的舞一边有节奏地拍掌。他们跳得如此娴熟，配合如此和谐，引得周围的观赏者都应和着这欢快的节奏拍起掌来。夜色冥冥，然而歌舞不断。他们又跳起了板凳舞，跳起了挂花带舞。你不由不心中起了感慨。苗家男女离不开歌舞啊，从儿时会走路的那一时刻起，就随着大人学跳舞唱歌。在苗家，男男女女，老老少少，歌舞成了他们生命的一部分，世世代代，永无止息。即使在偏远的村寨，只要有生命，就有生命的歌和舞。

夜深了，男女老少陆续离开了铜鼓场。我们随主人老吴去看苗家青年男女的"游方"。夜色浓黑，老吴打着手电在前引路，我们深一脚浅一脚地朝河边走去。

"游方"是苗家青年男女婚恋的前奏曲。一般在十五六岁时就可以游方，谈情说爱。在大树下，桥头、河边，青年男女三五成群聚集在一起对情歌。如彼此中意，则单独到一个僻静之处对歌交谈。我们对这种独特的风俗产生了兴趣，急急跟随主人而行。这时，河滩方向传来了歌声，"游方"已经开始了。

河滩边漆黑漆黑的，只闻歌声，不见人影。老吴找来一位懂普通话的苗家小伙子当翻译，因为他们的歌有些是流传下来的，有的则是即兴的。我们就打着手电匆匆地记录下来。黑暗中只见有小伙子用手电筒或者点上火柴去照射几位"游方"的姑娘。我们颇感惊奇，一问，才知道这是允许的。

这时，几位小伙子正唱着歌："……你们有真心没有？有真心就来玩，没真心就算了。"那几位姑娘表示不会唱歌，实含有拒绝之意，小伙子又唱道："你们跟别人可讲的是会唱，可跟我们却讲不会唱。不会唱也要唱，你们一定要唱。"可是那几位姑娘不知为何，就是不唱。小伙子赶快唱道："你们真的有心没有？有真心就来玩，不玩我们都变老了，想玩也没有机会，到那时候太可惜了。"姑娘终于唱了起来："玩就玩吧。我们怕你们已成家。你们是来哄我们的，这样我们太可怜了……"接下来就是单独到树林中去谈。据说小伙子会对姑娘唱道："你叫什么名字？把你的名字说出来，说出来好称呼，我们俩可以合在一起，以后我们不会穷，会很幸福。"如果姑娘不中意，就会委婉地拒绝："我什么名字都有，以后再来玩吧。"也不知我们刚才遇到的这几位姑娘小伙结局如何。若是有情的，我们祝福他们终成眷属。

在另一处，我们见到了几位遭姑娘拒绝的小伙子。他们十分年轻，稚气未脱，神态虽不沮丧，却十分严肃。我们问起为何那几位姑娘走了，他们争相回答："她们去了一趟西安，回来眼睛长高，看不起我们，走了。"是的，这里也有烦恼和痛苦，并非只有轻歌曼舞。可是惟其如此，才可让每个生命体验着实实在在的人生——有欢乐幸福，有烦恼痛苦，有爱和恨，有悲和喜。生命在绵延，终将战胜一切……

凌晨我们回到村寨中，各自回房休息。然而远处的歌声依旧持续不断，悠悠飘来，在沉寂的山寨中，伴随着簌簌树林之声，悠远而深沉。我仰卧细听，仿佛听着一曲永恒的生命之歌。（原载 1988 年 12 月 20 ~ 22 日《人民日报》海外版）

五　李葆中的回忆

李葆中，河南省唐河县人，蒙古族，做过文化、新闻工作，曾担任丹寨县文化馆馆长、《黔东南报》编辑部主任、《凯里晚报》总编辑，多次深入民族村寨考察民族文物，并参与文物部门组织的民族村寨调查、抢救民族文物活动，对飞云崖及民族节日怀有很深的情节。他回忆道：

说到飞云崖民族节日博物馆，我别有一份深切的情感。1959 ~ 1961 年，我 16 ~ 18 岁，在黄平民族中学读高中。那时候，正是大饥馑的年代，一些老师同学因为营养不良而浮肿。我虽然没有浮肿，但却很瘦，身高 1.62 米，体重也只有 36 公斤。尽管如此，仍然怀着"为赋诗辞强说愁"的浪漫，逢周日，与酷爱古典文学的周修平同学前往飞云崖游玩。那时候，对古建筑无所认知，只是对飞云崖的参天古树、巉岩怪石、飞泉流瀑感兴趣。钻进螺蛳洞欣赏那鬼斧神工的"千丘田"，在洞外用石块敲响那"钟鼓石"，然后各自吟诵几首幼稚的诗词。再就是抄录摩崖、石刻、楹联。王阳明和林则徐是我们所敬仰的，对他们在飞云崖的题词特别看重。每次到飞云崖，都觉得心灵受到一次洗涤。

1964年，我在丹寨县金钟农场当工人，有了一次旧地重游的机会，再次和朋友游览飞云崖。年岁大了一点，对飞云崖的古建筑开始关注了。长廊还在，但已破败，凉亭庙宇均年久失修。只是不倒的古树和巍峨的山崖表达着飞云崖的顽强。学生时代抄录的题词、楹联已不知所终，这次有机会重新记录，也是一大快事。

两年后，文化大革命来了，生产队长没什么文化，他很关心我，对我说"你有文化，不要让工作队从你的笔记本里找出问题来！"我有记日记的习惯，而且从来也不打算拿日记给别人看，就听从队长的建议，烧掉了写有文字的东西，包括在飞云崖抄录的那些题词。

与飞云崖再续前缘，是20年以后的事情了。1984年，我已经调到丹寨县文化馆工作。这年3月底，省文化厅决定开展民族村寨调查，庄嘉如、吴正光二同志来到丹寨文化馆跟我们座谈。听了两位同志的讲话，觉得搞民族村寨调查是一件具有前瞻性的工作，非常有意义，我们集中了文化馆搞文字、美术和音乐的馆员组成调查组，奔赴大簸箕苗寨（图六），重点调查包括传统节日文化活动在内的苗族风俗习惯。原计划用半个月的时间完成调查提纲所规定的内容，结果只用8天的时间就完成了。这几天，我体会到了吴正光狂热的工作劲头，也体会到了他对人类学、民族学的造诣。这段工作经历，让我俩产生了友谊，我视他为师长，他把我当做知心朋友。

为了把村寨调查资料很快印刷出

图六　1984年3月29日李葆中（前排左一）等在丹寨县大簸箕苗寨调查

来，我与吴正光驱车前往铜仁办理印刷事宜，路经黄平飞云崖，他叫司机"刹一脚"。这时的飞云崖，正在紧张维修中，他是一定要看的。我随他步入"月潭寺"大门，亲切感油然而生，由衷地感谢文物部门维修我学生时代的心中圣地。在这里，吴正光给我介绍一些古建筑知识，还说他们打算利用经过维修的古建筑，在旅游线上建设一批专题民族民俗博物馆的构想。在飞云崖要建立"民族节日博物馆"。我被他们的远见卓识所折服，使我对文物工作者更加敬重。这次到飞云崖，还结识了解培九同志，他吃住都在飞云崖，参与维修工作，是一位老黄牛式的文物保护工作者，我与他也就成了朋友。6月份，"老解"当上了黄平县文物管理所所长。

这年的农历"四月八"，是当地传统的民族节日，飞云崖是节日活动的核心地段。吴正光特地约我去参加节日活动。这时，飞云崖的维修工作已经初具规模，重新向群众开放了。我到了黄平才知道，省文物考察团要到黄平考察飞云崖的维修工程。考察团由省委办公厅、省政府办公厅、国家民委文化司、文化部群众文化司等官员组成。在整个考察过程中，吴正光表现得很低调。他对我说："工作主要是黄平县的同志做的，多让人家表现表现。"那天，我跟随吴正光喝了苗家的"拦门酒"，参观了维修过的古建筑群和在古建筑内举办的《民族节日文物展览》，还和参加节日活动的群众一起狂欢。考察团肯定了飞云崖维修工程进展快，古建筑原貌恢复得好，肯定了利用古建筑举办节日文物展览和开展群众节日文化活动的做法。

贵州省的民族文物工作异军突起，将文物古迹同民族文化、民俗风情相结合，将文博事业同地方"两个文明"建设相结合的做法，受到中央文物部门和文物专家的首肯并大力宣传。于是，中央民族学院便不断有师生前来考察学习。1986年，我调到《黔东南日报》社工作，连续三年，吴正光都邀请我以记者身份陪同中央民族学院的师生。能够和吴正光一起陪伴来自北京的大学生，我是很高兴的，一是能够增添文物学知识，认识一些大学老师；二是师生们必定要到飞云崖去，那里是我魂牵梦萦的地方啊！

1989年的"四月八"，我以记者身份只身前往飞云崖采访民族节日，写了三篇小通讯，交给新华社，发了通稿。

我退休后，不断有外省亲友来访，飞云崖是我一定要带他们去参观游览的地方。我能够喋喋不休地给他们介绍飞云崖的历史沿革，还特别能说文物部门对飞云崖的维修和利用古建筑开办民族节日博物馆的意义，自我感觉挺好。

2013年，我70岁了，黄平机场通航，我们全家"自驾游"，参观了黄平机场，再次游览飞云崖。盛世胜景，林木更加葱茏，古建更加巍峨。置身此情此景，感慨我和飞云崖54年的情结，感慨我和吴正光以及其他文物工作者30年来的交往。

第三节　民族节日文化爱好者的回忆

一　阿冰的回忆

阿冰，姓梁名冰翎，女，广东人，定居北京。从学生时代见到第一片贵州苗族刺绣开始，多年来钟情痴迷于贵州丰富多彩的民族文化，特别是传统节日文化，数次深入贵州高原苗岭山区考察苗寨的"扫火星"、黔桂交界月亮山区考察苗寨的"吃鼓藏"等节日。她回忆道：

记得2000年12月3日开始到8日，贵州省榕江县计划乡"加去"苗寨过"鼓藏节"。"加去"苗寨位于贵州和广西交界的月亮山区，这是"加去"五六十年来规模最盛大的一次祭祖活动，我们一行前往这个植被覆盖率高达百分之95％，当时不通车也不通电的计划乡，然后还要攀爬个把两个小时，登上直耸在计划乡政府附近的传说中的"加去"苗寨，有幸目睹了祭祀活动的全过程，在月亮山的几天光景也成为了我终生难忘的一段经历。

12月3日这天是农历十一月初八，"鼓藏头"家杀猪，请祭祀鼓等，宣示"鼓藏节"开始了。"鼓藏头"是整个祭祖活动的带头人，他是寨子中选出来的有一定威望的人。

那天从"鼓藏头"家出来，我们在寨子里行走，随时有老人、孩子和来"加去"做客的亲朋们跟我们打招呼，甚至被拉到家里喝鸡汤粥，热情好客的苗族风俗洋溢在每个人的脸上，散布在寨子的每个角落。我们一行每个人的额头和身上还给系上一片"水窝"纹似的树叶和一条小鱼干，这应该跟纪念苗族祖先原生活环境和生活习惯有关。

初九，各家各户杀猪。进入了过节的紧张兴奋的状态，家家户户也都开始了只吃肉和主食不吃蔬菜的"鼓藏"习俗。我们当然得入乡随俗。可一开始还好随，没过两天，我们就忍不住不畏山高路滑爬上爬下，每天一定要下山找蔬菜吃去了，当时还安慰自己说在山下计划乡吃蔬菜不算不随俗……

初十，各家各户来的客人越来越多。这天午后，寨子里开始举行"芦笙敬寨"活动（图七），芦笙队伍颇为庞大，队长身披虎皮纹的斗篷，头顶着锦鸡翎子，沿着寨子的小路挨家挨户一边吹芦笙一边跳舞，像是给寨子驱邪又像要把沉睡五六十年的寨子唤醒。芦笙队所过之处，人语欢声伴着芦笙阵阵响彻山峦。到了晚上，主客青年男女欢聚在寨子边上的一个平整的露天活动广场——芦笙坪，参加"吹笙踩堂"活动。夜深了，有未尽兴青年朋友，分别邀到各自家中火塘边，通宵达旦对唱情歌。

十一日，在芦笙坪上"敬客饭"。上午各家准备客饭，下午两点左右，几乎全寨的青

图七 月亮山区吃鼓藏"芦笙敬寨"活动

壮老年男女，能"武装"的都武装起来了，煞有其事像是全寨的人都要跋山涉水远行似的。从寨子到芦笙坪其实距离并不远，大队伍浩浩荡荡，有举彩旗的、有拿大刀的、有拿红缨枪的、有吹芦笙的、有挑着酒肉米饭的……大家喊着冲呀杀呀奔向芦笙坪。我们跟在当中也来到了芦笙坪。这块山顶平地有近半个足球场大小，队伍有序的绕场一周，"鼓藏头"和长者带领大家敬了天地后，下午四点多天还没黑，邀请客人在山顶平地上吃饭——各家都用箩筐装着煮熟了的猪肉，而客饭是糯米饭，是用大簸箕蒸好放在箩筐上一起挑来的；饭菜不用筷子夹不用碗盛，簸箕上有唯一的一个碗，盛着盐和辣椒面的混合调料。就这样主人敬请客人们自己用手抓一把糯米饭，然后主人用刀切一块猪肉夹在米饭中间，由客人自己捏成"饭团"的模样，蘸点调料吃起来。一开始我心里还暗暗嘀咕手还没洗呀……没想到"人多吃饭香"是条颠覆不破的真理！

十二日，"牵牛旋塘"。这天，"鼓藏牛"被充分打扮起来，牛角戴银项圈，系上花头巾；牛背上，放置有代表良田金银的泥土和大米等等。各家的"鼓藏牛"在"鼓藏坪"上绕场一周，而女性穿戴盛装银饰，跟随在"鼓藏牛"后。人们还用竹竿抬着新布、花带、新衣、"鼓藏衣"以及被单床褥等等象征美好生活的之类的物品，绕场展现，意为让"鼓藏牛"把儿孙们最好的物品给祖先带去，表达对先人的追思。"鼓藏坪"位处于寨子边上的一个地势低洼处，是有一两个篮球场大小的圆形平地，大家都散在四周的坡上观看"牵牛旋塘"，地势使得每个位置视野都不错，看什么都看得挺清楚，不知为什么，这让我想起古希腊早期的剧院。

次日凌晨一至三点，亦即"丑时"，祭司来到"鼓藏牛"前，吟诵很长的祭祀词。他通过吟诵和祈祷把"鼓藏牛"的灵魂送上归家的路，让它回到"老家"即祖先居住的东方去陪伴先人。听完祭祀词，有的"鼓藏牛"不禁潸然泪下。当时我的心不禁也被触动了，十分不忍看到那大大的黑亮的眸中，闪着的安静而圣洁的泪光……凌晨四时许，"鼓藏头"家传来一声炮响，母舅家的一位男性亲戚，默默地将"鼓藏牛"

牵到头天下午已经准备好的枫木架前，牛头被架在枫木架上，随后，削成红缨枪般的另一根枫木缓缓稳压在牛头上。"鼓藏牛"的头，与枫木架正好形成了个"叉"字。周遭那么寂静，所有在场的人也都屏住了呼吸。瞬间，斧子起落，眼看着一头"鼓藏牛"头盖裂开，灵魂飞升，牛头毫无声息地搭在架子上，它就这样回"老家"去了。不知道是不是"晕血"的缘故，一时恍惚起来，头皮发麻，汗毛倒立，脑子一片空白。等回过神来，发现"鼓藏牛"身上盖上了五彩棉毛毯，一堆篝火在一旁燃了起来。很快，村子里一堆又一堆的篝火燃起，全村陆续燃起了近七十余堆篝火。建在山顶上的"加去"苗寨，仿佛就像一个巨大的古祭坛。

人们围着篝火静静地守着，困了的在火边上打个盹，周遭一切真是静极了，记得那晚很奇怪，不知为什么听不见平常的虫鸣。篝火似乎是沟通天地与先祖的温暖精灵，我和大家一起也围着火，席地坐下，看着跳跃的火光，温暖的篝火慢慢地让我的心平静下来，和"加去"的人们一起体验追思先祖的特别时刻。天亮以后，众人解剖牛，分牛肉，将牛肉放置在铺垫树枝、树叶的地面上。在"吃鼓藏"仪式过程中使用的所有树木、树枝、树叶，都是具有再生能力的树种。苗俗认为这能象征人与自然一样，永远生生不息。

在这个隆重的节日里，印象特别深刻的还有吹芦笙的小

图八　月亮山区身着"百鸟衣"的苗族村民

伙子穿的"鼓藏服"，这种服装造型方正简约，像是件没有扣子的连身衣裙。裙摆底部装饰白羽毛，看来这和苗家原始的飞鸟崇拜有关，大家把这美丽的衣裳称"百鸟衣"（图八）。"百鸟衣"上通常绣着蝴蝶、蜘蛛以及凤头、蛇身、蜈蚣足的一种神物。每个人的衣裳图案虽然都有点类似，但颜色明艳悦目，丝线由天然的动、植物染色，配色随意变化，色彩显得那么丰富、自由、灵活，真是每件"鼓藏服"都各有各的风采！

　　每每回忆起月亮山的"鼓藏节"，脑海里一幅幅画面就这样电影般重现。贵州精彩纷呈的节日文化，让我感受了不一样的生活场景，体会了不一样的生命历程。

二　吴笛的回忆

　　吴笛，女，父亲苗族，母亲布依族，中央民族大学民族学与社会学学院三年级学生。从5岁开始，即多次随其家人到苗族村寨"过苗年"、"吃新节"、"吃鼓藏"……目前，她正在法国里昂学习，时刻不忘在苗寨过节的美好记忆：

　　　　我出生在省会城市，接触车水马龙要多于绿水青山，所幸有着一位毕生从事民族文化工作的爷爷，让我从幼儿园起就获得了接触民族节日的机会。每逢苗寨过节，便会跟着爷爷奔跑于苗岭山区，走过一个个苗族村寨，登上一座座吊脚木楼，在苗族村寨必不可少的铜鼓坪上或跳舞或小憩（图九），伴着乡亲们的祝酒歌声、糍粑香味还有梯田中鲤鱼与青蛙攒动的声响，一年年长大……即便如今在异国他乡，每当回忆起这些民风民俗，仍禁不住心潮澎湃，想找友人诉说。

节日是一场流动的筵席

　　每逢农历十月"过苗年"，外出打工或是求学的，都会回到村中与家人团聚，宾客也会风尘仆仆前来"观礼"。弯弯曲曲的石板路直通寨门，姑娘们笑容可掬地摆好了十二道拦路酒。客人们在前两三道都会一口一杯地咽下去。酒劲渐渐上头，没走几步，只能央求姑娘们"少点，

图九　2004年10月2日吴笛（右二）等在苗寨铜鼓坪

少点"。接受敬酒，有个习俗，只能伸头不能伸手，但凡用手接上酒杯，必须一饮而尽。因此，客人们只好一路背着双手闯关。不多一会，客人和村民齐聚在铜鼓坪上。苗族姑娘们身着银妆，小伙子们手捧芦笙，神采飞扬，与姑娘们表演板凳舞、芦笙舞、锦鸡舞。头戴"虎头帽"、"鱼尾帽"的小孩子跟着舞队在铜鼓坪上蹒跚学舞。老奶奶们穿上精致端庄的节庆衣裳，坐在一旁，欣赏家人。最后的"踩铜鼓"实为高潮，所有村民和来客都会加入，相识的、陌生的手拉着手围成三四层圆圈，循着铜鼓坪的石板铜鼓纹路、踩着鼓点跳舞，称为"踩铜鼓"。这样一出舞蹈盛宴就以宾客互动结束了，没有演员和观众之分，互为友人不分你我。

　　苗家热情好客，争相邀请宾客到自家做客，好酒好肉招待，当然少不了好歌。宴席开始，祝酒声起，歌声如大山里的黄鹂清脆绵长，几个调子相互回转逐渐高昂，与小曲小调比起来更多了一份豪放。夜晚的苗寨没有大都市的繁华喧嚣，只剩下吊脚楼里唱到人心坎的歌声不绝于耳。

　　这样的节日氛围在苗寨十分常见，但是诸如"吃新节"、"鼓藏节"，还会有些特别的活动。"吃新节"，顾名思义，是稻谷初成熟的时节，各家各户到田间采摘饱满的新谷粒以及鲜嫩的果蔬"尝新"。过节并不局限于日常米饭烹食，而是将糯米浸泡过后，滤干、蒸熟，倒入"粑槽"，打成糍粑，香味萦绕在木屋里久久不散。还有一些节日是为祭奠祖先或英雄人物，需要杀猪宰牛，巫师领着众人到"保寨树"下举行祭奠仪式。仪式过后，大碗喝酒，大块吃肉，来自城市里的宾客，沾了节日福气而大快朵颐。

日常生活的放大镜

节日中除了特有的仪式外，还给我们这些大山外的来客一次体验民族生活的良机，那些看似不起眼的细节往往最牵动人心。小时候多次跟随爷爷参加郎德上寨"过苗年"、"吃新节"、"吃鼓藏"。去得最多的是2000年前后。那时，接待设施还未现代化，正是那份淳朴没有掺杂过度商业的气息让人留恋。我们一行住在"铜鼓坪"边的木楼二层，因为一脚踩下去楼梯就会"吱吱呀呀"发响，因此走得特别小心。在儿时的我看来，连那木楼梯都是威严的，每一走步都要轻声轻脚。简单的蚊帐，坚硬的床板，枕着木头的香气早睡，一觉醒来十分清爽。早晨大都是五六点就起床，大山里乌黑一片，打着从山涧流下的山泉洗脸，冰凉刺骨，瞬间驱赶睡意。随着太阳慢慢升起，天色从乌黑过渡到墨绿色，白白的炊烟从各家各户袅袅升起，木质的吊脚楼响起了"吱呀"脚步声。城里来的小孩子们即便早起也不发脾气，小小的身子依偎在吊脚楼的美人靠上，大口大口地呼吸着清新的空气，等着简单却健康美味的早餐。饭后沿着山势四处游走，看到起早劳作的男女村民，挑着稻谷猪草，涉水过河回家。妇女们坐在桥头一针一线绣着精巧的纹样；孩子们牵着自家的水牛在河里泡澡；小姑娘们在风雨桥上说着女孩的秘密，也学着长辈们制作苗家擅长的女红；小伙子们则在河边的泥地上赤脚打球，风一般地追着快要滚入河里的篮球……我坐在河滩上，晒着太阳，欣赏这幅祥和美好的画面。

感恩自然

去过苗寨同村民欢度节日的人，都不会忘怀苗岭的山清水秀，以及这自然风光所孕育的丰厚资源。这些生活在依山傍水之地的山民，循着山势，就地取材，搭建全木质结构、飘逸轻盈的吊脚楼房屋。没有广阔的平地就改造成梯田，反倒造就了另一种景观。没有鱼塘，就把鲤鱼养在稻田里，让鱼类与水稻相得益彰，收获无化肥也饱满的稻子，无饲料

图一〇　鱼骨纹路面

也肥美的鲜鱼。崎岖的山势更是方便山泉引流，名副其实的"自来水"，地地道道的"矿泉水"。节日期间，杀鸡宰牛的丰富肉类，天然放养的肉质在苗族同胞简单却高超的烹调下，让中外来客赞不绝口。他们用自己的智慧，顺应自然而非驾驭自然，凭着与自然和谐相处的态度，世世代代从大山里收获累累硕果，也尽心保护一草一木。"鱼骨纹"的石板路（图一〇）、"牛角形"的银头饰、"蝴蝶纹"刺绣品等自然元素，尽显感谢自然的恩赐。这是一种情感，从远古传承至今。

三　陈壮壮的回忆

陈壮壮，女，布依族，复旦大学中国语言文学学院汉语言文学系二年级学生。数度深入民族村寨考察，与村民共度佳节，她回忆道：

自己是少数民族，却生长在都市中，只庆幸在家乡的崇山峻岭深处，仍有桃花源一般的天地，永远报以微笑，满载热情地迎接我的回归。

第一次的相遇，是过年时的西江千户苗寨（图一一）。那时的西江苗寨还未久负盛名，我也尚在幼稚懵懂的年纪。在汽车后座颠簸了小半天，抵达苗寨时，青山之间的霞光覆盖着踮着脚尖也望不到尽头的吊脚楼群。虽然觉得周围的一切都很新鲜，小小年纪的我却并没有感到"旅行"的陌生，也许是因为住宿的地方是普通的民家而非酒店旅馆，也许

图一一　西江苗寨

是这个世界自然和古朴的气息扑面而来，我自抵达这里，就觉得很亲切。

上山的石板路弯弯曲曲，却每隔一小段路就摆放着一张低矮的木桌，我还没来得及询问身边的大人们，身着盛装的苗族姐姐们就敞开了歌声，双手从木桌上捧起碗，敬至客人嘴边，虽是酒，但在热情透亮的敬酒歌萦绕下，在银饰哗啦作响之中，在苗族人脸上绽开的笑容里，竟一桌一桌地喝到了半山腰。其中有谁不小心自己用手去接了酒碗，便又要再加一碗，但无人怕醉推诿，酒与热情融在一起，都欢欣接受。最后一道酒设在民家的院子门口，连我这样的小孩子也必须要抿一口才能进家。如今想起来，苗族人的热情就是这样忽如其来，唱起歌，端起酒，便是最生动的表达，你来不及腼腆，就自然融入了这氛围里，仿佛喝多少米酒都不会醉。而酒，确实很符合苗族人的性格，感情浓郁，真诚自在。

晚餐自然也少不了歌声与酒香，而不吃肥肉的我，竟然吃了好几块肥厚满口的腊肉，在这里，人被感染着，褪去了扭捏与做作，回归到最自然的样子。夜幕完全降临后，坐在"美人靠"上，看着山间每一户苗家都点起了灯，连结成一片绵延的星火，藏蓝深邃的夜空之下，大山的剪影清晰又绵长，守护着这一方土地，这千家寨民。激动的心情被这样的夜景抚化得安静了，仿佛有一种庞大而沉郁的力量，借着深山和星火徘踏而来，让人心生感动。

在吊脚楼一夜沉眠后，清晨，薄雾轻抚，青山和吊脚楼都变得清新起来，但时不时几声刺耳而凄厉地叫声划破了宁静，原来是庆祝活动已经开始——每家每户都要杀猪。当时年纪小觉得害怕，如今明白这是节庆，是欢乐，是生活的一部分。除此之外，大多数苗家还要亲手自制糍粑，用硕大的木头一次次地舂着石缸里粘黏的糯米团，然后直接用手拽出一块，蘸着花生面和苏麻面，趁着暖热冒着白气，吃下去是一口的软糯香甜。下午些，大广场上会举行歌舞表演，演出的都是土生土长的苗族人，女人们穿着彩条长裙，精巧的刺绣将花鸟鱼虫盘符在她们的袖口、衣襟。木鼓舞、板凳舞，裙上的彩条随着款款舞步飞扬，头上的银冠有节奏地颤动着，身上银饰发出的清脆的响声。她们旋转着，跳跃着，舞动着，这不是纯粹让人远观欣赏的舞蹈，那股自信，自然，和热情，让你情不自禁想要加入，与之共舞！而之后男人们的芦笙舞，"滚山珠""巧喝酒"等近乎杂技的动作令人赞叹苗族小伙的活力和灵巧，那笙歌洪亮悠远，气势动人，那份豪气直扑而来！

参与这些活动，就是参与苗族人过去的历史与今天真实的生活。让每个人沉醉其中的，不是活动本身，是整个村寨，一个民族共同欢庆的氛围，是苗族人热爱生活，乐观奋进，热情自信的精神闪光。这第一次的苗寨之行彻底印刻在了我年幼的心里，日后无论是西江千户苗寨，还是郎德上寨，不仅它们是净土，那些亲身造访的经历也成为了我心中的清流，在漫长岁月里，时常被怀念和回味，与我一起行走在成长的路上。

随着学习负担加重和生活更加多彩丰富，少年时期去西江或郎德的机会渐渐少了，或者说，是在看似繁华美满的都市生活里越发下沉了，在重复的某一天，在繁冗的某一刻，忽然想念起了在苗寨里那种纯粹而自然的状态，无论是火辣的热情也好，夜晚安静有力的星空也罢，在世俗细琐的凡事间，都显得那么遥远和珍贵。但终究只能怀念着。

直到2012年18岁高考结束的暑假，在人生即将开始新一段旅程的时候，才又重返了苗寨。这一次是和表姐以及同学前去郎德上寨。和童年时期造访苗寨不同，更成熟的心智在熟悉的郎德有了新的体会。

坐火车到凯里，再转客车前往郎德，路况已经好了很多，只需一个小时左右的车程。终于又回到了这里，那条流入丹江，我至今未知名字的河流依然在温柔地流淌，甚至连泡在水中的老牛，也似曾相识，仿佛和小时候在河边玩耍时看见的那头一模一样。唯一崭新的，是寨口一块硕大的石头——刻着"奥运圣火走过的地方"（图一二）。同千户苗寨相比，郎德更加幽然，也更有苗家人生活的平实感。我们宿在老支书家中，墙上挂着大幅绚烂精致的刺绣和蜡染，弥漫着浓厚的民族感。从二楼眺望，翠绿的梯田与木色的吊脚楼镶在青山间，偶有苗家姑娘走动时银饰摇晃的哗啦声传来，清风拂面。不知道是因为脱离了玩闹的年纪，还是这样的苗家村寨自然地就能让人安于沉静和独处，在"美人靠"上的悠闲时光转眼就是一下午。

除了心灵上的宁静，回到苗家更不会缺少热情和欢闹。拥有十二道太阳光芒纹路的广场上，芦笙音乐穿梭在寨中，穿梭在姑娘和小伙的舞姿中，歌舞内容我当然不曾熟悉，但那喷涌的热情和欢乐，却是我一直怀念和铭记

图一二　奥运圣火走过的地方

的。表演作罢，激情继续延续到晚餐上，男主人用随手一拈的树叶吹奏，给女主人的敬酒歌伴奏，在这招之即来的歌舞中，众人必是不醉不归！在这节庆一般的氛围里，忽然想起了父亲常念叨着的"少数民族的气性"。一次次亲历苗寨，越加明白这种"气性"的闪光，那是人最纯然的一种生活状态，与青山绿水为伴，平日诚恳劳作，节日畅快欢庆，用平实地生活守护并传承历史和民族的文化与精神。简单，但情怀满腔。

到上海读大学后，也走了许多如西塘、同里、南浔的江南古镇。虽然都是远离现代都市的存在，但与家乡的苗寨相对比，要么商业气息浓重以至于古镇与布景无异，要么就是太过梦幻让人不安。只有家乡的桃花源，让我被真诚的人，真实的生活所感染，重拾人生的一腔纯粹。

四　吴雨霜的回忆

吴雨霜，女，父亲苗族、母亲土家族，正在贵阳市第六中学读高一。两次随其家人到苗族村寨。也曾参加学校组织的出境游、出国旅游。给她印象最深的是民族村寨。她认为，在苗寨旅游的日子，比过年过节还好玩：

从我记事起，我去过很多繁华的城市——北京、上海、深圳、香港、新加坡，可是在我梦境里出现最多的"桃花源"，是我6岁时第一次踏进它的大门可心里从未迈出过的那个苗族小寨——郎德上寨。

懵懂时我第一次来到郎德上寨，那里有我从没见过的许多事物。7年后我再次来到这里。两次进入苗寨，都遇到村民过节（据说叫做"吃新节"），而且，两次都在风雨桥下的小溪中戏水、捉鱼、抓螃蟹、拣卵石（图一三），季节都是七八月间。

多年过去了，时刻回荡在我耳际的是敬酒歌。苗族村民热情好客，每当远方客人到访，都要安排身着盛装的男女老少在村寨口设卡列队，夹道欢迎：吹笙击鼓、载歌载舞、拦路敬酒。敬拦路酒前，要唱拦路歌。苗家的拦路歌、拦路酒，少则三五道，多至12道，最后一道设在寨门口。寨门是座小巧玲珑的木楼，一对牛角酒杯悬挂于门楼正中，两位身着盛装的村姑双手捧牛角杯，向来客敬酒。酒以当地优质糯米、野果、山泉水为主要原料，用古老传统工艺烤制，具有入口醇厚、回香悠长、补中益气、驱寒除湿等功能，是苗族村民招待贵宾的佳酿。

郎德上寨，寨子不大，树木很多。房子都是木结构吊脚楼，楼上安装美人

图一三　2004年8月26日陈壮壮（右一）吴雨霜（左一）吴笛（中）在苗寨小溪中

靠。关于美人靠，我听过一个传说：春秋时代吴王夫差专为西施所居住的屋子设计了一个东西，这东西是一种下设条凳、上为曲栏的木制建筑，因向外探出的靠背弯曲似鹅颈，其优雅的曲线合乎人体轮廓，坐着十分舒适，当时被人们誉为"美人靠"。此虽无以确证它是否就是现在吊脚楼上的美人靠，但我相信，在它逐渐盛行的历程中，纠缠了诸多美丽的哀愁。人们认为这样的解释更好：古时妇女，尤其是贵族阶层的妇女皆深闺居处，抛头露面是不被允许的，活动场所与精神世界都极为有限。百无聊赖之际，她们只得妆楼瞭望、凭栏寄意。西楼的月缺了又圆，却没有心上人的归期。更何况，韶光易逝、花开不再的闲愁轻易就涨满了胸臆。那些美人靠，曾印下多少蹙眉凝眸，引颈顾盼的寂寞身影？君不见，"朱栏倚遍黄昏后"的"闺怨"是怎样被一遍遍咏唱？当然，倚栏举目、肠断天涯也并非女子的专利，"独自莫凭栏，无限江山，别时容易见时难"，"把吴钩看了，栏杆拍遍，无人会，登临意"——大抵，有心事的人都偏爱那一道道曲栏。在他们眼中，美人靠只有佳人才会拥有它的价值和风韵。

殊不知，郎德上寨的美人靠用途丰富得多。苗寨美人靠安装在吊脚楼二楼堂屋外廊上，为的是便于家人在此小憩纳凉和向外眺望。而安徽、江苏、浙江一带汉族民居的美人靠，则安装在天井内的走马转角楼

上，且靠背全封闭，外来人员从下往上看，只能看见窗户而看不见人面。居住在闺楼上的姑娘想观察楼下动静，须借助楼上密密麻麻的窗户雕刻。那采光不佳的窗户雕刻，是用来遮盖闺女脸面的。古代汉族闺女不大出门，即所谓"大门不出，二门不迈"。但苗族姑娘不但要出门，而且要多与外界交往。苗族文化不封闭，民居建筑也不封闭。家家户户，没有围墙，没有朝门，吊脚木楼一览无遗伫立在山坡上。美人靠分外醒目地安装在二楼外廊正中。美人靠的楼下是通道，每当行人过此，不论认识与否，楼上楼下，总要打个招呼，遇到生人还格外热情，这是苗家的规矩。从某种意义上说，美人靠的主要功能是姑娘们的开放式绣花房。苗族谚语说："姑娘不绣花，找不到婆家。"苗族服装经久不衰，与特殊风俗、文化传统有着十分密切的关系。青年人在节日恋爱中，常用鞋垫、花带、荷包、背袋等等，作为勤劳、智慧、富有的象征，爱慕、思恋、忠诚的信物。结婚礼服更为讲究，新娘子将从小在先辈指导下精心制作的结婚服装尽可能多地穿出来，习称"亮家当"。服装数量的多少，制作工艺的优劣，被视为衡量新娘智商的尺度，步入人生的"文凭"。婚后生儿育女，年轻的母亲将全部母爱倾注于下一代。于是，小巧玲珑的儿童帽子、儿童鞋子、口水围脖、儿童背带等婴儿用品一件比一件精，一套比一套美。在这里，制作精美的婴儿服装，成了建立新家庭的重要标志，是这位苗族妇女人生旅途上的重要里程碑，凝结她的成就感。

图一四　在美人靠上花的苗族妇女

苗族姑娘们坐在宽敞明亮的

美人靠上做针线（图一四），织花边。三三两两，梳着古代发型、头戴耀眼饰物的苗族村姑，哼着小调，坐在美人靠上绣花，制作节日盛装，准备结婚用品，是苗岭山区的特有景致。

因为婚姻制度的不同，特别是节日文化的差异，江浙走马转角楼上的美人靠与苗寨吊脚木楼上的美人靠，安装在不同的部位，使用不同的工艺，发挥不同的作用。同样生活在美人靠上，封闭与开放、昏暗与敞亮、忧郁与愉悦，形成鲜明的对比。

五　吴心椿的回忆

吴心椿，苗族，贵州省贵阳市省府路小学六年级学生，10岁那年，曾与家人、亲戚到苗寨过节，住在"大公鸡"家，回来作文写道：

我们一家、舅舅一家与爷爷一行7人，乘坐两部私家车前往苗寨过节，开启了一段充满民族风味的见闻。

"到了，到了！"比我大不了多少的表哥把熟睡中的我叫醒。我迷迷糊糊地下了车，突然感到一股清新的山林气息扑面而来，顿时神清气爽。环顾左右，一栋栋吊脚木楼修建在山坡上，河水静静地穿过山寨。

我们将车子停靠在河边，下车后，爷爷领我们朝他的老朋友"老支书"家的吊脚楼走去，楼上许多游客正在吃"长桌宴"，主人无暇关注我们。过了一会，打扫卫生的老支书的小孙女发现爷爷，立即告诉她母亲。她母亲正在厨房忙着为客人炒菜，一面揸手一面走出来说："巴娄（苗语，伯伯）来啦，不先打个电话？"言下之意，不先预约，没有地方吃住。她立即打电话，询问这家，询问那家，最后得知"大公鸡"家还有住处。

"大公鸡"在河对面四周都是稻田的山麓修建了一栋吊脚楼，开了一个"田园苗家乐"，接待零星客人。经过一座风雨桥，爬了一段小山坡，前往"大公鸡"家。一路上，最令我身心愉悦的是那一小段路了：金黄的稻子包围着我们，走在蜿蜒曲折的田坎上，暖暖的阳光，扑鼻的稻香，不亦乐乎。在田坎上行走时，看见已经割了稻子的水田里，有位苗族老婆婆在捣鼓什么，爷爷告诉我们，她正在捉鱼。在河里捉鱼不新鲜，在稻田捉鱼我还没见过呢！那个婆婆拿着一个两头都通透的竹筐，这边看看，那边看看，猛地将竹筐扎入水中，然后察看竹筐里的动静：没捉到。再来！有个游客叔叔受到吸引，赤脚跟着在田里转悠，忽然将捉到的鱼兴奋地举起来。虽然是条小鱼，我也感到开心。

住下来后，离晚饭还早，我和表哥乘机跑出去玩。在走过风雨桥时，表哥将我拉住："看！水蛇！"我从小没有见过水蛇，觉得它是一种很稀罕的物种，兴奋不已。

我们贪婪地吸着新鲜的空气，光着脚丫沿着寨子外的小河向下游走去。河水清澈见底，脚踩进河水时，那种清凉的感觉是从未有过的，就像在炎炎夏日里咬了一口还冒着寒气的冰棍，瞬间感觉清爽了。我们来到河中像小岛一样的沙丘上，玩一种既简单又有很大难度的游戏：打水漂！我与表哥非常沮丧："为什么又打不起啊？""那么好的一块石头又浪费了！"爸爸他们的表现可不一样，只见手一挥，定能打出几个水漂。"鞋跑了"，妈妈叫了起来。原来舅舅的拖鞋被水冲走了，嘻嘻哈哈的笑声随着拖鞋一路飘去。"肚皮乐队"开始打起鼓来，我们开心地回到"大公鸡"家。

上得楼来，但见"大公鸡"家的吊脚楼里，放有好长的桌子，桌上摆满了美味。爸爸妈妈在高亢激越的"敬酒歌"停息后，兴奋不已，将主人自酿的米酒一碗一口地喝了下去。不知喝到什么时候，寨子里的"五朵金花"来到这里。原来，"大公鸡"的妻子也是"金花"之一。她们跳起了欢快的《锦鸡舞》，拿着"酒海"（一种有柄有嘴的装酒陶器）、酒碗，来到我们面前，唱起了敬酒歌（图一五）。主人每唱一首歌，客人得喝两碗酒，理由是客人是"用两只脚走来的"。唱呀喝呀，爸爸妈妈醉倒了！长长的桌子，高亢的歌声，苗寨一直在欢腾，我也跟着欢笑，就连来此旅游的二三十位"自驾族驴友"也闻声赶来看热闹，同样被"金花"们用自酿的米酒灌得面红耳赤。

我和表哥年纪小，可以不喝酒，悄悄遛到露台上。没有城市的污染，星星分外明亮：一颗、两颗、三颗、四颗，我们数着星星。看着满天星斗，有一种无限静谧的感觉，多想投入这漫天星辰的怀抱，然后就

图一五　跳锦鸡舞的苗族姑娘在"大公鸡"家向客人敬酒

这样沉沉地睡去。

　　第二天醒来，才清楚看到，在"大公鸡"家吊脚楼的板壁上，悬挂许多大幅彩色照片（图一六）。爷爷告诉我们，"大公鸡"是这家主人的外号。他叫陈光文，1988年参加"贵州民族节日文化歌舞表演队"，随飞云崖民族节日博物馆在西安、北京、深圳巡回举办的《贵州民族节日文化展览》表演苗族《斗鸡舞》。他与另外一位苗族青年，吹着芦笙，欢快起舞，表演两只公鸡嬉戏打斗场面，上蹿下跳，淋漓尽致，妙趣横生。他个头稍高，被称为"大公鸡"，个头小的叫"小公鸡"。他俩后来还在北京近郊的全国风景名胜区河北野三坡苗寨表演了好几年。之后，应邀到广西、云南等地传授苗族芦笙演奏技艺，还一度参加著名舞蹈演员杨丽萍主办的《云南映象》演出。多年在外献艺，积攒了一些钱，回家娶妻生子，在四周都是农田的"干育山"山麓，修建了一栋安装有美人靠的木结构吊脚楼，自己动手搞装修，办起"田园苗家乐"，除向观众、游人提供食宿外，还免费表演各种芦笙舞曲。昨天晚上，他

图一六　1991年10月1日"大公鸡"陈光文（左二）与其苗族同胞在天安门广场

邀请村中六位姐妹（其中一位是从安徽合肥嫁过来的汉族少妇）前来助兴，为我们表演敬酒歌、游方歌、锦鸡舞，称之为"闹寨"。苗寨有个风俗，哪家来了客人，村民会来"闹寨"。把一家人的客人当做全寨的客人，这个风俗，与《桃花源记》一样。

　　早餐吃罢鸡汤稀饭，我们离开郎德上寨，村民一路唱歌、敬酒送行，又招来大批看客。询问得知，有湖南的、江西的、安徽的，最多是四川、重庆的。重庆一对年轻夫妇，昨夜与我们一同住在"大公鸡"家吊脚楼上，说"一夜没睡安逸，感慨太多了，高兴惨啦，真没想到，当今世界，还有这样的地方，堪称世外桃源！"

附录

节日文化　飞向海外*

——《中国贵州民族节日文化展览》赴美前后

1989 年，在上年于西安、北京、深圳、广州、顺德等地巡回举办《贵州民族节日文化展览》和随展进行民族节日歌舞表演的基础上，贵州省文化厅应邀组织 14 人的代表团，赴美参加中国、苏联、日本、西德"四国艺术"节，举办《中国贵州民族节日文化展览》，往来费用及一应开支由美方负责。文物处长吴正光参与了全过程，前前后后，记有日记。

1989 年 2 月 28 日　贵阳　收到国家文物局下属的中国对外文物展览公司（习称"出国文展"）樊申炎转来的美国华盛顿州斯波坎市为庆祝华盛顿州建州 100 周年而举办的中国、苏联、日本、西德"四

图一　1987 年 6 月 20 日樊申炎（右一）在清水江考察龙船节

---

* 本附录由巴娄编写。

国艺术节"总裁尚·黑根斯签署的邀请信原件。樊申炎在中国人民大学文博班学习期间曾到贵州实习，研究独木龙舟文化（图一）。毕业后，应邀到镇远、郎德等城镇乡村拍摄文物古迹和民族风情照片，参加在北京举办的《贵州酒文化展览》、《贵州蜡染文化展览》、《贵州民族节日文化展览》，热衷于把贵州民族文化推向海外。

1989年3月1日　贵阳　上午，参加首届贵州艺术节筹备会，其间接听樊申炎北京电话，谈去美国举办民族节日文化展览及民族节日歌舞表演事。下午到省外办咨询出国办展、表演事宜。

1989年3月2日　贵阳　中午与樊申炎通电话，告诉她与省外办联系结果。

1989年3月3日　贵阳　快下班时，樊申炎来电话，她催促我就出国办展、表演事，快写报告上报文化部。

1989年3月4日　贵阳　一早起来起草《关于赴美参加"四国艺术节"的报告》。上班便向王恒富厅长汇报，然后将《关于赴美参加"四国艺术节"的报告》交给分管文物工作的潘廷映副厅长。

1989年3月8日　贵阳　上午与樊申炎通电话，她再次催促我就前往美国参加"四国艺术节"事上报文化部。我告诉她，报告已呈送文化厅领导。

1989年3月9日　贵阳至雷山　与成维忠、周德海等乘车前往雷山、台江。此行主要任务是挑选赴美参加"四国艺术节"歌舞表演人员并挑选民族民间工艺品。在雷山郎德上寨考察后，确定苗族姑娘陈亚往（图二）去美国。夜宿台江。

图二　陈亚往（中）与苗族姊妹

1989 年 3 月 10 日　台江　上午先看刺绣、花带，然后去反排，在村长家吃饭。饭后看"木鼓"即"祖鼓"。每次进入"祖鼓房"，都必须用甜酒祭祀木鼓。接着，看村民跳木鼓舞表演，确定万正文（图三）、唐汪报（女）两村民去美国。下午 1 点过下山，一路喝"拦路酒"，不知不觉中醉，以至在前往铜仁途中，误到剑河，晚上 8 点过才到铜仁。

1989 年 3 月 11 日　松桃　上午到松桃苗族自治县的"地所"、"当岭"两个苗寨挑选"打花鼓"

图三　万正文（右）与苗族兄弟

图四　吴香凤（右）龙七英（左）龙世碧打花鼓

演员，确定吴香凤（女）、龙七英（女）、龙世碧（图四）去美国。

　　1989 年 3 月 13 日　　镇远、黄平　上午离开铜仁，中午到达镇远。下午研究筹办民族建筑文化博物馆。晚上到黄平，研究举办《贵州民族节日文化展览》汇报展览事。路过飞云崖，看了"配套设施"建筑工地。

　　1989 年 3 月 14 日　　贵阳　下午 5 点回到贵阳。晚上会见参加举办民族服饰展览的基层同志，据负责组织工作的张诗莲说"非常壮观"。这是"抢救民族文物"活动的服饰部分。蜡染部分汇报展览，于 1986 年举办过了。

　　1989 年 3 月 15 日　　贵阳　上午到办公室，打印、复印文件、邀请书，并拍电报给在苏州办酒文化、蜡染文化展的同志以示慰问，然后到省博物馆看民族服饰汇报展览，与办展同志碰头。下午继续看民族服饰汇报展览，非常鼓舞人心，特别是西部地区的民族服饰，令人耳目一新。

　　1989 年 3 月 16 日　　贵阳　全天在省博物馆看民族服饰汇报展览。中午与北京通电话，咨询赴美参加"四国艺术节"报告审批程序。

　　1989 年 3 月 17 日　　贵阳　全天在省博物馆看民族服饰汇报展览。晚上邀请庄嘉如交谈，建议她去广州看《贵州民族节日文化展览》，并邀请有关领导去广州看该展览。

　　1989 年 3 月 18 日　　贵阳　下午座谈民族文化保护宣传工作，徐健生、李庭桂、罗尚才、褚振民、田兵、潘廷映等领导同志参加。

　　1989 年 3 月 19 日　　贵阳　全天在省博物馆看民族服饰汇报展览，并与各地来贵阳办展的同志商讨编写《贵州少数民族服饰研究》一书的有关问题。

　　1989 年 3 月 21 日　　贵阳至水城　与张诗莲、吴翠蓉等前往水城，观光苗族二月"跳花节"，考察节日文化表演人员祝兴荣、祝兴智家乡的民族风情。确定祝兴荣、祝兴智去美国。

　　1989 年 3 月 22 日　　水城　上午，前往南开三口塘，观光南开"跳花节"，场面极为壮观，拍了不少照片，而后步行前往祝兴荣家，吃的苞谷饭，还有老腊肉，好吃。他爱人给我一件她亲手制作的挑花苗族服装。晚上7点过回到水城。

1989年3月23日　水城　上午，斯信强、刘军来宾馆谈六盘水市文物工作。下午在刘军同志处休息，阅读《中国博物馆通讯》1989年第2期。晚上，张诗莲的爱人杨波请吃饭，喝醉了。

1989年3月24日　水城至贵阳　离开水城，回到贵阳。

1989年3月25日　贵阳　上午接待新华社记者石新荣，她是来采访出国举办民族节日文化展览和节日歌舞表演一事的。先后与出国文展樊申炎、文化部部长王蒙的秘书杨流昌通电话；又与文化部北大处处长刘文学通了电话，交谈准备出国办展、表演事。下午，樊申炎又来电话谈出国事，建议发明码电报给文化部。晚上到文化厅办公室副主任薛远亮处，请他关照此事。

1989年3月26日　贵阳　上午在家，给文化部副部长王济夫写信，请他关照我们出国办展、表演审批事。

1989年3月27日　贵阳　下午，老乡麻士元医生来，顺便向她了解苗族民歌演唱事和"打花鼓"的有关风俗。

1989年3月28日　贵阳　上午与樊申炎通电话，晚上与杨流昌通电话，进一步细谈出国办展、表演事。

1989年3月30日　贵阳　樊申炎来电话，说美国"四国艺术节"中国项目负责人唐·汉米尔顿要来贵州民族地区考察。立即与省外办联系，人叫给省政府写报告。

1989年4月1日　贵阳　文化厅艺术处王德勤等来谈乐器征集问题。先前曾与他商量，文物处出资，艺术处组织征集、研究民族乐器，他们享有研究成果，我们收藏民族乐器，用于充实飞云崖民族节日博物馆。与樊申炎通电话，约定下星期一告知文化厅电传号码。下午到省政府、省外办、财政厅，联系办理出国办展、表演手续。

1989年4月3日　贵阳　上午与罗会仁、唐文元、吴仕忠、简菊华等商量接待唐·汉米尔顿事。与省政府、财政厅联系下去考察文物经费管理工作。下午，省政府熊小玲来电说，接待唐·汉米尔顿不用批。樊申炎来电话，告知唐·汉米尔顿行动计划。

1989年4月4日　贵阳　上午收到文化部3月25日对我们赴美参加"四国艺术节"申请的批复。熊小玲应邀来到文物处，联系去广州接待唐·汉米尔顿事。

1989年4月5日　贵阳　上午，樊申炎同志来电话，告知唐·汉米尔顿4月13日下午6：55从香港抵达广州。下午先向王厅长汇报：一、出国组团问题；二、机构改革问题；三、省博物馆班子问题，然后到省外办。晚上到王厅长家签发出国组团报告。

1989年4月6日　贵阳　一早起草唐·汉米尔顿在贵州考察路线。

1989年4月10日　贵阳　上午到省外办递交报告。中午，与在广州举办《贵州节日文化展览》的成维忠以及专程前往广州接待唐·汉米尔顿的王瑾、熊小玲联系，询问机票情况。下午樊申炎来电话，说她和王好13号来贵阳，20号回北京。她来贵州主要是陪同唐·汉米尔顿下乡考察。

1989年4月11日　贵阳　下午打电话给黄平、施秉、镇远、台江、雷山等县文化局或文管所，安排唐·汉米尔顿考察事宜。

1989年4月12日　贵阳　下午向潘厅长汇报接待唐·汉米尔顿考察方案，他的意见是由我们支付唐·汉米尔顿贵阳至北京机票。

1989年4月13日　贵阳　上午到机场接出国文展樊申炎、王好。回到办公室后，陪樊申炎、王好去省博物馆看服饰展览、蜡染展览。晚上等待唐·汉米尔顿消息。夜宿文化厅招待所

1989年4月14日　贵阳　得知唐·汉米尔顿已到香港，因无机票前往广州，整天为此给美国、广州打电话。

1989年4月15日　贵阳　上午接成维忠广州来电，说唐·汉米尔顿已飞往贵阳，叫到机场迎接。立即赶赴磊庄机场，顺利接到唐·汉米尔顿及其妻子罗娜。下午，陪唐·汉米尔顿夫妇到省博物馆参观民族服饰展览。晚上看民族节日文化表演录像。夜宿文化厅招待所。

1989年4月16日　贵阳至黄平　陪同唐·汉米尔顿夫妇，前往黔东南考察民族风情（图五），中午到黄平，在飞云崖节日博物馆考察（图六）、吃饭，确定黄平姑娘罗登英、罗学英（图七）去美国。随行的

图五　1989年4月16日唐·汉米尔顿夫妇与陪同考察人员合影

有出国文展樊申炎、王好，省
政府熊小玲，省财政厅井绪
江，省公安厅小甘，省文化厅
张寿芬、王瑾等多人。夜宿施
秉云台山。

　　1989年4月17日　施秉
至镇远　陪同唐·汉米尔顿夫
妇游云台山、潕阳河，夜宿镇
远青龙洞。

图六　1989年4月16日唐·汉米尔顿夫妇
考察飞云崖民族节日博物馆

　　1989年4月18日　镇远
至雷山　陪同唐·汉米尔顿夫
妇离开镇远，经施洞口、台江
到郎德。夜宿郎德。晚上与樊
申炎看苗族巫师"赎魂"，经
允许拍照，颇有价值。

　　1989年4月19日　雷山
至贵阳　陪同唐·汉米尔顿夫
妇离开郎德，经福泉回到贵

图七　罗登英（右）与罗学英

阳。夜宿文化厅招待所。

1989年4月20日　贵阳　上午陪同唐·汉米尔顿夫妇挑选工艺品，观看节日歌舞表演。中午送唐·汉米尔顿夫妇和樊申炎、王好上机场。

1989年4月21日　贵阳　上午撰写筹备赴美参加"四国艺术节"宣传报道稿。

1989年4月22日　贵阳　下午与樊申炎通电话，她叫我报送赴美参加"四国艺术节"人员名单。

1989年4月23日　贵阳　白天到省图书馆查报纸，了解美国苗族情况，做出国准备。

1989年4月24日　贵阳　上午向潘厅长汇报出国准备情况。给在浙江办酒文化、蜡染文化展览的同志拍电报慰问。下午到省政府、省外办，办理出国相关手续。

1989年4月25日　贵阳　下午樊申炎来电话，说已将名单传给了在美国的出国文展崔宝印，他应聘在"四国艺术节"中国部工作。

1989年4月28日　北京　上午与樊申炎到文化部外联局联系出国办展、表演事。下午到文化部王蒙部长秘书之一杨流昌处、国家文物局文物处处长郭旆处。后到首都机场接唐·汉米尔顿夫妇，他们从吉林拍照回来。吉林市与斯波坎市是姊妹城市。

1989年4月29日　北京　上午到唐·汉米尔顿夫妇住处。中午在天府餐厅同唐·汉米尔顿夫妇共进午餐。下午到北京饭店给美国打电话。晚上，唐·汉米尔顿夫妇在建国饭店宴请我们。厅长王恒富、办公室主任邹祖义应邀参加。

1989年4月30日　北京　晚上在贵州驻京办事处宴请唐·汉米尔顿夫妇。王济夫副部长、王恒富厅长、邹祖义主任等参加。

1989年5月2日　北京　下午与樊申炎先后到崔宝印的哥哥崔宝山处、唐·汉米尔顿夫妇处，然后回到国谊宾馆，给在美国的崔宝印打电话。

1989年5月8日　北京　上午，深圳博物馆馆长黄崇岳前来谈联合在深圳博物馆举办《贵州民族节日文化展览》事。黄崇岳原是中国人民大学历史系教员，曾带领"文博班"学生到贵州实习。下午陪同樊申炎到美国驻华大使馆办理出国签证。她为我们打前站，但不占用我们的出国指标。

1989年5月9日　北京　上午到中央民族学院民族学系商谈学生到贵州实习事。下午到国家文物局、文化部。晚上，杨流昌请我和樊申炎在他岳父岳母家吃饭，文化部办公厅主任胡征作陪，席间交谈出国举办展览、表演事。杨流昌的爱人徐秋与我们组团去美国演出。她是铁道文工团的演员，擅长表演魔术。

1989年5月11日　北京　下午在中央民族学院民族学系向即将到贵州实习的学生介绍贵州民族文化工作情况，重点是节日文化。

1989年5月19日　贵阳　下午与王厅长谈组团出国问题。晚上王厅长在我处吃饭，谈到凌晨1点。

1989年5月20日　贵阳　上午到省外办，主任王天俊接待，说可派人参与组团，叫赶紧写报告。下午到省外办递送报告，王天俊接待。晚上8点给美国打电话，要找的人不在，通过录音电话约定明天同一时间再打。

1989年5月21日　贵阳　晚上8点给在美国的樊申炎打电话，她告知，以后最好在下午2至4点（美国22点至0点），晚上22点至23点（美国为6至7点）打电话。

1989年5月22日　贵阳　上午到省外办、财政厅申请外汇。下午先给美国打电话，然后到省外办核对机票名字。

1989年5月23日　贵阳　上午给崔宝印打电话，樊申炎接听，告知机票有问题：有的姓氏在前，名字在后，有的名字在前，姓氏在后，不一致。她说"不碍事。"下午又给樊申炎打电话，要她在美国的通信地址。向王厅长汇报演员吴香凤可能怀孕事。晚上同吴香凤谈话，她自认为"没问题"。

1989年5月24日　贵阳　上午先给出国人员填写政审表，后到省外办、财政厅，外汇批准了。下午与樊申炎通电话，告诉她这边情况。她说美方答应解决联程机票问题，并嘱咐给艺术节总裁尚·黑根斯写信，告知道具重量。4点过，将机票寄回美国，后到省外办送表。

1989年5月25日　贵阳　上午研究道具包装问题。后到省委组织部、省外办联系政审事。下午研究带什么工艺品出国，后带领全体出国人员到"阿嘛照相馆"拍照，作办理护照用。接着到外汇管理局、省财政厅办理外汇。晚上11点与樊申炎通电话，她说美国的斯波坎与中国的哈尔滨同一纬度，嘱咐我们带毛衣。

1989年5月26日　贵阳　晚上先给杨流昌打电话，然后召集全体出国人员开会。

1989年5月27日　贵阳　上午带领全体出国人员到省公安厅看录像，后到省外办交出国人员政审表。下午与省外办副处长姚守伦交谈，观看演出，一起吃饭。他将随同我们出国，担任翻译、副团长，不收聘金。

1989年5月28日　贵阳　上午上街购买衣料，做出国服装。

1989年5月29日　贵阳　中午与罗会仁到招待所看演员的行李、道具，测量尺寸。下午先后到省外办、民航售票处。晚上到老会计王汝玉处，他建议出国行李、道具包装箱做得好看一点，木箱子外面，蒙上一层蜡染布，上档次，有特色。

1989年5月30日　贵阳　上午起草出国经费预算及免收翻译人员聘金报告。到省外办递送有关资料，后到杨金秀蜡染厂看蜡染工艺品。中午给樊申炎打电话，通报这边情况，并询问：一、广州至香港机票谁开支？二、节目单在哪里印？三、从哪个口岸入境？

1989年5月31日　贵阳　一早起来给樊申炎、崔宝印写信，并寄展览照片给樊申炎，以便她提前放大。上午，省外办姚守伦来文物处交代有关出国事宜。下午在省博物馆请吴仕忠给出国人员身着节日盛装照相。下班后，姚守伦拿护照来签字。

1989年6月1日　贵阳　上午给出国人员办理临时工作证。中午陪姚守伦吃饭。下午到省图书馆印刷中英文名片。

1989年6月2日　贵阳　上午到省黔剧团做衣服。回到文化厅，领取1300元制装费。下午先到贵阳市第一人民医院，联系为打花鼓的吴香凤进行怀孕检查，后到省外办，其间顺便上街购物。晚上给杨流昌打电话。

1989 年 6 月 3 日　贵阳　上午先在招待所看排练，然后安排张诗莲带领吴香凤到贵阳市第一人民医院作检查。下午收到樊申炎美国来信。

1989 年 6 月 4 日　贵阳　上午在家给樊申炎写信并整理照片。中午到招待所。下午与樊申炎通电话。

1989 年 6 月 5 日　贵阳　上午撰写演员简介，连带照片寄给樊申炎。接姚守伦北京来电，说办出国签证遇到困难，叫我快去北京。

1989 年 6 月 6 日　贵阳　上午给在美国的崔宝印打电话，他叫多准备一点展品，嘱咐我寄演员及节日资料给他。他说，明天将广州至香港的机票寄来，并嘱咐买两双 37 码的"白网鞋"。

1989 年 6 月 7 日　贵阳至北京　上午交代我走之后的文物处工作，作了直接赴美不回贵阳的准备。下午飞往北京，6 点半左右到达，气氛相当紧张。本想赴外交部招待所找姚守伦，中途受阻，立即折回，从王府井乘坐人力三轮车冒雨赶到中央民族学院亲戚家。

1989 年 6 月 8 日　北京　一早起床，凭借在北京读书时对交通情况的了解，步行前往文化部，路线是：魏公村—西直门—新街口—平安里—北海后门—地安门—沙滩，走了两个半小时，9 点过到达文化部外联局。人家说，这几天没有人上班，无人接文件。与杨流昌研究怎么办。中午在文化部吃饭，杨流昌招待。下午到外交部招待所，不接待。吃罢晚饭，赶到国家文物局招待所。人际关系发生了微妙变化，没有平日那么热情了，尤其是外交部和国家文物局招待所工作人员的态度，让人受不了。

1989 年 6 月 9 日　北京　上午先到文化部，打电话回贵阳，请转告樊申炎，可能要延期出国。到民航售票处买票，人家不预售。下午回到中央民族学院，民族学系领导马启成、白振声老师招待吃饭，他俩是我在历史系读书时的低班同学。饭后到亲戚吴天忠家。晚上再打美国电话，打不出去，估计与时局有关。

1989 年 6 月 10 日　北京　一早给美国挂长途电话，说对方付费，终于通了。樊申炎接电话，得知这边情况，她很着急，叫我们快回贵阳。上午到文化部，与杨流昌碰头后决定 14 号回贵阳。找文化部的能人崔慧林买票，后找王济夫副部长，他很重视，叫秘书给文化部外联局打招呼。中午，王部长招待我们吃饭。下午到外交部招待所，将姚守伦接到中央民族学院。晚上 11 点过给樊申炎打电话，告知北京情况。她说，不能延期，因为 7 月 14 日是"四国艺术节"开幕式。艺术节总裁尚·黑根斯在华盛顿有位朋友是国会议员，可能会帮忙打通僵局。

1989 年 6 月 12 日　北京　上午到文化部外联局，据说美国大使馆还不接收文件。姚守伦同志打电话给成都领事馆，他在那里有熟人，人说可以办签证。打电话回贵阳，请省外办问清楚。中午，杨流昌招待。下午再打电话回贵阳，人说成都领事馆可以办，但积压太多，需要排队。打电话给崔宝印，请美方努力。他说问题不大。他告诉我，明天给贵阳发电传，建议到广州去办签证。还说，有几个议员在帮忙。旋即到出国文展，4 点过到达，人家关门了。晚上在中央民族学院同学家吃饭，饭后打电话给樊申炎，她说的与崔宝印一样，但没有那么乐观。她援引尚·黑根斯的话说："有 50% 的把握。"但又说："你放心，办得成的，我们会努力的！"

1989 年 6 月 14 日　北京至贵阳　上午，文化部崔慧林送我和姚守伦到飞机场。下午 2 点过到达贵阳磊庄机场。4 点回到办公室，立即给樊申炎打电话。姚守伦给成都领事馆打电话，人说特殊情况 5 天可以办签证。随即到省外办开介绍信及照会。吃罢晚饭，送姚守伦上火车。原打算，如果坐不上火车，派汽车送他到成都。

1989 年 6 月 15 日　贵阳　上午先在招待所看排练，后到办公室，潘厅长找去谈经费问题，原来是省委组织部副部长李培书留下一张条子，要安排一处文物的维修。下午到省博物馆看服装。回到办公室后，听说杨流昌来电话，随即回电话，方知樊申炎来电话，说关节打通了，叫到北京办签证。告诉对方，不必了，姚守伦已到成都去了。

1989 年 6 月 16 日　贵阳　下午安排出国人员去省博物馆照相，我给北京、美国打电话，终于在 3 点过（美国当地时间晚上 11 过）打通了，告诉樊申炎成都领事馆电话是554029。然后到省博物馆。回到招待所，听说北京来电话，叫打电话给樊申炎。于是，晚上11点（美国为早上7点）给樊申炎打电话，约定明天将姚守伦在成都办签证的情况告诉她。夜宿招待所。

1989年6月17日　贵阳　上午，姚守伦从成都来电话说，签证可以办，6月23日取，叫我派一个同志去拿，以便他先回贵阳做准备。随即打电话给樊申炎，她很高兴，连称"太棒了！"尔后去省计委找小迟同志办外汇，人不在，追到"宅吉坝"住处。回途中经过省公安厅，联系办理"出境证"。以前有护照即可出境，现在除了护照还要"出境证"，时局使然。下午到省财政厅、公安厅、省计委，外汇问题基本落实。回到办公室，给樊申炎寄去节日歌舞表演的节目简介。

1989年6月18日　贵阳　上午给文化部王济夫副部长等写信。下午上街做衣服、理发。到办公室打电话，从3点至4点都未打通，然而收到了樊申炎从美国寄来的14人往返飞机票。

1989年6月19日　贵阳　上午打印并分送给新闻记者的邀请书。之后到省公安厅、省外办联系办理"出境证"。回到办公室，接王蒙部长的另一位秘书王安来电，叫接待与我们组团出国的徐秋。下午到飞机场接徐秋，后到省博物馆看民族服装。回到办公室，与杨流昌通电话，嘱咐他速给徐秋办理出境证。回到家，与在成都的姚守伦通电话，嘱咐他一并给徐秋办签证。

1989年6月20日　贵阳　一早起来，准备下午记者会发言稿，包括三个内容：一、赴美举办节日文化展览及节日歌舞表演；二、迎接艺术节及国庆节；三、《贵州文物报》创刊。然后撰写关于赴美参加"四国艺术节"的材料。下午3点半开始汇报早上准备的三个内容，重点是赴美参加"四国艺术节"的有关情况，来人不少。接姚守伦成都来电。晚上分别给成都姚守伦、美国樊申炎打电话，后者打了3个钟头才通话。

1989年6月21日　贵阳　上午给美国打电话，得知美方已给成都领事馆打了招呼。给成都打电话，得知姚守伦已启程返回贵阳，派去拿签证的韦太钧已搬到亲戚家住，可能事已办妥。下午3点，送第一批出国人员去广州，张诗莲带队。晚上给杨流昌打电话，嘱咐快些将徐秋政审材料、出境证明电传过来。

1989年6月22日　贵阳　凌晨4点起床，翻阅有关资料，准备携带以下资料赴美：一、邀请书、批复件及其他；二、《贵州节日文化》等几个小册子；三、有关贵州民族节日的书籍和资料。上午到新华社照相、印名片。姚守伦10点过回到贵阳，立即给樊申炎打电话，告知进展情况。接张诗莲广州电话，知第一批出国人员在广州情况。中午给杨流昌打电话，得知传真已传来。下午到省外办、博物馆，回到办公室收到杨流昌发来的传真。

1989年6月23日　贵阳　上午清理资料。下午开支部大会。在五楼楼梯碰到厅办公室主任邹祖义从四楼上来，他匆忙吐出口中之痰，迫不及待告诉我："不去了！"他说文化部来电话通知，我们不去美国参加"四国艺术节"活动了。接着给樊申炎、王济夫、张诗莲打电话，告知情况有变。王部长叫贵州省文化厅打报告。快下班了，赶到省委机要室发传真。晚上，给杨流昌打电话，告知有传真传给文化部。

1989年6月24日　贵阳至广州　上午，继续联系，王济夫担保，已经有些眉目。下午，坐飞机前往广州，到达后，给张诗莲1000元公用经费。

1989年6月25日　广州　上午，分别与北京、美国通电话，美国电话是樊申炎接听。下午，给每位演员各发50元，共计550元。

1989年6月26日　广州　上午，到白云机场订座。接王厅长电话通知，文化部外联局已正式批准我们去美国，并嘱咐若干事情。饭后立即传达：一、是"平乱"后的第一批；二、加强爱国主义教育，增进中外人民友好；三、有事找大使馆、领事馆。下午，给樊申炎同志打电话，谈道具运输问题。晚上，中央电视台两次播放我们将赴美国办展和表演的新闻。11点过，给在美国的中国对外文物展览公司杨晓能、樊申炎挂电话。樊申炎不在4212。打9501，崔宝印接听，说樊申炎在睡觉，时为美国时间早上7点半。

1989 年 6 月 27 日　广州　上午，到白云机场清理行李。下午，召集全体会议，交代有关事项。晚上，给全体人员加菜，又给张诗莲 2000 元公用经费。

1989 年 6 月 28 日　广州至香港飞美国　早上，6 点过出发，前往白云机场，经过一番紧张的"战斗"，终于过关。上午 9 点半飞赴香港，身着节日服装的节日文化表演人员在机上引人瞩目，应邀为乘客表演节目，气氛热烈。中午，当地时间 9 点 25 抵达香港，办理换乘手续，12 点半登上美国西北航空公司波音 747 飞机，飞越太平洋，鸟瞰可见在太平洋行驶的轮船，有米粒大。

1989 年 6 月 29 日（美国当地时间为 28 日）　西雅图至斯波坎　凌晨 1 点半，当地时间为 28 日上午 9 点半，安全抵达华盛顿州首府西雅图市，崔宝印到机场迎接。当地时间中午 12 点乘车离开西雅图市，5 点抵达斯波坎市。尚·黑根斯、唐·汉米尔顿、樊申炎到宾馆看望全体人员，以"肯德基"为晚餐。晚上，与樊申炎交谈，她告知在美国应该怎么做事才好。唐·汉米尔顿来宾馆喝酒，赠给他一瓶茅台酒。按当地时间拨手表，以下均为斯波坎市时间。

1989 年 6 月 29 日（美国时间，下同）　斯波坎　凌晨 4 点过天就亮了，旋即起床。上午 9 点，记者来访，杰姆斯对我说，当地有"蒙族"，愿意见面不？他说的"蒙族"，实为老挝迁来的苗族，事先我知道，欢迎他们来看苗族服饰展览和苗族歌舞表演。有记者问歌舞演员毛家芬（图八）："您觉得美国什么最好？"她回答："昨天晚上吃的鸡好。"又有记者问歌舞演员陈亚往："您到美国来最想看什么？"她回答："我想看美国人民是怎样做活路的。"还有记者问歌舞演员罗登英："您对美国印象最深的是什么？"她回答："车比人多。"中午，樊申炎同志过来吃饭，她说好久没吃到这样可口的饭菜了。我们下榻的宾馆，每个房间都可以自己做饭，美方为我们准备了各种食品，除鸡肉、牛肉、各种蔬菜之外，还有糟辣椒、泰和豆豉。下午，先看展览场地，后到唐·汉米尔顿摄影中心（英语叫"斯丢丢"）。接周德海同志从贵阳打来的电话，我告诉他这边情况。晚上，在崔宝印处吃饭。后与樊申炎

图八　毛家芬（右）和苗族姊妹

在唐·汉米尔顿摄影中心放大展览照片，熬了一个通宵。

1989 年 6 月 30 日　斯波坎　上午 8 点，与樊申炎回到宾馆。9 点出席记者会，有记者问："共产党允许少数民族读书吗？"我答："我是苗族，毕业于中央民族学院，是该院民族学系的兼职教授。"又有记者问："苗族青年人人都会唱歌跳舞吗？"我答："苗族孩子能讲话就能唱歌，能走路就能跳舞。"一位女记者问："苗族青年是在唱唱跳跳长大的，我们能看到他们的歌舞表演吗？"我答："是的，您将在艺术节期间看到他们的精彩表演。"下午，太困了，休息了一下。6 点，应邀参观罗娜家、唐·汉米尔顿家。中途在一家汉堡包店吃汉堡包。晚上，与唐·汉米尔顿谈展览和表演问题。

1989 年 7 月 1 日　斯波坎　上午，到唐·汉米尔顿摄影中心清理展览照片。下午，撰写展览文字说明。崔宝印夫妇在我们下榻的宾馆吃饭，十分高兴。晚上加班，樊申炎放大照片，我写说明，直到深夜 1 点半。回宾馆，2 点过矣。

1989 年 7 月 2 日　斯波坎　上午，先到唐·汉米尔顿摄影中心，然后将展品拉到展厅。下午，在展厅接着干，主要是清理刺绣品。晚上，在唐·汉米尔顿摄影中心加班至凌晨 1 点半，然后将展品拉到展厅。

1989 年 7 月 3 日　斯波坎　全天在展厅布展，直至深夜。

1989 年 7 月 4 日　斯波坎　上午，中国、苏联、日本、西德"四国艺术节"开幕，我们的表演队于 1 至 2 点演出，十分成功。然后，艺术节总裁尚·黑根斯陪同我全体人员游览公园，招待大家吃"肯德基"。下午，6 至 7 点，我们的表演队又演一场。晚上，尚·黑根斯招待全体人员吃晚饭，其全家陪同我们在公园露天观看交响乐演出。回到宾馆，打算发稿回国，电话不通未果。

1989年7月5日　斯波坎　上午，打电话给在北京的杨流昌，告知美国这边的情况，并嘱咐他转告贵州方面。下午，清理从国内带来的工艺品。崔宝印电话采访苗族风情，我如实告知，樊申炎为此生气，意为崔宝印剽窃知识。6至7点，表演队演出。晚上，赴艺术节总裁尚·黑根斯在一家百年老屋举办的宴会，全体人员参加。按照美国法律，未成年人不准喝酒，因此，服务生倒酒之前，要先问年龄。而且只让喝啤酒，不让喝白酒。服务生走后，唐·汉米尔顿将门插上，倒白酒喝。喝的是茅台酒和威士忌。我与他都喝多了，据说他在室外草地上睡了一夜。

1989年7月6日　斯波坎　上午，休息到中午12点。下午，继续清理从国内带来的工艺品。晚上，赴律师斯温顿举办的家宴，艺术节秘书埃米及其姐姐帮助招待，全体人员参加。陈亚往、毛家芬两位苗族姑娘通过电话为远在他乡的斯温顿夫人唱苗族飞歌。回到宾馆，与姚守伦、樊申炎交谈到凌晨两点半，且与在贵阳的胡朝相通了电话，告知这边情况，请他据此写报道。

1989年7月7日　斯波坎　上午，与樊申炎一起清理从国内带来的工艺品，并写了几篇宣传报道稿。下午，到展厅，与来观看演出的当地苗族同胞交谈甚欢，他们邀我们去他们的住地做客，并在展厅合影留念（图九）。晚上，我们在下榻的宾馆做饭招待艺术节总裁尚·黑根斯及其妻子、儿女一家四口，谈了许多方面的问题，包括文化、政治方面，十

图九　1989年7月7日美国苗族同胞（左一、右二）
与我办展人员（左三、左四）合影留念

分友好。最后他说："吴先生做的饭菜很好吃，能不能热一热，我再吃一些。"美国人的确很爽快，不弯酸。

1989 年 7 月 8 日　斯波坎　上午，在下榻的宾馆与樊申炎商量许多方面的问题，主要是进一步深入开展文化交流事。下午，到公园各景点看了看，然后与唐·汉米尔顿、罗娜回到下榻的宾馆看工艺品。樊申炎的小姑子张小康（张国华将军的女儿）带着儿子从旧金山来到斯波坎市看望她，并看展览和表演。

1989 年 7 月 9 日　斯波坎　白天全天在展厅。晚上，部分人员突然应邀到苗族同胞杨图比老师家做客，与当地苗族见面。杨图比的夫人及女儿外出休假，只有他一个人在家。很快，陆续来了许多苗族人，各自提些糖果饮料招待我们。把一个家庭的客人当作大家的客人来对待，这风俗同我国苗族很相像。是夜，与樊申炎同志夜游斯波坎市，海阔天空谈了许多事，中心是和美国苗族保持联系，举办展览。

1989 年 7 月 10 日　斯波坎　樊申炎的小姑子张小康一早回旧金山。中午，与樊申炎到银行（英语叫"板克"）开户存款，有了账号，艺术节发给每个人的每天 10 美元零花钱才能拿到手。下午，在展厅拍照。晚上，应邀到南山公园做客。主人叫杰姆斯·福斯特，他的夫人是尚·黑根斯的秘书。夫妇俩是艺术节的志愿者。

1989 年 7 月 11 日　斯波坎　上午，与旧金山总领事馆电话联系，请示能不能与当地苗族同胞交往，领事何塔接听。然后，全体人员开会，交代外事纪律。中午，在展厅拍照。下午和晚上，与"银靴钉舞蹈团"联欢。当地有个"妇女俱乐部"，负责人叫凯西。在家中设宴招待我们的女主人叫玛丽，是"银靴钉舞蹈团"的成员。据说，她们小两口是在中国旅游时相识的，对中国文化很感兴趣。

1989 年 7 月 12 日　斯波坎　中午至下午，与樊申炎在唐·汉米尔顿摄影中心与唐·汉米尔顿夫妇谈三个问题：一、放大照片费用问题；二、纪念品交换问题；三、延期展出问题。晚上，经旧金山总领事馆同意，全体人员到苗族住地联欢（图一〇）。主持接待的是吴鲍、吴泽家，前者是博士，后者是"吴姓家族协会"负责人。吃的有大米饭、糯米

图一〇　1989 年 7 月 12 日在美国苗寨做客

饭、胡萝卜炒肉、糟辣椒炒鱼。实行分餐制，不时由女主人添加。吃饭用筷子，同时也放刀叉。几乎都用盘子盛菜，很少使用碗。喝白酒，用的小瓷器杯，喝色酒和饮料，用大玻璃杯。开席之前，先由长者面向东方滴酒祭祖先。据说，此风俗在老挝时就有了。美国苗族相传，贵州是其祖先曾经住过的地方。吴姓家族的人，全体前来作陪。席中唱歌敬酒跟苗寨完全一样。陪客吃饭，老少有别，视年龄档次，择座位就座。

　　1989 年 7 月 13 日　斯波坎　上午，在宾馆休息。中午，与樊申炎再到银行存款，将所有美元存入银行。下午，与樊申炎在唐·汉米尔顿摄影中心清理照片，后到展厅。应艺术节秘书埃米家邀请，全体人员在其父母家进晚餐，而后游览纽曼湖，即"新人湖"。埃米的哥哥、嫂子、姐姐、姐夫都在场。据说，埃米一家是犹太人，其父亲是修理洗衣机的工人，母亲是护士，都很慈祥。晚上，与胡朝相同志通电话，告诉他近来情况，口述报道稿，嘱咐他快速拿给《贵州日报》、贵州人民广播电台。

1989 年 7 月 14 日　斯波坎　上午，全体人员到华盛顿州属公园游览、野炊。当地的松树林，看上去与国内差不多。细看，树皮好像有点不同。下午，照常到展厅。晚上，全体人员应邀到苗族同胞吴林先生家做客，交谈到凌晨 2 点。他是吴鲍、吴泽的叔父，原在老挝国家广播电台工作，有个女儿是歌唱家，出过牒子。

1989 年 7 月 15 日　斯波坎　上午，全体开会，交代一些问题，主要是外事纪律。下午，与姚守伦、樊申炎到尚·黑根斯任总裁的《斯波坎纪事报》，谈展览善后事宜，并参观该报社。报社大楼悬挂许多有纪念意义的历史照片。回到宾馆，给在美国留学的对外文物展览中心工作人员杨晓能打电话，告知近况。

1989 年 7 月 16 日　斯波坎　上午，与樊申炎上街扩印照片，每张收费 80 美分，太贵了，未扩成。下午，在展厅。晚上，再次到"苗寨"，进一步商谈合作办展览问题。计划联合举办《苗族风情展》，分三个部分：一、风光；二、服饰；三、风情。由美方发出邀请，明年 6 月份办。美国苗族的民族感情异常强烈。几乎天天都同我们往来。每次都谈得很晚，对中国苗族的历史文化、衣食住行、婚丧嫁娶很感兴趣。当我们讲到一些与其相同或相似的风俗习惯时，高兴得眉飞色舞，连说"一样、一样，真是一家人！"当介绍到一些他们没有的风俗习惯时，不仅不沮丧，反面更兴奋，认为辗转迁徙，把原有的一些风俗习惯搞丢了，经我们介绍，"又捡回来啦！"他们非常珍惜这次意想不到的会见，整个活动全面进行了录音和录像。并语重心长地说："这次历史性聚会全都录下来了，想念我们时请看录像吧！"杨图比先生将一部佳能 T－70 相机送给我们，激动地说："据老人讲，贵州是我们祖先住过的地方。请用这部相机拍些贵州的照片寄来，让我们看看故乡的模样。"

1989 年 7 月 17 日　斯波坎　上午，与樊申炎到银行取款，顺便逛了逛商店、酒吧，在一家咖啡馆照了一张相，留作纪念。下午，表演最后一场。然后与部分观众合影留念（图一一）。晚上，分别给旧金山总领事馆和在北京的徐秋家父母打电话，谈徐秋想会见其在加拿大留学的弟弟事。

图一一　1989 年 7 月 17 日与艺术节负责人合影留念

　　1989 年 7 月 18 日　斯波坎　上午，参观一家印第安博物馆，碰到在此做清洁工的当地一位苗族同胞。据说，只要能讲英语的苗族人，即可找得一份工作。美国苗族非常重视文化教育。美国当局为其开设学校并配备英语教员。美国苗族在学习英语的同时还刻苦学习苗语、苗文，并用苗文出版书籍和杂志。我们在美国的活动情况多次在苗文杂志刊登过。下午，到展厅统计展品，然后到罗娜父母家做客（图一二）。在罗娜父母家，吃烤火鸡。据说，烤火鸡是"感恩节"的节日食品。烤火鸡，个头大，用电锯肢解。在罗娜父母家，宾主拍摄了一张合影，个个都笑，效果不错。

　　1989 年 7 月 19 日　斯波坎　上午，与当地苗族同胞在公园深入交谈联合举办苗族风情展览事，并就地野炊。散席时主人热情给我们赠送礼品，其中特别有鸡蛋。据主人说，本应将蛋染红，装在小网兜里，挂在客人的脖子上，因一时缺乏颜料和材料，只好从简了。赠送鸡蛋时，都用双手捧，保留着苗族习俗。美国苗族协会杨道先生的胞弟在场。美国苗族的社会组织主要有以下几种：一、以血缘为纽带的社会组织。如斯波坎市有个"吴姓家族协会"。笔者与代表团中的一位姑娘姓吴，受到该组织的特殊关照。二、以地缘为纽带的社会组织。如斯波坎市有个

图一二　1989 年 7 月 18 日在唐·汉米尔顿和罗娜父母家做客

"老挝苗族同乡会"。住在斯波坎市的苗族全部来自老挝，有吴、杨、熊、王等姓氏，300 多人。三、以民族为纽带的社会组织。据居住在斯波坎市的吴鲍博士介绍，美国许多州，如明尼苏达州、威斯康星州、加利福尼亚州等等，都有苗族协会。全国性的苗族协会叫"全美苗族协会"。美国苗族的社会组织，既有古代遗风，又有现代色彩，是一种由诸多因素构成的人们共同体。下午，与尚·黑根斯交换意见，确定樊申炎同志留下代管展品。晚上，苗族同胞再次宴请全体人员，为我们饯行，并在斯波坎市"中东部社会中心"俱乐部联欢，几十位苗族男女青年盛装赴会。姑娘们穿的是右衽大襟衣，领子及袖口缀有红红绿绿的"花片"。下身穿着百褶裙，裙子外边系绣花围腰，腰间系着花腰带。围腰全都是挑花的，图案有锯齿形、井字形和水波形，与贵州中西部地区的苗族挑花非常相似。男女都戴项圈和"压领"。项圈状如水牛角。"压领"中部有三个重叠的牛头形饰物。美国苗族民间工艺除集中反映在民族服饰外，还见于在"四国艺术节"上出售的壁挂、坐垫等挑花、刺绣品上，挑花、刺绣手法与我国苗族一样，特别跟贵州中西部苗族同胞的工艺很相似。绣品富有浓郁的民族生活气息。有养猪、养鸡、舂碓、推磨、砍柴、挑水等生活场景，还有印支战争被迫外逃的场面，生动表现遭受的灾难。美国苗族佩戴的金属饰物，造型与我国苗族大同小异，唯其不同的是并非都是银质，有的已被铝合金之类代替了。有的姑娘头戴元宝帽，造型大体一致，但纹饰各不相同。这种形状的帽子让人看到佛教的特征，明显受东南亚国家佛教文化的影响。还有两位少女，打扮酷似傣族，在联欢会上跳孔雀舞。美国苗族青年的民族服装红色占很大比重，有的甚至捆着一根十分显眼的红腰带。姑娘们耳垂下的耳环，手腕上的手镯，指头上的戒指，其式样全是在国内苗族地区常见的（图一三）。在联欢会上，美国苗族女子唱歌真假嗓子并用，曲调同操苗语川黔滇方言的苗胞差不多。在联欢会演唱的苗歌多为叙事歌，沉痛叙述被迫迁徙、背井离乡的苦难历程。一个固定的曲调，终而复始，反复吟唱，歌词相当长。演唱夹杂木叶和芦笙。芦笙有弯管、直管两种形制，一般都不太长，边吹边跳，动作较大，不时矮步，并翻跟斗。联欢会上，有两位姑娘身着傣族式长袍，头戴菩萨形的帽子跳孔雀舞。询问得知，她们在跟随父母迁来美国之前，曾在泰国、老挝边境的难民营中生活过。一位曾在老挝国家电台做过播音员的中年男子的女儿，苗歌唱得特别好，曾在美国录制磁带。磁带封面印刷有这位姑娘身着苗族服装的彩色照片，据说销路很好。她给我们每人赠送一盘作纪念。当晚，艺术节秘书埃米的姐姐来为我们送行，我不在，她给我留下一张安装在像框里的全家福彩色照片。

1989 年 7 月 20 日　斯波坎至西雅图　一早离开斯波坎市，前往华盛顿州首府西雅图市。晚上，参观与樊申炎相识的韦斯特的美术馆，同韦斯特、姚小波夫妇交谈办展问题。为此，当夜加班整理照片至凌晨 4 点。

1989 年 7 月 21 日　西雅图至香港　上午，姚小波来谈展览事，并取走照片和说明。她是中国人，在美国定居，热心文化交流工作。下午，1 点过，离开西雅图市，樊申炎送我们到机场，并合影留念（图一四）。当晚凌晨 3 点，香港时间为 7 月 22 日下午 6 点，到达香港，立即办理转乘手续。

图一三　1989年7月19日身着节日盛装的美国苗族青年

图一四　1989年7月21日在美国西雅图机场

1989 年 7 月 22 日　香港至广州　晚上，10 点，坐飞机到达广州，周德海等到机场迎接，还向每位回国人员献花。

1989 年 7 月 23 日　广州　到白云机场清理行李，发现铜鼓未到。

1989 年 7 月 24 日　广州　白天，到海关及外汇商店办理有关购物手续。主要是电视机、放像机之类。下午，6 点，分别给在贵阳的娄清、在美国的樊申炎打电话，告知当下情况，并请樊申炎就铜鼓问题与美方交涉。晚上，给文化厅招待所打电话，请寄 870 元给省政府驻广州办事处招待所，作我们一行在此住宿费用。

1989 年 7 月 25 日　广州至梧州　一早，全体人员分乘两部面包车离开广州，途经肇庆，夜宿广西梧州。

1989 年 7 月 26 日　梧州至宜山　一早离开广西梧州，途经柳州，夜宿宜山。

1989 年 7 月 27 日　宜山至都匀　一早离开广西宜山，途经南丹，夜宿贵州都匀，算是到家了。

1989 年 7 月 28 日　都匀至贵阳　一早离开都匀，取道福泉，回到贵阳。王恒富厅长、潘庭映副厅长接见全体人员，并共进晚餐。当面向二位领导作了简要汇报。

1989 年 7 月 29 日　贵阳　上午，撰写并修改赴美参加"四国艺术节"汇报提纲。中午，给文化部部长王蒙的秘书之一王松、副部长高占祥的秘书罗扬打电话，口头汇报赴美参加"四国艺术节"。下午，在省博物馆开会，汇报赴美参加"四国艺术节"，研究举办汇报展览问题。

1989 年 7 月 30 日　贵阳　全天在家清理照片，为办汇报展览做准备。

1989 年 7 月 31 日　贵阳　上午，送请柬，邀请新闻记者及有关部门下午开会。下午，召开赴美参加"四国艺术节"汇报会，潘厅长参加。之后，与留在美国照看展览的樊申炎同志申通电话，再次请她就铜鼓问题与美方交涉。

1989 年 8 月 1 日　贵阳　上午先到省博物馆看展厅及设备，后到新兴摄影公司放大展览照片。下午到省博物馆搬运展柜。委托吴仕忠负责布展。

　　1989年8月2日　贵阳　上午接待贵阳人民广播电台记者采访。中午给樊申炎打电话，然后到省政府办公厅办理提取美国苗族同胞杨图比先生赠送的照相机相关手续。又到省外办办理相关手续，姚守伦谈了几件事，并让我看对美国苗族政策的文件。晚上回来起草《急办事》，共4项，皆与访美善后有关。

　　1989年8月3日　贵阳　上午分别写信给尚·黑根斯、唐·汉米尔顿、杰姆斯·福斯特、斯温顿、埃米、吴鲍兄弟、吴林夫妇等美国朋友。后到《贵州日报》送稿子，再到省博物馆检查汇报展览准备情况。下午同购买电视机、放相机的同志商量一些事情，后到招待所拿录像机。晚上撰写报道建馆稿子和汇报展览说明。

　　1989年8月4日　贵阳　上午先后到《贵州日报》交《专题博物馆开门迎客》稿子，到新兴摄影公司取照片，到省博物馆检查汇报展览准备情况。明天可以将展品装入柜中了。下午又去新兴摄影公司取照片，到省博物馆检查汇报展览准备情况，然后到招待所清理展品。晚上撰写汇报展览实物说明及在招待所悬挂照片说明。后者是为宣传贵州省的文物古迹、风景名胜、民族风情。此乃受美国尚·黑根斯任总裁的《斯波坎纪事报》的启发。

　　1989年8月5日　贵阳　上午先在家清理汇报展览之扩印片，作为放大照片的补充，后到新兴摄影公司取照片。全部出齐，但色彩掌握得不够好，红了点。下午将实物从招待所拉到省博物馆。

　　1989年8月6日　贵阳　全天在省博物馆加班布置汇报展览。《贵州日报》刊登行将举办汇报展览及已经建成一批专题博物馆的消息。

　　1989年8月7日　贵阳　一早起来撰写汇报展览简介，后到省博物馆继续布置展览。下午到省外办及省政府办公厅，邀请姚守伦看汇报展览，并领取到广州海关取照相机的证明。

　　1989年8月8日　贵阳至关岭　去平坝、安顺检查戏剧博物馆、蜡染文化博物馆筹备情况。先到天台山戏剧博物馆，后到安顺文庙蜡染文化博物馆，又到关岭"红崖碑"检查露天岩画博物馆筹备情况。夜宿关岭。

1989年8月9日　关岭至贵阳　从关岭回到贵阳，时为下午2点半，立即搬运资料、集中演员到省博物馆。晚上到老厅长李明处，给其递送请柬和汇报展览简介。

1989年8月10日　贵阳　上午在省博物馆参加三个展览开幕式，省委常委、宣传部长徐㧑江主持开幕式（图一五）。省文化厅副厅长潘廷映陪同徐部长观看汇报展览（图一六），我为他们当讲解员。文物处向观众散发文物图书，深受欢迎，踊跃排队领取。

1989年8月11日　贵阳　上午在汇报展览展厅当讲解员。下午在招待所与文化部张扬、《中国文化报》于文涛等座谈民族文化保护、宣传问题，并共进晚餐。

1989年8月12日　贵阳　上午到办公室，补充领取制装费。收到樊申炎8月1日从斯波坎市寄来的信，得知《中国贵州民族节日文化展览》已经拆除，展品已运往中国，要我留意接收。下午陪老厅长李明看汇报展览。

1989年8月13日　贵阳　上午在招待所写东西，仅完成《节日文化　飞向海外》写作大纲。下午到省博物馆汇报展览展厅收拾展品并拍照。宣布解散节日文化表演队。每人再发300元，连前400元。晚上撰写《节日文化　飞向海外》，完成两节。计划再写一节。

1989年8月14日　贵阳　一早起来，完成《节日文化　飞向海外》写作，全文如下：

1989年夏，应"四国艺术节"的邀请，我率领以苗族青年为主组成的"中国贵州民族文化代表团"赴美参加华盛顿州建州100周年庆祝活动。应邀参加的还有日本、苏联和联邦德国。

我与这个艺术节负责人唐·汉米尔顿认识是头一年的事。1988年夏天，我们在北京民族文化宫举办"贵州酒文化展览"和"贵州蜡染文化展览"。一天，曾多次到过贵州的中国对外文物展览公司摄影师樊申炎女士，带汉米尔顿前来参观。看完展览，他口头邀请我去美国考察，

图一五　1989年8月10日徐抴江在开幕式上讲话

图一六　潘廷映（右一）陪同徐抴江（中）观看汇报展览

筹备在美国举办贵州民族文化展览。我告诉他，过几天，配有民族歌舞表演的《贵州民族节日文化展览》将从西安来北京。樊申炎说，如果节日文化展览去美国，肯定很受欢迎。汉米尔顿当即表示："那我就决定邀请吴先生带这个展览去！"

果然，他回到美国没多久，我便收到樊申炎女士转来的邀请书。翌年4月，在樊女士陪同下，汉米尔顿一行前来贵州苗寨考察，希望我们于当年6月底赶到美国西部华盛顿州斯波市举办《中国贵州民族节日文化展览》，并配合展览表演苗族节日歌舞。

美国观众为精美的苗族服饰所倾倒

在西安、北京、深圳等地巡回举办《贵州民族节日文化展览》的经验告诉我们，办展人员身着民族服装宣传效果最好。于是，这次出国，虽然每人都有制装费，但都不制西装，全部穿民族服装。平时身着便装，表演时穿盛装。在广州海关，一群外国人围观我们的姑娘，十分关切地询问是要到哪个国家去。当一对美国夫妇得知将去他们国家时，高兴得亲吻我们的姑娘。在香港飞往西雅图的波音747航班上，姑娘们受"空姐"的要求，为各国乘客演唱苗族民歌，人们纷纷取出相机争着拍照。到了西雅图，海关人员将所有出口同时打开，让我们14个人先走，这显然沾了民族服饰特别是唐代发型的光。但不知怎的，有个姑娘被海关人员卡住了。谁也听不懂对方说的话，只见谈得很起劲。翻译来了方才明白，这位海关人员很想知道我们的行踪，说要带上家人看展览，看演出。

我们在"四国艺术节"上举办的《中国贵州民族节日文化展览》，共展出苗寨风光、民族节日、节日盛装等彩照70多幅，苗族盛装20多套，披肩、背扇、裙子、围腰、花带、荷包、袖片等服装部件90多件。这些以精湛的挑花、刺绣、蜡染、织锦、织带等传统工艺制成的节日盛装及其部件，反映出苗族同胞的社会生产、生活、风俗习惯及高超技艺，是苗族历史文化的重要组成部分，堪称用针线"写"在纺织物上的史书。这些展品一到展厅，就把在艺术节上布置展览的各国朋友迷住了。一些美国工作人员团团围观开箱，情不自禁放下手头活路帮助我们布展。艺术节总裁尚·黑根斯的妻子和女儿，也都志愿加班帮助我们熨烫、悬挂展品。她们说，从没见过这么漂亮的服装，真为能参加布置这样精彩的展览而高兴。黑根斯的女儿很想身着苗族服装照个相，但因担心这些展品是"文物"而不便启齿。后来，她向一位苗族姑娘借服装，高高兴兴照了相，并风趣地说："我也快成文物了！"

在服装展厅里，观众熙熙攘攘，络绎不绝，有人甚至想购买某些展品。当地一些从老挝迁居美国的苗族观众看到这种场面，兴奋不已，激动地说："美国观众为精美的苗族服饰所倾倒，我们感到很光彩。"

在中国，苗族青年是唱着歌长大的

我们在艺术节上的种种活动，无不突出节日气氛，高潮要算身着节日盛装表演节日歌舞。表演的主要节目有松桃苗族"花鼓舞"、台江"反排木鼓舞"、雷山郎德"铜鼓舞"、水城"技巧芦笙舞"以及苗族飞歌、酒歌、情歌等等。每场最后一个节目，都是参与性的"莽筒芦笙铜鼓舞"。差不多每次到了这个时候，在艺术节上负责演出的比尔·贝克先生都要叫我上台讲几句。我说：非常高兴同大家一起过节。举办苗族盛装展览，表演苗族节日歌舞，是我们献给大家的节日礼物。下面将要表演的"莽筒芦笙铜鼓舞"是"过苗年"跳的一种集体舞蹈。让我们借用这个机会"欢度苗年"，欢迎大家同我们一道跳起过年的舞蹈。

一阵掌声，众人纷纷登台，跟着苗族小伙子和姑娘们，踏着铜鼓节拍，跳起欢乐的舞蹈。

我们从7月4日至17日共演出了20多场，场场观众爆满，有的观众只好站着看或索性坐在地上看。不少观众提前一个多钟头来到表演厅等候。观众来自美国各地。有从波斯顿、纽约等东海岸一些大城市来的，也有从西雅图、旧金山西海岸一些城市来的。还有从邻国加拿大赶来的。有位来自芝加哥的老工人，特意买了一张"季票"看演出。除开幕式的演出未赶上外，一连看了13天17场，而且场场都坐在前排中间那个位子上，同我们熟悉了。当他得知我们将按计划结束演出时，十分惋惜地说："我是打算看3个月的，可惜你们就要走了，能不能和你们一起照张相？"我们满足了他的要求，让他站在中间，全体成员高高兴兴地同他一起合影留念。

美国观众对苗族青年具有如此迷人的歌舞技艺感到费解，每当演出结束总有不少观众迟迟不肯离去，好奇地问："你们是怎么组织起来的？是不是经过长期的训练？"当告知是为举办《民族节日文化展览》临时从农村抽来的时，无不惊叹。有位女记者为弄清苗族青年能歌善舞的奥秘，兴致勃勃采访了我一个多小时。当她明白苗族的社会结构、生产特点及婚恋习俗对苗族歌舞的影响后，迅速写了一篇介绍苗族文化特点的文章在报上发表。当天，她把报纸拿给我，据翻译说，文章的题目是：《在中国，苗族青年是唱着歌长大的》。

"愿上帝保佑，下次见面前，大家都健在"

我们这个团的成员，每人都有一技之长，或能歌善舞，或能编会织，或对苗族文化有所研究。因此，开展各种民间交往，具有许多有利条件。一些友好组织和友好人士多次邀请我们座谈、联欢、野炊、赴宴，饶有兴致地询问苗族文化的历史与现状。我们有问必答，并辅之以有趣的歌舞表演，使其得到满足。有次在当地知名律师、"四国艺术节"法律顾问斯温顿家做客，除了回答他提出的种种问题外，还由两位姑娘在电话上为他远在千里之外度假的夫人演唱苗族酒歌，通过电话，向其敬酒。有个叫"银靴钉舞蹈团"的民间文化组织，邀请我们到"妇女俱乐部"联欢，互教互学民间传统舞蹈，彼此十分融洽。邀请我们到家中做客的美国朋友中，有社会地位较高的总裁、工程师、律师、摄影师、总经理及计算机专家等高级知识分子，也有工人、农民、护士及艺术节的志愿工作者等普通市民。

我们刚到美国没几天，汉米尔顿的岳父就接我们去吃饭。他们住在乡下，从事农业生产，以美国农民的传统接客礼仪招待我们。主人准备了一只烤火鸡，据说是过"感恩节"的特殊食品。这鸡很大，估计有30多斤重，是用电锯来肢解的。主人还烧烤了一些洋芋，问中国有没有这种东西。有位苗族姑娘快言快语说："有，拿来喂猪的。"汉米尔顿仰天大笑，"哈，我们成猪了"！大家有说有笑，无拘无束，开心极了。回国前夕，艺术节的秘书埃米小姐把我们拉到她家。据说，其父母来自德国，犹太血统。正因如此，对我们特别客气。这让我想起一个外国学者说的"世界上有两个民族苦难最大，一个是苗族，一个是犹太人"。

埃米的父亲是工人，修洗衣机，母亲是护士，生有两男两女。除最小的埃米外都已成家。这天，埃米哥哥嫂嫂，姐姐姐夫以及侄儿侄女们全都来了。吃过午饭，汽车拉着汽船，浩浩荡荡去游纽曼湖。埃米说，"纽曼"是"新人"的意思，陪同客人游"新人湖"是他们的良好祝愿。晚上回到她家，开了个别开生面的家庭联欢会（英语叫"怕提"）。每人尽其所能，表演一个节目。快结束时，两位苗族姑娘唱起了《分别歌》："说起分离就分离，说起分离眼泪滴；说起分离眼泪淌，人不分离泪分离。""说起分开就分开，说起分开眼泪来；说起分开眼泪淌，人不分开泪分开。"

接着，埃米的父母同坐在一条板凳上，合唱一首歌。唱着唱着，全家男女老少陆续凑上去，用低沉的曲调把一首很长的歌唱完。歌声停止，但见年近古稀的老两口用手指揩眼泪。翻译说，这是一首圣歌，内中有句："愿上帝保佑，下次见面前，大家都健在。"

后　记

　　与保护飞云洞自然风光、维修飞云崖古建筑群、传承"四月八"民族风情、建立飞云崖民族节日博物馆一样，编辑出版《飞云崖民族节日博物馆三十年》一书，也是集体创作，既有专家学者、知名作家、资深记者的讲话和著作，又有各级文化文物工作者、民族节日文化爱好者的回忆和日记。他们虽然工作岗位不同，而且年龄差距很大，但有一个共同点，即都是亲历、亲为、亲自目睹飞云崖民族节日博物馆诞生、成长和传统民族节日文化传承、弘扬的有心者、热心人。在整理成书过程中，有的作者已经故去，有的作者工作繁忙，有的作者联系不上，不得已，只好由杨德、巴娄代为捉刀，汇集成册。大体分工是，杨德编辑第一章《飞云崖历史沿革》、第二章《飞云崖古建筑群》、第三章《飞云崖民族节日集会》、第四章《飞云崖古建筑群维修》；巴娄编辑第五章《筹建飞云崖民族节日博物馆》、第六章《提高飞云崖民族节日博物馆》、第七章《宣传飞云崖民族节日博物馆》、第八章《回眸贵州传统民族节日文化》以及附录《节日文化　飞向海外》。书中编撰人员众多，分别予以署名，引文注明出处。照片多为民族文化遗产保护研究工作者（排名不分先后）吴正光、杨德、陈兴夫、冯玉照、樊申炎、侯天佑、简家奎、周德海、刘必强、吴天明、陈万红等拍摄；有的照片，作者不明，一并致谢。

　　衷心感谢各界专家学者和亲历亲为人士不吝赐稿。编辑水平有限，难免存在瑕疵，欢迎批评指出。

杨　德　巴娄

2014 年 2 月